KB160513

개정3판

Homepage DeSign

HTML과 자바 스크립트 중심으로

홈페이지 만들기

이근형 지음

생능출판

국립중앙도서관 출판예정도서목록(CIP)

(HTML과 자바 스크립트 중심으로) 홈페이지 만들기 / 이근형저. -- 개정3판.
-- 파주 : 생능출판사, 2016
    p. ;   cm

ISBN 978-89-7050-844-3 93000 :   22000

HTML[HyperText Markup Language]
자바 스크립트[JavaScript]
홈 페이지 제작[--製作]

004.583-KDC6
004.678-DDC23   CIP2015017911

웹상에서 홈페이지는 개인이나 단체가 자신을 알리는 도구로 상업적 목적 등을 가지고 사용하고 있다. 예전에는 단순한 정보제공의 차원에서 활용된 시대라면 이제는 상호 정보를 주고받는 시대로 들어와 있다. 홈페이지를 만든다고 하면 웹 에디터가 떠오르는데 물론 에디터를 이용하여 만들 수 있으나 기본적인 규칙을 알고 에디터를 이용한다면 더 좋을 것이다. 이 책에서는 모든 사람들이 가장 빠른 시간에 자신을 알리고 정보를 제공하는 방법을 터득하도록 하기 위해 가능하면 쉽고 재미있는 공부를 할 수 있도록 내용을 꾸미려고 노력하였다.

이제 HTML5를 사용하는 시대가 시작되었고 HTML5와 더불어 CSS3도 함께 사용하고 있다. 이 책에서는 이들 표준에 맞추어 설명하도록 노력할 것이며, 브라우저는 익스플로러에 맞추어 작성하였다.

제1장에서는 웹 문서의 기반인 HTML 개요를 설명하였다. HTML만 가지고 홈페이지를 만든다면 정적인 구성 방식이 되어 홈페이지를 방문하는 모든 사람들이 너무나 단순하다고 여길 것이다. 정보를 제공하는 단순한 기능만 있기 때문이다.

이를 보완하기 위해 제2장에서는 Dynamic HTML, 스타일, 필터 효과 등을 서술하였으며, 제3장에서는 구성 요소를 어떻게 배치하는 것이 효과적인가를 배우기 위해 레이어와 레이아웃에 대해 서술하였으며, 제4장에서는 제공자와 사용자가 서비스를 서로 주고받을 수 있는 방법으로 CGI와 Form 태그 그리고 웹 서버와의 연동관계를 서술하였다.

preface

제5장에서는 자바스크립트와 각 이벤트를 소개하였으며, 제6장에서는 브라우저 객체를, 제 7장에서는 쿠키(cookie)를 소개하였다. 제8장에서는 웹 문서를 잘 만드는 방법, 출판하는 방법, 간단한 애니메이션을 다루는 방법 등을 제시하였다.

이 책을 공부한 다음 웹과 그래픽 관련 프로그램(나모, 드림위버, 포토샵, 플래시 등)을 이용 하여 디자인을 가미한 홈페이지를 만든다면 좋은 결과를 얻으리라고 본다. 이 책을 통해 웹 문서를 만들어 보려고 하는 모든 사용자들이 더 쉽고 편하게 공부할 수 있기를 바란다.

끝으로 이 책이 출간될 수 있도록 힘이 되어주신 (주)생능출판사 김승기 대표님을 비롯하여 모든 임직원 여러분께 감사드린다.

2015년 7월
지은이

| 차 례 |

contents

contents

01

홈페이지 개요

CHAPTER

01 홈페이지 개요

1.1 홈페이지 개요

1.1.1 웹 사이트와 홈페이지

웹 사이트는 인터넷을 이용한 웹상에서 어떤 정보를 제공할 목적으로 만들어진 장소를 일컫는다고 말할 수 있다. 이러한 웹 사이트를 찾아가려면 우리는 웹 브라우저를 이용하게 된다. 웹 브라우저는 특정 언어를 이용하여 만들어진 문서를 번역해서 보여주는 역할을 한다. 이때 문서를 페이지 단위로 보여주게 되며 이런 페이지를 웹 페이지 또는 웹 문서라고 부른다. 인터넷 항해자가 찾아 들어갈 때 맨 처음 만나는 곳(일명 페이지) 즉, 정보를 제공할 측에서 자신의 사이트를 방문하는 자에게 맨 처음 보여 줄 목적으로 만들어진 문서(웹 페이지)를 홈페이지라고 한다.

홈페이지는 개인이나 단체가 인터넷을 이용하는 모든 사용자에게 서비스를 제공하는 것으로 웹 브라우저에서 해당 주소(URL)를 입력했을 때 맨 처음 나타나는 페이지를 말한다. 처음에 표시되는 홈페이지에는 해당 문서들의 모든 정보를 연결해 두었기 때문에 연결된 또 다른 페이지로 쉽게 이동할 수 있으며 각종 정보를 한눈에 볼 수 있는 역할을 한다.

홈페이지를 보기 위해서는 웹 브라우저를 이용하게 되는데 웹서버에게 문서를 요청하고 웹서버는 요청 받은 문서를 웹 브라우저에 전송한다. 이때 전송하는 문서가 개인이나 단체가 작성한 홈페이지에 들어있는 문서이다. 홈페이지를 작성한다는 것은 결국 웹 문서를 만드는 것이다.

웹 문서를 작성하는 기본 틀은 HTML이란 마크업 언어로 작성한다. 초창기 홈페이지는 주로 텍스트 위주였지만 인터넷의 속도가 빨라지고 전용선을 사용하는 이용자들이 많아지면서 멀티미디어를 표현하는 페이지가 되었다. 즉, 자바 스크립트, 자바, 액티브X, CGI 프로그램 등 다른 언어들을 추가하여 사용하면서 동적인 효과를 나타낸다. 홈페이지에는 상업성을 띤 기업 홈페이지, 공공기관의 홍보용 홈페이지 등 다양한 목적을 가진 여러 가지 종류가 있으며 요즈음은 개인 홈페이지가 증가 추세에 있다.

1.1.2 HTML이란?

인터넷 서비스의 하나인 월드 와이드 웹(WWW, World Wide Web)을 통해 볼 수 있는 문서를 만들 때 사용하는 프로그래밍 언어의 한 종류이다. 특히 하이퍼텍스트를 작성하기 위해 개발되었으며, 인터넷에서 웹을 통해 접근되는 모든 웹 페이지들은 HTML로 작성된다.

HTML이란 Hyper Text Markup Language라고 불리는 언어로서 WWW 서비스를 처음 제안한 팀 버너스 리(Tim Berners-lee)가 개발하였으며 모자익(Mosaic)이라는 웹 브라우저가 등장하면서 보편화되었다. HTML은 문서의 글자 크기, 글자색, 글자 모양, 그래픽, 문서 이동(하이퍼링크) 등을 정의하는 명령어로서 홈페이지를 작성하는 데 쓰인다. HTML에서 사용하는 명령어를 태그(tag)라고 하는데 태그는 통상 시작과 끝을 표시하는 2개의 쌍으로 이루어져 있다.

또한 HTML로 작성된 문서를 HTML 문서라 하며 이 HTML로 작성된 문서를 웹 브라우저가 해석하여 이용자에게 보여준다. HTML에서는 문서가 별도의 코드(code)를 인식하여 완벽한 하이퍼텍스트를 만들뿐만 아니라 단어 또는 단문을 인터넷의 다른 장소나 파일로 연결시킬 수 있다.

HTML은 전자 문서의 서식을 정의하기 위해 만들어졌으며, 국제표준 SGML의 부분 집합으로 정의되었다. HTML은 SGML에서 특히 하이퍼텍스트를 강조하여 만들어진 언어이며, ASCII 문자로 구성된 일반적인 텍스트로 구성되었다. 이 언어는 별도 컴파일러가 필요치 않으며, 웹 브라우저에서 해석이 가능한 사용하기 쉬운 언어로 각광을 받고 있다. HTML을 이용하여 만들어진 파일은 일반적인 ASCII 코드로 된 텍스트 파일 형태로 .htm이나 .html 이라는 확장자를 가지며 문서에 삽입된 그림이나 다른 요소들을 불러와 화면에 보여준다. 1997년 HTML 4.0이 W3C(월드 와이드 웹 컨소시엄)에 의해 표준으로 채택되었다.

1.1.3 웹 브라우저

웹 브라우저란 사용자가 웹 사이트의 하이퍼텍스트 문서를 볼 수 있게 할 뿐만 아니라 그림, 소리, 동영상 등과 같은 형태로 저장된 정보를 검색할 수 있게 서비스를 제공해주는 클라이언트 프로그램으로서 단순히 문서의 내용만 보여주는 것이 아니라 다른 하이퍼텍스트 문서를 찾아갈 수 있도록 도와주는 도구라 할 수 있다. 웹 브라우저는 URL을 이용해서 웹 서버에 있는 하이퍼텍스트 문서를 사용자에게 보여주고 필요한 문서나 이미지를 저장할 수도 있다. 또한 하이퍼링크를 통한 문서 이동, 다양한 멀티미디어 지원, 사용자 인터페이스 등을 제공한다. 웹 브라우저의 종류에는 대표적으로 인터넷 익스플로러(Internet Explorer),

모질라 파이어폭스(Mozilla Firefox), 구글 크롬(chrome), 오페라(Opera), 사파리(Safari) 등이 있다.

1.1.4 하이퍼텍스트란

하이퍼텍스트(Hypertext)란 문자, 그래픽, 음성 및 영상을 하나의 복잡한 비연속적인 연상의 거미집과 같이 서로 연결시켜, 제목의 제시 순서에 관계없이 이용자가 어떤 제목과 관련된 정보를 검색할 수 있도록 하는 정보 제공 방법이다. 이와 같이 연상을 연결하는 링크는 하이퍼텍스트 문서의 의도에 따라 종종 하이퍼텍스트 문서의 작성자와 이용자 둘 다에 의해 생성된다.

일반 문서나 텍스트는 사용자의 필요나 사고의 흐름과는 무관하게 계속 일정한 정보를 순차적으로 얻을 수 있지만, 하이퍼텍스트는 사용자가 연상하는 순서에 따라 원하는 정보를 얻을 수 있는 시스템이다. 즉, 문장 중의 어구나 단어, 그리고 표제어를 모은 목차 등이 서로 관련된 문자 데이터 파일로서, 각 노드(node)들이 연결된 네트워크로 구성되어 효율적인 정보 검색에 적당하다. 여기서 노드는 하이퍼텍스트의 가장 기초적인 정보 단위를 말한다.

최근에 도입된 하이퍼미디어(Hypermedia)라는 용어는 하이퍼텍스트와 거의 같은 의미이지만, 하이퍼텍스트의 비문자적 구성 요소 즉 애니메이션, 녹음된 음성 및 영상 등을 강조하는 용어이다.

1.1.5 HTML 문서의 작성 방법

HTML 문서를 작성하는 방법에는 텍스트 편집기를 사용하는 방법과 HTML 문서 전용 저작도구를 이용하는 방법이 있다. 텍스트 편집기로는 윈도우에서 제공하는 메모장이 있으며 저작도구로는 나모, 드림위버, 프론트페이지 등이 있다.

1.1.6 HTTP(Hypertext Transfer Protocol)

인터넷에서 하이퍼텍스트(Hypertext) 문서를 교환하기 위하여 사용되는 통신 규약이다. 하이퍼텍스트는 문서 중간 중간에 특정 키워드를 두고 문자나 그림을 상호 유기적으로 결합하여 연결함으로써, 서로 다른 문서라 할지라도 하나의 문서인 것처럼 보이면서 참조하기 쉽도록 하는 방식을 의미한다.

HTTP의 첫 번째 버전은 인터넷을 통하여 가공되지 않은 데이터를 전송하기 위한 단순한 프로토콜이었으나, 데이터에 대한 전송과 요구·응답에 대한 수정 등 가공된 정보를 포함하는 프로토콜로 개선되었다.

인터넷 주소를 지정할 때 'http://www....'와 같이 사용하는 것은 WWW으로 시작되는 인터넷 주소에서 하이퍼텍스트 문서의 교환을 HTTP 통신규약으로 처리하라는 뜻이다.

1.1.7 Tag

태그는 문서의 구조와 형태를 표현하는 명령어로서 브라우저에게 화면에 나타날 결과를 설명한다. 태그는 〈, 〉로 둘러싸여 있고 시작하는 태그와 종료 태그로 쌍을 이루고 있다. 시작하는 태그 안에는 여러 가지 속성을 나타낼 수 있으며 종료 태그는 시작 태그와 같은 문자열 앞에 슬래시(/)를 넣는다. 예를 들어 〈head〉 … 〈/head〉와 같이 사용한다.

HTML 문서에서 사용되는 태그들은 대소문자를 구별하지 않는다. 태그의 사용 예를 들면

- 〈태그〉 … 〈/태그〉
- 〈태그 속성들〉 … 〈/태그〉
- 〈태그〉 등이 있다.

1.1.8 메모장 사용

메모장 프로그램은 [시작] – [모든 프로그램] – [보조프로그램]을 선택하여 나타난 부메뉴에서 [메모장]을 클릭한다.

(1) 특수문자 삽입 방법
① 한/영키를 눌러 영문 입력상태에서 한글 입력상태로 만든다.
② 자판에서 ㅂ, ㅈ, ㄷ, ㄱ, ㅅ, ㅁ, ㄴ, ㅇ, ㄹ, ㅎ, ㅋ, ㅌ, ㅊ, ㅍ 키 중에서 하나를 선택 누른다.
③ 한자 전환키를 누르면 왼쪽 아래에(시간이 나타나는 부분)창이 나타난다.
④ 마우스로 원하는 문자를 클릭하거나 문자 왼쪽의 번호를 입력하면 해당 문자가 삽입된다.

(2) 창에 나타나는 문자 유형

문자	창에 나타나는 문자 유형
ㅂ	◀ 1— 2│ 3 ㄱ 4ㄱ 5ㄴ 6│ 7ㅏ 8ㅜ 9ㅓ ▶
ㅈ	◀ 10 21 32 43 54 65 76 87 98 ▶
ㄷ	◀ 1＋ 2— 3＜ 4＝ 5＞ 6± 7× 8÷ 9≠ ▶
ㄱ	◀ 1 2! 3' 4, 5. 6/ 7: 8; 9? ▶
ㅅ	◀ 1㉠ 2㉡ 3㉢ 4㉣ 5㉤ 6㉥ 7㉦ 8㉧ 9㉨ ▶
ㅁ	◀ 1# 2& 3＊ 4@ 5§ 6※ 7☆ 8★ 9○ ▶
ㄴ	◀ 1" 2 (3) 4 [5] 6 {7} 8´ 9' ▶
ㅇ	◀ 1ⓐ 2ⓑ 3ⓒ 4ⓓ 5ⓔ 6ⓕ 7ⓖ 8ⓗ 9ⓘ ▶
ㄹ	◀ 1$ 2% 3₩ 4℉ 5´ 6˝ 7℃ 8Å 9¢ ▶
ㅎ	◀ 1A 2B 3Γ 4△ 5E 6Z 7H 8Θ 9I ▶
ㅋ	◀ 1ㄱ 2ㄲ 3ㄳ 4ㄴ 5ㄵ 6ㄶ 7ㄷ 8ㄸ 9ㄹ ▶
ㅌ	◀ 1ㄺ 2ㄻ 3ㄼ 4ㄽ 5ㄾ 6ㄿ 7ㅀ 8ㅁ 9ㅂ ▶
ㅊ	◀ 1½ 2⅓ 3⅔ 4¼ 5¾ 6⅛ 7⅜ 8⅝ 9⅞ ▶
ㅍ	◀ 1A 2B 3C 4D 5E 6F 7G 8H 9I ▶

나타난 창의 좌우 까만 세모를 누르면 더 많은 문자를 나타나게 할 수 있다.

1.2 HTML의 기본 구조와 구성요소

1.2.1 HTML의 기본 구조

```
<!DOCTYPE html>        ← HTML 문서라고 알림
<html>                 ← HTML 문서의 시작 태그
  <head>
    .
    .                  ← 문서에 대한 정보 입력 공간
    .
  </head>
  <body>
    .
    .                  ← 화면에 나타나게 할 내용 입력 공간
    .
  </body>
</html>                ← HTML 문서의 종료 태그
```

HTML 문서를 만들 수 있는 에디터에는 여러 가지가 있으며, 웹 문서를 쉽게 만들어 주는 웹 에디터인 나모나 드림위버 등을 사용할 수도 있다. 여기서는 윈도우에서 제공하는 메모장을 사용하기로 한다. 메모장을 사용하여 문서(파일)를 만든 다음 저장을 할 때에는 반드시 확장자명을 .html로 지정하여야 한다. 파일명만 서술한 다음 저장하면 텍스트 파일로 저장되어 웹 문서가 되지 못한다. 이점을 주의하기 바란다.

(1) <!DOCTYPE html> 태그

```
<!DOCTYPE html>
```

웹 브라우저에 HTML5 문서임을 알려 준다. W3C의 HTML5는 HTML5 문서는 반드시 서술하라고 되어 있다. 이 책에서는 HTML태그에 대해 알아보는 것을 목적으로 하므로 생략한다. 그러나 차후 홈페이지를 만드는 일을 한다면 서술해야 할 것으로 본다.

(2) html 태그

```
<html>  · · ·  </html>
<html lang ="ko">  · · ·    </html>
```

〈html〉 태그는 HTML 문서임을 나타내며 최상위 요소로 맨 처음 사용한다. 최근 사용되는 브라우저는 이 태그를 생략해도 무관하다. 그러나 이 문서가 HTML 문서라는 것을 나타내기 위해 서술하는 것이 좋을 것으로 본다. HTML 문서는 머리(head)부와 몸체(body)부를 포함한다. 종료 태그는 문서의 맨 마지막에 서술한다.

〈html lang="ko"〉는 브라우저 동작에는 영향을 미치지 않는다. 검색엔진이 웹 페이지를 탐색할 때 어떤 언어로 만들었는지 인식시키는데 있다. 우리는 간단한 연습 웹 문서를 만들어 보기 때문에 lang 속성을 사용하지 않기로 한다.

(3) head 태그

```
〈head〉  · · ·    〈/head〉
```

〈head〉 태그는 HTML 문서의 머리 부분으로 문서에서 사용되는 모든 정보를 표현하는 곳이다.

이곳에 서술하는 태그로는 〈meta〉, 〈title〉, 〈style〉, 〈script〉. 〈link〉 등이 있다.

(4) body 태그

```
〈body〉  · · ·    〈/body〉
```

〈body〉 태그는 html 문서의 실제적인 내용을 서술하는 곳으로 서술된 내용이 웹 브라우저 화면에 바로 나타나게 된다. 〈head〉 태그 부분에 들어가는 태그를 제외하고는 모든 태그가 〈body〉 태그 안에서 사용한다.

이곳에 서술하는 태그로는 〈h〉, 〈br〉, 〈pre〉, 〈p〉, 〈div〉, 〈hr〉, 〈img〉, 〈a〉, 〈table〉, 〈fieldset〉, 〈marquee〉 등이 있다.

1.2.2 HTML의 구성요소

HTML의 구성요소에는 태그, 요소, 속성, 속성 값으로 구성된다.

```
<html>
  <head>
   <title> 나의 홈페이지 </title>
  </head>
  <body>
   <h1 align = "center">
            여기서 align은 속성, center은 속성 값
   <font size = "6" color="red">
            여기서 size, color은 속성, 6과 red는 속성 값
  </body>
</html>
```

(1) 태그

태그는 "〈"와"〉" 기호로 둘러싸인 일종의 표현 명령어다. 시작 태그와 종료 태그 두 종류가 있다. 시작 태그는 요소를 시작하며, 종료 태그는 요소를 끝낸다. 〈h1〉 태그로 시작한 글자 꾸밈 요소는 〈/h1〉라는 종료 태그를 갖는 태그지만 모든 요소들이 종료 태그로 끝나지 않는 경우도 있다. 예를 들어 줄을 바꾸는 요소인 〈br〉 태그는 종료 태그를 쓰지 않는다. 그러나 XHTML5에서는 〈br /〉로 쓴다.

(2) 요소

요소는 태그의 의미를 결정하는 것으로 태그의 핵심이다. 시작 태그와 종료 태그에 서술하는 표현 명령어이다. 예를 들어 〈p〉 하나의 문단 〈/p〉 전체가 요소이다.

(3) 속성과 속성 값

속성은 요소의 시작 태그 안에서 사용되는 것으로 좀 더 구체화된 명령어 체계를 의미한다. 〈font size = "6" color = "red"〉에서 color = "red"가 속성과 속성 값을 의미한다. 속성과 변수는 "=" 부호로 연결한다. 속성과 변수가 여러 개인 경우는 띄어쓰기로 구분한다.

1.2.3 head 태그

(1) title 태그

```
<title>  · · ·   </title>
```

〈title〉 태그는 HTML 문서의 제목을 나타내는 태그로 〈head〉 태그 내에서 사용하며, 웹 브라우저의 제목 표시줄에 나타내고자 하는 내용을 서술하는 곳이다. 웹 브라우저 사용 시 즐겨 찾기에 사이트를 저장하면 〈title〉 태그에 서술된 내용이 제목으로 저장된다.

 따라하기

Html 문서	실행결과
<html> <head><title>나의 홈페이지</title></head> </html>	

(2) meta 태그

```
<meta>          끝내는 태그가 없다
```

〈meta〉 태그는 〈head〉 태그 내에서 사용하며, 웹 페이지에 관한 정보를 제공하는 특별한 HTML 태그이다. 일반적인 HTML 태그들과는 달리 〈meta〉 태그는 웹 페이지의 표현에는 영향을 미치지 않는다. 그 대신에 누가 이 페이지를 만들었으며, 얼마나 자주 갱신되는지, 이 페이지는 무엇에 관한 것인지 등과 같은 정보를 제공하며, 이 페이지의 내용을 함축적인 키워드로 표시한다. 많은 검색엔진들이 인덱스를 만들 때, 이 정보를 이용하게 된다. 또한 화면 전환 효과, 자동 이동 효과 등을 서술할 수 있다. 〈meta〉 태그는 반드시 서술하지 않아도 된다.

〈meta〉 태그에는 문서 정보를 나타내는 name과 content, 화면 전환 및 이동 효과를 나타내는 http-equiv이라는 속성을 가지고 있다.

```
<meta http-equiv="Content-Type"
                content="text/html; charset=utf-8" />
    <meta name="generator"    content="" />
    <meta name="author"       content="" />
    <meta name="keywords"     content="" />
    <meta name="description"  content="" />
```

① name 속성

태 그	설 명
`<meta name="author" content="이 근형">`	문서의 제작자를 표시
`<meta name="description" content="HTML 소개">`	문서의 내용을 표시
`<meta name="keywords" content="html">`	웹 브라우저에서 키워드로 검색할 때 content에 입력한 단어를 제공
`<meta name="classification" content="html">`	문서의 분류될 목록을 표시

② http-equiv 속성

`<meta http-equiv="refresh" content="지연시간;url=홈페이지 주소나 문서">`

지정된 시간이 흐른 뒤 자동으로 다른 페이지가 열리게 한다. 지연시간은 숫자로 초 단위를 나타낸다.

```
<html>
<head><title> 나의 홈페이지 </title>
<meta http-equiv="refresh" content="5;url=http://www.daum.net">
</head>
</html>
```

`<meta http-equiv="page-enter"`
`      content="revealtrans(duration=속도, transition=효과종류)">`

지정한 속도와 효과로 화면이 전환된다. 속도는 숫자로 표시하며 작을수록 빠르게 효과가 나타난다.

```
<html>
<head><title> 나의 홈페이지 </title>
<meta http-equiv = "refresh" content="10;
                      url=http://www.naver.com">
<meta http-equiv = "page-enter"
        content = "revealtrans(duration = 5, transition = 12)">
</head>
</html>
```

❍ 화면 전환 효과 설정 값

효과 종류	설명	효과 종류	설명
0	사각형 모양으로 밖에서 안으로	12	차차 밝아지면서 나타남
1	사각형 모양으로 안에서 밖으로	13	좌우에서 열린다
2	원형 모양으로 밖에서 안으로	14	가운데서 좌우로 열린다
3	원형 모양으로 안에서 밖으로	15	위, 아래서 열린다
4	아래에서 위로	16	가운데서 위아래로 열린다
5	위에서 아래로	17	상단 오른쪽에서 하단 왼쪽으로
6	왼쪽에서 오른쪽으로	18	하단 오른쪽에서 상단 왼쪽으로
7	오른쪽에서 왼쪽으로	19	상단 왼쪽에서 하단 오른쪽으로
8	세로 방향의 커튼 모양으로	20	하단 왼쪽에서 상단 오른쪽으로
9	가로 방향의 커튼 모양으로	21	가로 사선 모양으로
10	타일모양으로 왼쪽에서 오른쪽으로	22	세로 사산 모양으로
11	타일모양으로 위에서 아래로	23	모든 효과를 무작위로

```
<meta http-equiv="content-type" content="text/html;charset=사용할 언어">
```

웹 페이지에서 사용하는 언어 코드를 지정한다.

사용할 언어에는 us-ascii, iso-8859-1, euc-kr, utf-8 등이 있다.

③ `<meta name="robots" content="noindex,nofollow">`

검색엔진은 보통 '로봇'이라고 불리는 프로그램이 각 웹 사이트를 돌아다니면서 검색자가 입력한 키워드와 같거나 유사한 웹페이지 또는 문서를 발견하면 검색결과에 보여주는 것이다. 로봇은 사람이 브라우저로 웹 사이트를 보는 것과 같은 방식으로 웹 사이트를 보기 때문에 사람이 볼 수 있는 웹 사이트는 로봇도 발견해 낼 수 있다.

웹문서를 만드는 개인이 할 수 있는 배제 수단으로 위와 같이 넣어주면 조금은 방어할 수 있다.

1.2.4 웹 화면에 메시지 나타내기

웹 화면에 메시지를 나타내고 싶으면 〈body〉 태그 내에 서술하여 준다. 그러면 그 내용이 웹 화면에 나타난다.

 따라하기

Html 문서	〈html〉 〈head〉〈title〉 나의 홈페이지 〈/title〉〈/head〉 〈body〉 나의 홈페이지에 오신 걸 환영합니다. 메시지를 나타내려면 여기 body 내에 서술하면 된다. 지금은 body 태그를 연습 중 입니다. 〈/body〉 〈/html〉
실행 결과	나의 홈페이지에 오신 걸 환영합니다. 메시지를 나타내려면 여기 body 내에 서술하면 된다. 지금은 body태그를 연습 중 입니다.

1.2.5 줄 바꿈 태그

HTML 문서를 작성할 때 홈페이지에 넣을 자료는 그대로 입력하면 된다. 이것은 모두 텍스트로 처리되어 입력된 내용이 웹 브라우저에 나타난다. 하지만 입력한 내용이 웹 페이지에 나타난 결과를 보면 예상을 빗나가는 경우가 종종 발생하게 된다. 주로 공백이나 줄 바꿈 기능에서 이러한 현상이 나타난다. 즉 에디터에서 입력한 상태 그대로 나타나지 않는다는 것이다. 이를 해결하기 위해서는 줄 바꿈 태그 〈br〉을 사용하여야 한다.

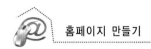

 따라하기

Html 문서	실행결과
<html> <head><title>나의 홈페이지</title></head> <body> 학과: 컴퓨터 정보과 반명: A반 학번: 21421001 이름: 홍길동 </body> </html>	학과:컴퓨터 정보과 반명: A반 학번: 20911001 이름: 홍 길동

(1) br 태그

```
<br>
```


 태그는 line break을 의미하며 강제적으로 줄 바꿈을 할 때 사용한다. 일반적으로 에디터에서 엔터(enter)키로 줄을 바꾸어도 HTML 문서에서는 엔터를 무시하고 나타난다. 그러니까 텍스트의 줄을 바꾸어 주는 엔터와 같은 기능을 하는 것이 웹 문서에서는
 태그이다. 여러 행의 공백을 나타내고 싶으면 원하는 만큼
 태그를 중복하여 사용하면 그만큼 줄 바꿈이 실행된다.
 태그는 종료 태그가 없다.

 따라하기

Html 문서	실행결과
<html> <head><title>나의홈페이지 </title></head> <body> 학과: 컴퓨터 정보과 반명: A반 학번: 21421001 이름: 홍 길동 </body> </html>	학과: 컴퓨터 정보과 반명: A반 학번: 20911001 이름: 홍 길동

만약
 태그를 사용하지 않고 계속하여 텍스트를 입력하면 웹 브라우저의 창 크기에 맞게 내용이 연속하여(마치 교재와 같이) 자동 줄 바꿈 하여 보여준다. 물론 창의 크기가 크면 줄의 수가 적을 것이다.

따라하기

Html 문서	실행결과
\<html\> \<head\>\<title\> 나의 홈페이지 \</title\>\</head\> \<body\> 　홈페이지는 개인이나 단체가 인터넷을 이용하는 　모든 사용자에게 서비스를 제공하는 것으로 　웹 브라우저에서 해당 주소(URL)를 입력했을 때 　맨 처음 나타나는 페이지를 말한다. \</body\> \</html\>	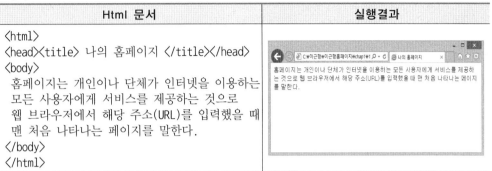

여러 행의 공백을 나타내고 싶으면 원하는 만큼 〈br〉 태그를 중복하여 사용하면 그만큼 줄 바꿈이 실행된다.

 따라하기

Html 문서	실행결과
\<html\> \<head\>\<title\>나의홈페이지\</title\>\</head\> \<body\> 컴퓨터정보과\<br\>\<br\>\<br\> 1학년\<br\>\<br\> 반명:A반\<br\> 학번은:21421001\<br\>\<br\> 이름은:홍 길동 \</body\> \</html\>	

(2) nobr 태그

> 〈nobr〉　　· · ·　　〈/nobr〉

〈nobr〉 태그는 "no line break"을 의미하며 이 태그로 감 싼 부분은 줄 바꿈을 금지한다. 긴 문장이나 텍스트를 작성하여 웹 브라우저에서 보면 창 크기에 따라 자동으로 줄 바꿈하여 보여준다. 〈nobr〉 태그는 화면의 크기에 다라 문단 모양이 바뀌는 것을 방지한다. 따라서 〈nobr〉 태그는 자동 줄 바꿈 없이 계속 나타내야할 문장이 있을 때 사용하여 창 크기에 상관없이 자동으로 줄 바꿈하는 것을 방지한다. 텍스트가 길고 창 크기가 작으면 웹 브라우저 하단에 스크롤바가 생긴다.

🔍 따라하기

Html 문서	`<html>` `<head><title>`나의 홈페이지 `</title></head>` `<body>` 줄 바꿈 금지`  ` `<nobr>` 줄 바꿈 금지 태그는 긴 문장이나 텍스트를 작성하여 웹 브라우저에서 보면 창 크기에 따라 자동으로 줄 바꿈 해 주지 않고 한 줄로 계속 나타내준다. `</nobr>` `</body></html>`
실행 결과	줄 바꿈 금지 줄 바꿈 금지 태그는 긴 문장이나 텍스트를 작성하여 웹 브라우저에서 보면 창 크기

1.2.6 블록 레벨 요소, 인라인 레벨 요소와 그룹 요소

body 요소 안에 추가하는 요소들은 블록 레벨 요소와 인라인 요소로 두 종류에 속한다. 기존의 테이블 레이아웃 방식에서는 요소의 이러한 특성을 알 필요가 없었지만, 의미를 살린 마크업을 하게 되면 요소의 구조적, 디스플레이적 특징을 이해해야 올바른 마크업이 가능하다.

브라우저에 요소가 디스플레이 될 때 블록처럼 여러 줄로 쌓이게 되면 블록 레벨 요소이고, 마크업한 요소가 브라우저에 디스플레이 될 때 가로로 일렬로 늘어서게 되면 인라인 요소라고 생각하면 구분하기가 쉽다. 이것은 물론 브라우저에 보이는 것만을 가지고 구분하는 것이고 요소를 그렇게 만든 이유를 이해해야만 올바른 마크업을 할 수 있다.

(1) 블록 레벨 요소

블록 레벨 요소는 블록(Block)을 만드는 레벨 요소로 h1~h6, p, div, form, ul, ol, li, hr, address, blockquote, fieldset, table 등의 요소가 있다.

일반적으로 블록 레벨 요소는 인라인 요소들과 다른 블록 레벨 요소를 포함할 수 있다. 그러나 인라인 요소는 일반적으로 텍스트와 다른 인라인 요소들만 포함할 수 있다.

(2) 인라인 요소

인라인 요소와 텍스트는 반드시 블록 레벨 요소에 포함시켜 나타내어야 유효성 테스트에 통과할 수 있다. 인라인 요소로 a, img, i, strong, b 등이 해당되며, "텍스트 레벨 요소"라고 불리기도 한다. 대부분의 인라인 요소는 인라인 요소와 텍스트 포함이 가능하지만 블록 레벨 요소 포함은 불가능하다.

(3) 그룹 요소

body 요소 안에 사용하는 요소나 텍스트 데이터를 그룹으로 묶을 수 있는 기능을 가진 것은 div, span 요소 두 가지가 있다. div 요소는 블록 레벨 요소로 다른 블록 레벨 요소(div, p, form, table 등)들과 인라인 요소(a, span, img, i, strong, b 등)를 포함할 수 있다. span 요소는 텍스트 데이터의 중간에 외형적인 변화가 필요할 경우 사용하게 된다. 이러한 특성을 적용하여 마크업을 하게 되면 결국은 의미를 살려 마크업한 요소들을 그룹핑하여 영역을 나누는 역할을 div 요소가 수행하게 된다. div, span 요소에 id나 class라는 스타일 속성을 추가하여 원하는 구조를 완성하게 된다.

1.2.7 body 태그

(1) body 태그

```
<body>                                      · · ·      </body>
<body bgcolor = "색명" or "#RGB">           · · ·      </body>
<body background = "이미지파일명">          · · ·      </body>
<body text = "색명" or "#RGB">              · · ·      </body>
<body link="색명" alink="색명" vlink="색명">  · · ·      </body>
<body leftmargin=" 상수 " topmargin="상수 "  · · ·      </body>
```

\<body\> 태그는 html 문서의 실제적인 내용을 서술하는 곳으로 서술된 내용이 웹 브라우저 화면에 바로 나타나게 된다. \<head\> 태그 부분에 들어가는 태그를 제외하고는 모든 태그가 \<body\> 태그 안에서 사용한다.

〈body〉태그 속성	설 명
bgcolor	문서의 배경색을 설정한다. 생략 시 흰색
background	문서에 배경 그림을 삽입한다.
text	바탕 글자색을 설정한다. 생략 시 검정색
link	하이퍼링크가 정의된 글자색을 설정한다.
vlink	링크를 실행한 적이 있는 글자색을 설정한다.
alink	링크된 문자를 클릭할 때 변화되는 색을 설정한다.
leftmargin	문서 왼쪽 여백을 설정한다.
topmargin	문서 상단 여백을 설정한다.
rightmargin	문서 오른쪽 여백을 설정한다.
scroll	웹 브라우저 창에 scroll bar를 나타내고 싶지 않을 때
bgproperties	scroll 시 배경 그림을 고정할 때 사용

〈body〉태그에는 문서의 속성을 설정하는 bgcolor, background, text, link, vlink, alink, leftmargin, topmargin, rightmargin, scroll, bgproperties 등이 있다. 속성을 중복하여 여러 개를 사용할 때에는 한 칸 이상의 공백으로 구분한다. 속성의 속성 값을 서술할 때 인용부호를 생략해도 무관하나 가능하면 쓰도록 한다.

○ 〈body〉

〈body〉태그에서 속성을 서술하지 않으면 웹 브라우저에서 제공하는 형식으로 문서를 표현한다.

〈body〉태그는 기본 속성으로 bgcolor="white"와 text="black"을 갖는다. 그러나 통상 생략하고 표현하지 않는다.

○ 〈body bgcolor = "색상명" or "#RGB"〉

색상을 설정하는 방법에는 두 가지가 있다. 첫 번째는 영문으로 색의 이름을 쓰는 것이고, 두 번째는 16진수로 나타내는 것이다. 16진수로 나타낼 때는 RGB 순으로 두 자리 16진수 (00~ff) 3개를 쓰며 숫자 앞에 #을 붙인다. 최근 웹 브라우저에서는 #을 생략해도 허용된다. R은 빨간색, G는 녹색, B는 파란색을 의미하며 값이 클수록 해당 색상을 많이 섞은 것이다.

❷ 여러 가지 색상에 대한 RGB 값

색상 명	RGB값	색상 명	RGB값	색상 명	RGB값
antiquewhite	#faebd7	firebrick	#b22222	mediumturquoise	#48d1cc
aqua	#00ffff	floralwhite	#fffaf0	moccasin	#ffe4b5
azure	#f0ffff	fuchsia	#ff00ff	navy	#000080
beige	#f5f5dc	gold	#ffd700	orange	#ffa500
black	#000000	greenyellow	#adff2f	papayawhip	#ffefd5
blue	#0000ff	hotpink	#ff69b4	pink	#ffc0cb
brown	#a52a2a	indigo	#4b0082	rosybrown	#bc8f8f
chartreuse	#7fff00	ivory	#fffff0	salmon	#fa8072
cornflowerblue	#6495ed	lemonchiffon	#fffacd	silver	#c0c0c0
crimson	#dc143c	htblue	#add8e6	slateblue	#6a5acd
darkcyan	#008b8b	lightyellow	#ffffe0	tan	#d2b48c
darkgray	#a9a9a9	magenta	#ff00ff	tomato	#ff6347
darkgreen	#006400	maroon	#800000	white	#ffffff
darkpink	#ff1493	mediumpurple	#9370db	yellow	#ffff00
red	#ff0000	violet	#ff00ff	green	#00ff00

※ 속성 값을 나타낼 때 인용부호나 #을 생략해도 웹 문서에 영향을 주지 않는다.

예를 들면 #000000 : 검정색(흑)   #ffffff : 흰색(백)   #ff0000 : 빨간색(적)

#00ff00 : 녹색   #0000ff : 파란색(청)   #ffff00 : 노란색

#ff00ff : 보라색   #00ffff : 청록색   등이다.

🔍 따라하기

Html 문서	실행결과

`<html>`
`<head><title>`나의 홈페이지`</title></head>`
`<body  bgcolor = "#ff00ff">`
나의 홈페이지에 오신 걸 환영합니다.
`</body>`
`</html>`
	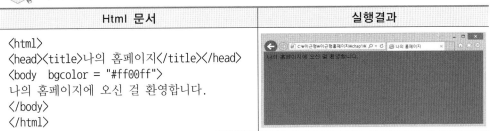

여기서 <body bgcolor = "#ff00ff"> 대신 <body bgcolor = "violet">이라고 사용할 수 있다.

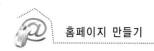

○ 〈body background = "이미지 파일명"〉

문서의 배경에 그림을 삽입하는 것으로 설정된 그림이 문서의 창 크기보다 작을 경우는 타일을 붙이듯이 바둑판식으로 나열하여 표현된다. 그림 파일이 크면 웹 문서의 로딩(불러오는 시간)속도가 떨어진다. 그림 파일의 확장자는 .gif나 .jpg를 사용한다. 최근에는 확장자 .png도 사용할 수 있다.

 따라하기

Html 문서	실행결과
〈html〉 〈head〉〈title〉나의 홈페이지〈/title〉〈/head〉 〈body background = " smile.gif "〉 나의 홈페이지에 오신 걸 환영합니다. 〈/body〉 〈/html〉	

○ 〈body text = "색상 명" 〉

별도로 지정하지 않은 바탕 글자색은 파란색(default는 검정색)으로 나타난다.

 따라하기

Html 문서	실행결과
〈html〉 〈head〉〈title〉나의 홈페이지〈/title〉〈/head〉 〈body text = "blue" 〉 바탕글자는 파란색임〈br〉 나의 홈페이지에 오신 걸 환영합니다. 〈/body〉 〈/html〉	

○ 〈body link = "색상 명" alink = "색상 명" vlink = "색상 명"〉

링크 지정 글자색은 빨간색, 방문한 적이 있는 글자색은 초록색, 클릭했을 때의 글자색은 노란색이다. 별도의 지정이 없으면 웹 브라우저가 문서를 불러올 때 인터넷 옵션에서 정의된 색상으로 나타내 준다.

웹 브라우저의 도구 메뉴에서 인터넷 옵션 창을 연 후 "색"이라는 단추를 클릭하면 나타난다. 색상을 선택하여 지정해 놓으면 다음에 사이트 방문 시 해당 색상으로 나타난다. 그러나 웹 페이지를 작성한 관리지가 별도로 지정하면 그러하지 아니하다.

따라하기

Html 문서	실행결과
`<html>` `<head><title>`나의 홈페이지`</title></head>` `<body link = "red" vlink = "green"` `     alink = "yellow">` 나의 홈페이지에 오신 걸 환영합니다. `  ` `<a href = "#">`웹문서 1`</a>  ` `<a href = "#">`웹문서 2`</a>  ` `<a href = "#">`웹문서 3`</a>  ` `</body>` `</html>`	나의 홈페이지에 오신 걸 환영합니다. 웹문서 1 웹문서 2 웹문서 3

○ `<body leftmargin="픽셀 수"  topmargin="픽셀 수">`

 따라하기

Html 문서	실행결과

`<html>`
`<head><title>`나의 홈페이지`</title></head>`
`<body topmargin ="50" leftmargin ="30">`
나의 홈페이지에 오신 걸 환영합니다.
`</body>`
`</html>`
	나의 홈페이지에 오신 걸 환영합니다.

1.2.8 글자 태그

(1) 제목 글자 태그 (hn 태그)

```
<hn>  · · ·  </hn>                    여기서 n은 숫자
<hn align = "left, right 또는 center 중 택1" > · · · </hn>
```

`<hn>` 태그는 문서의 제목을 나타내기 위해 사용하는 태그로 크기는 6단계(h1~h6)가 있으
며 숫자가 작을수록 글자 크기가 크고, 숫자가 클수록 크기가 작다. 6단계 중 h1~h4까지만
사용하고, h5, h6은 제목으로 사용하기에는 너무 작은 글자이다. 글자의 크기는 사용하는
시스템의 해상도나 웹 브라우저의 종류에 따라 약간씩 다르게 보인다. `<hn>` 태그는 자동
줄 바꿈을 하고 또한 종료 태그 `</hn>` 다음에 있는 문단도 자동으로 줄 바꿈 한다. `<hn>`
태그 안의 문자열 위, 아래에 문자 높이만큼의 빈 줄이 삽입된다. 또한 태그 안에 있는 글자

는 고딕체로 나타난다. 〈hn〉 태그에는 align 이라는 속성이 있으며 값으로는 left, right, center가 있다.

① 〈hn〉 문자열 〈/hn〉

 따라하기

Html 문서	실행결과
〈html〉 〈head〉〈title〉나의 홈페이지〈/title〉〈/head〉 〈body〉 〈h1〉 나의 홈페이지1 〈/h1〉 〈h2〉 나의 홈페이지2 〈/h2〉 〈h3〉 나의 홈페이지3 〈/h3〉 〈h4〉 나의 홈페이지4 〈/h4〉 〈h5〉 나의 홈페이지5 〈/h5〉 〈h6〉 나의 홈페이지6 〈/h6〉 〈/body〉 〈/html〉	나의 홈페이지1 나의 홈페이지2 나의 홈페이지3 나의 홈페이지4 나의 홈페이지5 나의 홈페이지6

제목을 웹 브라우저 창의 어느 부분에 둘 것인가를 지정할 수 있다. 정렬을 시키려면 속성으로 align이라는 속성을 사용한다.

② 〈hn align = "left 또는 right 또는 center" 중 택 1〉 문자열 〈/hn〉

 따라하기

Html 문서	〈html〉 〈head〉〈title〉 나의 홈페이지 〈/title〉〈/head〉 〈body〉 나의 홈페이지에 오신 걸 환영합니다. 〈h3 align = "center"〉 나의 홈페이지1 〈/h3〉 〈h2 align = "right"〉 나의 홈페이지2 〈/h2〉 〈h3 align = "left"〉 나의 홈페이지3 〈/h3〉 〈/body〉 〈/html〉
실행 결과	나의 홈페이지에 오신 걸 환영합니다. 나의 홈페이지1 나의 홈페이지2 나의 홈페이지3

(2) 글자 크기 지정 태그 (font 태그)

```
<font>  · · ·   </font>
<font size = "n">  · · ·    </font>    n은 1~7인 숫자(양, 음수 가능)
<font size = "n" color = "색상 명" or "#RGB">      · · ·    </font>
<font size = "n" color = "색상 명" face = "서체 명">  · · ·  </font>
```

<font> 태그는 행을 바꾸지 않고 글꼴 종류와 색, 크기를 지정할 수 있다. 지정 가능한 크기는 1~7까지 7단계가 있으며 size라는 속성을 사용하여야 한다. <hn> 태그와는 반대로 숫자가 크면 글자가 크고 숫자가 적으면 글자가 작다. 만약 음수를 사용할 경우는 상대적인 크기를 나타낸다.

<font> 태그는 자동 줄 바꿈을 하지 않는다. <font> 태그의 속성으로는 size, color, face가 있는데 face를 사용 시 주의할 것은 글꼴을 선택할 때에 반드시 사용자의 시스템에 해당 글꼴이 있는가를 고려하여야만 한다.

<font> 태그는 문서의 어느 곳에서든지 문단 전체 또는 일부 문자열을 지정하여 사용할 수 있다. <font>에 size 속성을 주지 않으면 기본 값인 size = "3" 크기로 나타내 주며, 이 크기는 보통 바탕 글자의 크기와 같다. 이것은 웹 문서에서 별도의 정의가 없으면 size = "3" 크기로 설정하기 때문이다.

다음 장에서 CSS를 배우게 되면 글자의 크기, 모양, 서체, 글자색 등을 지정하여 사용할 수 있게 되므로 사용 빈도가 낮을 수도 있다.

① <font> 문자열 </font>

 따라하기

Html 문서	실행결과
`<html>` `<head><title>나의 홈페이지</title></head>` `<body>` `<font>글자 크기</font>(font글자크기)  ` `  글자 크기 (바탕글 크기)   ` `<font size="3">글자 크기 </font>(사이즈 3)` `</body>` `</html>`	글자 크기(font글자크기) 글자 크기 (바탕글 크기) 글자 크기 (사이즈 3)

② 〈font size = "n"〉 문자열 〈/font〉 여기서 n은 1~7을 사용

 따라하기

Html 문서	실행결과
〈html〉 〈head〉〈title〉나의홈페이지〈/title〉〈/head〉 〈body〉 나의 홈페이지에 오신 걸 환영합니다. 〈br〉〈br〉〈br〉 〈font size = "1"〉 크기 1 〈/font〉〈br〉 〈font size = "2"〉 크기 2 〈/font〉〈br〉 〈font size = "3"〉 크기 3〈 /font〉〈br〉 〈font size = "4"〉 크기 4 〈/font〉〈br〉 〈font size = "5"〉 크기 5 〈/font〉〈br〉 〈font size = "6"〉 크기 6 〈/font〉〈br〉 〈font size = "7"〉 크기 7 〈/font〉 〈/body〉 〈/html〉	

③ 〈font color = " 색상명 "이나 " #RGB "〉 문자열 〈/font〉

따라하기

Html 문서	〈html〉 〈head〉〈title〉나의 홈페이지〈/title〉〈/head〉 〈body〉 지금부터 글자의 색을 바꾸어 볼까요〈br〉〈br〉 〈font size="3" color="blue"〉 글자가 파란색이고〈/font〉〈br〉〈br〉 〈font size="6" color="#ff0000"〉 글자가 빨간색으로 바뀜〈/font〉 〈h2〉여기는 〈font size="5" color="gold"〉나의 홈페이지〈/font〉이다〈/h2〉 〈/body〉 〈/html〉
실행 결과	

④ ⟨font size = "4" color = "red" face = "서체 명"⟩ 문자열 ⟨/font⟩

⟨font⟩ 태그의 속성 중 face는 웹 브라우저에서 제공하는 서체 중에서만 사용할 수 있다.
따라서 사용하기 전에 웹에서 제공하는 서체가 무엇이 있는지 확인 후 사용 바란다.

 따라하기

Html 문서	⟨html⟩ ⟨head⟩⟨title⟩나의 홈페이지⟨/title⟩⟨/head⟩ ⟨body bgcolor = "white" text = "black"⟩ 지금부터 글자의 색과 서체를 바꾸어 볼까요⟨br⟩⟨br⟩ ⟨font size="6" color="#ff0000" face = "휴먼옛체"⟩ 　　　　　　　글자가 빨간색(휴먼옛체)으로 바뀜⟨/font⟩⟨br⟩⟨br⟩ ⟨font size="5" color="green" face = "궁서체"⟩ 　　　　　　　글자가 녹색(궁서체)으로 바뀜⟨/font⟩⟨br⟩ ⟨/body⟩⟨/html⟩
실행 결과	

⑤ ⟨font size = " ±n" ⟩ 글자 크기 ⟨/font⟩

⟨font⟩ 태그에서 size의 값이 ±n인 값으로 지정하면 이는 기본 글자 크기에 대한 상대적인
크기를 의미한다. 별도의 지정이 없다면 3을 기준으로 하여 가감된 값이 size의 값이 된다.
만약 가감한 값이 마이너스 값이 되거나 7을 넘으면 1과 7을 의미한다.

 따라하기

Html 문서	```html
	<html>
	<head><title>나의 홈페이지</title></head>
	<body>
	<font size= "+2 "> 이건 2단계가 큰 경우 ⇒ </font>
	<font size= " 5 "> 이건 size 5인 경우 </font>
	
	<font size=" -4 "> font size -1 ⇒ </font>
	<font size=" 1 "> font size 1 </font> (음수일 때는 size 1로)
	
	<font color="blue" size=" +5 "> size 8 ⇒ </font>
	<font size=" 7 "> size 7 </font>(7 이상 일 때는 size 7로)
	</body>
	</html>
	``

실행 결과	이건 2단계가 큰 경우 ⇒ 이건 size 5인 경우 font size -1 → font size 1 (음수일 때는 size 1로) size 8 ⇒ size 7 (7 이상 일 때는 size 7로)

그러나 HTML5에서는 CSS에서 스타일 속성을 이용하여 글자 크기나 글자색을 지정하여 사용하므로 사용을 자제하기 바란다.

(3) big과 small 태그

```
<big>   · · ·   </big>
<small>   · · ·   </small>
```

<big>과 <small> 태그는 한 문단에서 특정 글자를 주변 글자 크기보다 하나 적거나 크게 나타내고 싶을 때 사용한다.

따라하기

Html
문서
	``html
	<html>
	<head><title> 나의 홈페이지 </title></head>
	<body>
	<h3>문서의 특정 글자를 크게 하거나 작게 할 때 사용</h3>
	small 태그를 사용하면<small> [글자는 한 단계] </small>작아진다
	
	<font size="5" color="blue">
	big 태그를 사용하면<big> [글자는 한 단계] </big>커진다</font>
	</body>
	</html>
	``

실행 결과	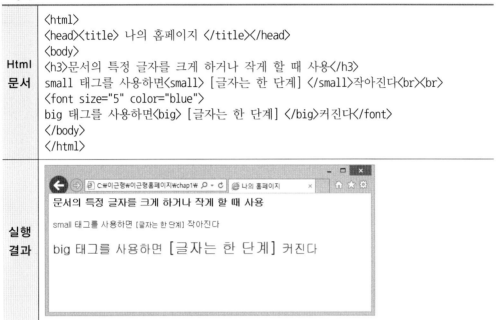

1.2.9 공백 및 특수 문자 표현

웹 브라우저는 웹 문서에 있는 공백은 별도의 지시가 없으면 한 칸 이상을 인정하지 않는다. 또한 HTML에서 사용되는 "<", ">", "&"는 웹 브라우저에 명령을 내리기 위한 기호로 사용되기 때문에, 이들을 화면에 출력하고자 한다면 웹 브라우저가 특별한 의미(명령)로 해석하지 않도록 다른 표현 방법을 써야 한다.

(1) 공백 문자

HTML 문서를 작성할 때 공백문자(space)를 많이 주어도 웹 브라우저에서는 하나의 공백문자만 인식되어 보여준다. 그러나 때에 따라서는 많은 공백문자를 넣고 싶을 때가 생긴다. 이때 을 사용한다. 는 "no break space"를 의미하며 공백문자를 나타낸다. 한 번씩 쓸 때마다 1/2 글자(영문)씩 공백이 생긴다.

따라하기

Html 문서	`<html>` `<head><title>나의 홈페이지</title></head>` `<body>` `<h3>공백문자를 넣는 방법</h3>` 컴퓨터정보과 1학년 갑순이`  ` 공백문자를 아무리 넣어도 인식을 못한다.`  ` 그러나 공백문자를 이렇게 넣으면 (`     `)` 공백이 나타나죠?` ` 즉 ` `   컴퓨터정보과` `   1학년` `갑순이 `</body>` `</html>`
실행 결과	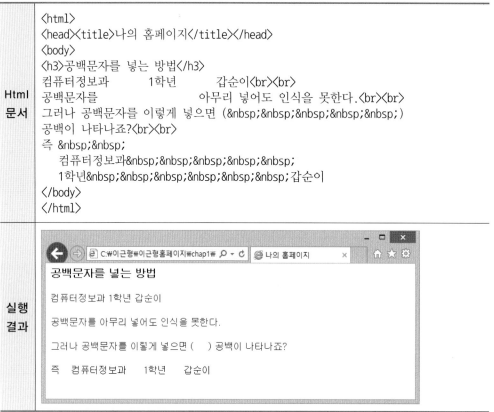

(2) 특수 문자

&특수이름;
&#아스키코드;

특수문자는 키보드로 직접 입력하여 웹 브라우저로 보여줄 수 없는 문자나 HTML 문서에서 예약어로 사용하고 있는 문자를 의미한다. "<와">"는 웹에서 태그를 나타낼 때 사용하는 글자로 웹 문서에서는 태그를 나타내는 것으로 해석된다. 따라서 웹 문서에 해당 글자로 나타내고 싶으면 다른 방법을 사용하여야 한다. 이러한 특수문자를 나타낼 때에는 "&"로 시작하고 ";"로 끝난다. 지정할 때에는 특수 문자의 이름이나 아스키코드 값을 넣어 지정한다. 많이 사용하는 특수문자는 다음과 같다.

특수문자	특수이름	아스키코드
〈	&lt;	&#60;
〉	&gt;	&#62;
&	&amp;	&#38;
"	&quot;	&#34;
ⓒ	&copy;	

 따라하기

Html 문서	〈html〉 〈head〉〈title〉나의 홈페이지〈/title〉〈/head〉 〈body〉 〈h3〉특수문자 사용〈/h3〉 < h2 >는 글자크기를 조정하는 태그〈br〉 〈h2〉는 제목을 나타내는 태그 〈/h2〉 〈!-- 설명하는 태그로 인정하지 않음 --〉 < font > 는 글자크기와 글씨체를 나타냄〈p〉 A & B 는 A and B를 의미함 〈/body〉〈/html〉
실행 결과	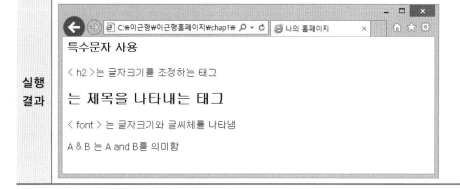

(3) 주석 달기

```
〈!--    내용       --〉
```

HTML 문서에 어떤 태그나 내용에 설명을 달고 싶을 때 사용한다. 이것을 사용하면 둘러싼 부분 전체가 설명으로 취급되어 웹 브라우저에는 표시되지 않는다. "〈!--"로 시작해서 "--〉"로 끝난다. 이때 공백이 있어서는 안 된다. 웹 브라우저에서는 보이지 않지만 소스 보기를 하면 보인다.

따라하기

Html 문서	`<html>` `<head><title>나의 홈페이지</title></head>` `<body >` `<h3>주석 달기</h3>` `<!-- 글자색을 지정하는 font 태그 -->` `<font size ="4" color="red"> 글자색 지정 </font>  ` `<!-- 이 설명은 모두 주석입니다 -->` `위의 &lt;!--    --&gt; 안의 메시지는 나타나지 않는다.  ` `그렇죠? 즉 주석이니까` `</body></html>`
실행 결과	주석 달기 글자색 지정 위의 <!-- --> 안의 메시지는 나타나지 않는다. 그렇죠? 즉 주석이니까

1.2.10 문단 구성 태그

(1) p 태그

```
<p> 문단 (문자열) </p>
<p align = "left, right, center, justify 중 택1">  · · ·  </p>
```

`<p>` 태그는 문단(paragraph)을 나누는 역할을 한다. `<p>` 태그를 사용하면 `<p>` 태그 다음에 서술된 문단이 줄 바꿈을 하고 더불어 한 줄의 공간을 만들고 다음 줄에 내용이 나타난다. 즉 두 번 줄 바꿈(double space)이 이루어진 것을 의미한다. 이는 `<br>` 태그를 연속 두 번 사용한 것과 같다. `<p>` 태그는 사용하는 위치에는 관계없이 사용할 수 있다. 즉 문단의 앞이나 끝 어디에 사용하여도 무방하다는 뜻이다. `<br>` 태그는 단순히 줄 바꿈만 이루어지나 `<p>` 태그는 줄 바꿈과 한 줄이 더 떨어진다는 점이 다르다.

`<p>` 태그를 문단(문자열)과 속성 없이 사용할 때에는 종료 태그 `</p>`를 쓰지 않는다. `<p>` 태그에는 align 이라는 속성이 있으며 값으로는 left, right, center가 있다. 속성을 사용할 때에는 문단의 앞에 `<p>` 태그를 쓰고 문단의 끝에 종료 태그 `</p>`를 써야 한다.

① ⟨p⟩ 문단(문자열) ⟨/p⟩

 따라하기

Html 문서	실행결과
⟨html⟩ ⟨head⟩⟨title⟩나의홈 페이지⟨/title⟩⟨/head⟩ ⟨body⟩ < p > 태그는 줄도 바꾸고 빈 줄도 삽입 ⟨p⟩첫번째 문자열 ⟨/p⟩ ⟨p⟩두번째 문자열 ⟨/p⟩ ⟨p⟩세번째 문자열 ⟨/p⟩ ⟨/body⟩⟨/html⟩	

② ⟨p align = "left, right, center, justify 중 택1"⟩ 문자열 ⟨/p⟩

 따라하기

Html 문서	⟨html⟩ ⟨head⟩⟨title⟩나의 홈페이지⟨/title⟩⟨/head⟩ ⟨body⟩ ⟨p align = "left" ⟩ 첫 번째 문자열 ⟨/p⟩ ⟨p align = "center" ⟩ 두 번째 문자열 ⟨br⟩ ⟨font size="4" color="blue"⟩ 세 번째 문자열 ⟨/font⟩⟨/p⟩ ⟨!-- p 태그를 닫지 않았을 때는 줄을 바꾸어도 계속 영향을 미친다 --⟩ ⟨p align="justify"⟩ 양쪽 정렬을 보려면 브라우저의 화면보다 문장을 길게 써주어야만 그 결과를 확인 할 수 있다. 그러므로 계속하여 문장을 쓰기바란다.⟨/p⟩ ⟨p align = "right" ⟩ 다섯 번째 문자열 ⟨/p⟩ ⟨/body⟩⟨/html⟩
실행 결과	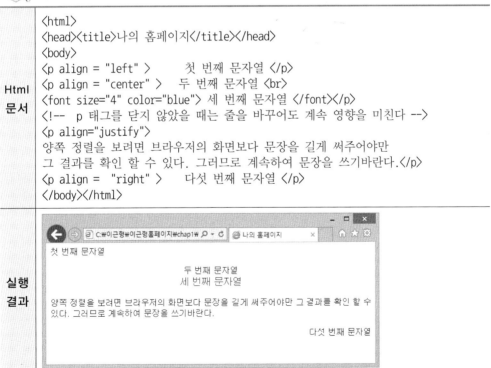

⟨p⟩ 태그는 시작 태그와 끝 태그를 사용하면 ⟨p⟩ 태그 앞 문단과 뒤 문단을 구분하여 준다.

따라하기

Html 문서	실행결과

`<html>`
`<head><title>나의 홈페이지</title></head>`
`<body>`
첫 번째 문자열`<p>`
두 번째 문자열`<p><p>`
세 번째 문자열`<p><p><p>`
네 번째 문자열
`</body></html>`
	첫 번째 문자열
	두 번째 문자열
	세 번째 문자열
	네 번째 문자열

`<p>` 태그는 연속하여 사용해도 마치 한 번만 사용한 것으로 인식한다.

(2) blockquote 태그

> `<blockquote>` · · · `</blockquote>`

`<blockquote>` 태그는 어떠한 문장을 인용하고자 할 때 사용한다. 그래서 인용되는 문단을 다른 문단과 구별하기 위해 사용한다. 이 태그로 감싸게 되면 자동으로 앞 문단과 뒤 문단이 줄 바꿈 되고, 감싼 부분의 문단이 들여 쓰기를 한 것처럼 나타난다. 문서 편집 시 Tab 키를 누른 것과 같은 효과가 있다. 그래서 인용 문단의 상하 좌우에 여백이 생기게 된다.

`<blockquote>` 태그도 자동 줄 바꿈과 위, 아래에 빈 줄을 넣는다.

따라하기

Html
문서
	`<html>`
	`<head><title> 나의 홈페이지 </title></head>`
	`<body>`
	`<h3>`문서의 특정 부분을 들여쓰기 할 때에 사용`</h3>`
	술 취한 시인이 말했다.
	`<blockquote>`"나는 술 마시는 것이 부끄러워 또 술을 마신다."`</blockquote>`
	그는 그저 술꾼일 뿐이다.
	`</body></html>`

실행 결과	문서의 특정 부분을 들여쓰기 할 때에 사용 술 취한 시인이 말했다. "나는 술 마시는 것이 부끄러워 또 술을 마신다." 그는 그저 술꾼일 뿐이다.

(3) div 태그

〈div〉 태그를 사용하여도 문단을 구분하여 나타내 준다. 〈p〉 태그처럼 문단의 위, 아래에 공백을 만들어 주지는 않는다. 차후 레이어 구성에 사용되는 것을 볼 수 있다.

```
<div>    · · ·    </div>
<div  align ="left, right, center, justify 중 택1">· · ·</div>
```

 따라하기

Html 문서	실행결과
〈html〉 〈head〉〈title〉나의홈 페이지〈/title〉〈/head〉 〈body〉 줄을 바꾸어 문단을 나타내 줌 〈div〉첫 번째 문자열 〈/div〉 〈div〉두 번째 문자열 〈/div〉 〈div align="center"〉 　　　　　가운데 정렬 문자열 〈/div〉 〈div align="right"〉 　　　　　　오른쪽 정렬 문자열 〈/div〉 〈div align="justify"〉 양쪽 정렬을 보려면 브라우저의 화면보다 문장을 길게 써주어야만 그 결과를 확인 할 수 있다. 그러므로 계속하여 문장을 쓰기 바란다. 〈/div〉 〈/body〉〈/html〉	

(4) center 태그

```
<center>  · · ·  </center>
```

일반적으로 서술하는 문단은 왼쪽 정렬을 기본으로 한다. 하지만 〈center〉 태그는 태그 안에 있는 모든 내용을 화면의 중앙에 정렬시키는 역할을 한다.

〈center〉 태그를 만나면 앞 문단과 구분하여 중앙 정렬을 하므로 자연스럽게 줄 바꿈이 일어난다. 이 태그는 비단 문자열뿐만 아니라 앞으로 표현할 이미지나 표 등 모든 것을 중앙에 정렬시킨다. 종료 태그 〈/center〉를 만나면 자동 줄 바꿈이 되면서 원래의 왼쪽 정렬 방식으로 바뀐다. 그러나 html5에서는 margin을 이용하거나 text-align을 이용하여 가운데 정렬을 시키고 있다.

따라하기

Html 문서	``` 〈html〉 〈head〉〈title〉나의 홈페이지〈/title〉〈/head〉 〈body〉 평상시는 왼쪽에 맞추어 정렬 〈center〉지금부터는 가운데 정렬〈br〉 나의 홈페이지〈/center〉〈br〉 마지막 문자열(왼쪽정렬) 〈!-- 별도의 지시가 없으면 왼쪽 정렬 --〉 〈/body〉〈/html〉 ```
실행 결과	평상시는 왼쪽에 맞추어 정렬 　　　　지금부터는 가운데 정렬 　　　　나의 홈페이지 마지막 문자열(왼쪽정렬)

(5) pre 태그

〈pre〉 · · · 〈/pre〉

〈pre〉 태그는 레이아웃을 자유롭게 표현할 때 사용한다. HTML 문서에서는 탭(Tab), 엔터
(enter), 공백(space) 등을 사용하여 문단 모양을 잘 만들어도 웹 브라우저에서는 편집한
상태 그대로 보이지 않는다. 만약 문단 모양을 원하는 데로 꾸미고 싶으면 태그를 잘 이용하
여 만들어야 한다. 〈pre〉 태그는 이러한 불편을 덜어줄 수 있으며 태그 안에 있는 문자열은
창의 크기가 변해도 창 크기에 맞추어 줄 바꿈을 하지 않는다.

따라하기

Html 문서	실행결과
``` 〈html〉 〈head〉〈title〉나의 홈페이지〈/title〉〈/head〉 〈body〉 〈pre〉〈h3〉 1학년　　　　　반명: A 반 학번은:　2004．．．．．． 이름은:　갑돌이〈/h3〉〈/pre〉 〈/body〉〈/html〉 ```	1학년　　　　반명: A 반 학번은:　2004．．．．．． 이름은:　갑돌이

1.2.11 문자 모양을 나타내는 태그

(1) 문자 모양 태그

`<b>`	· · ·	`</b>`	진하게
`<i>`	· · ·	`</i>`	이탤릭체
`<strong>`	· · ·	`</strong>`	진하게
`<sub>`	· · ·	`</sub>`	아래첨자
`<sup>`	· · ·	`</sup>`	위 첨자
`<u>`	· · ·	`</u>`	밑줄

모양 태그란 실제로 화면에 나타나는 글자 모양을 직접 정의해 주는 태그이다. 모양 태그는 서로 중첩하여 사용할 수 있기 때문에 2개 이상의 태그를 함께 사용하여 나타낼 수 있다. 예를 들면 진한 문자 `<b>` 태그와 이탤릭체 `<i>` 태그를 함께 사용하여 진한 이탤릭체로 보여준다. 스스로 줄 바꿈을 하지 못한다.

 따라하기

Html 문서	실행결과
`<html>` `<head><title>나의 홈페이지</title></head>` `<body>` 기본글자의 크기와 모양`  ` `<b>`글자가 진하게 `</b>  ` `<i>`글자가 이탤릭체로 `</i>  ` `<b><i>`글자가 이탤릭체`</i></b>  ` `<strong>` 글자가 진하게 `</strong>  ` 글자`<sub>`아래첨자`</sub>  ` 글자`<sup>`위첨자 `</sup>  ` `<u>`글자에 밑줄 `</u>` `</body>` `</html>`	기본글자의 크기와 모양 **글자가 진하게** *글자가 이탤릭체로* ***글자가 이탤릭체*** **글자가 진하게** 글자아래첨자 글자위첨자 글자에 밑줄

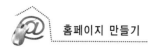

 1.3 목록 정의 태그

HTML에서는 시각적으로 짜임새 있는 문서를 만들기 위해 목록 정의 태그를 사용하게 된다. 목록 정의 태그는 순서가 없는 목록, 순서가 있는 목록, 메뉴 목록, 용어 목록 등 다양한 종류의 목록 형식을 제공하고 있다.

1.3.1 순서가 없는 목록 태그

(1) ul 태그

```
<ul [type ="disc 또는 circle 또는 square"]>
    <li> 목록 1 </li>
    <li> 목록 2 </li>
            ·
            ·
            ·
</ul>
```

<ul> 태그는 번호가 아닌 글머리 기호를 붙인 목록을 작성하고자 할 때 사용하는 태그이다. 각 항목에는 앞에 <li>라는 태그를 붙여서 작성하여야 하며, <li> 태그는 자동 줄 바꿈을 한 후 목록내용을 나타내준다.

 따라하기

Html 문서	실행결과

`<html>`
`<head><title>나의 홈페이지</title></head>`
`<body bgcolor="#00ffff">`
`<b>내가 좋아하는 음악</b>`
`<ul>`
　　`<li> 아 ! 대한민국 </li>`
　　`<li> 네박자 </li>`
　　`<li> 아름다운 강산 </li>`
`</ul>`
`</body></html>`
	내가 좋아하는 음악
	　• 아 ! 대한민국
	　• 네박자
	　• 아름다운 강산

목록 앞의 글머리 기호는 검은 원(disc), 하얀 원(circle), 검은 사각형(square) 등 세 종류가 있으며 중첩하여 사용 시 순차적으로 나타난다. 〈ul〉 태그는 type이라는 속성을 가지고 있으며 값으로는 disc, circle, square가 있다. 중첩되지 않은 〈ul〉 태그는 여러 번 사용해도 글머리 기호는 검은 원만 나타난다. 〈ul〉 태그는 〈p〉 태그처럼 스스로 줄 바꿈을 한다.

〈ul〉 태그에서 type 속성을 사용하면 목록 앞의 글머리 기호는 별도의 지시(〈li〉 태그에서 재지정)가 없으면 이에 따른다.

 따라하기

Html 문서	실행결과

`<html>`
`<head><title>나의 홈페이지</title></head>`
`<body>`
`<b>내가 좋아하는 음악</b>`
`<ul type="circle">`
`        <li> 춘향가 </li>`
`        <li> 수궁가 </li>`
`        <li> 가야금 병창 </li>`
`</ul>`
`</body>`
`</html>`	

 따라하기

Html 문서	실행결과

`<html>`
`<head><title>나의 홈페이지</title></head>`
`<body>`
`<b>중첩된 경우</b>`
`<ul>`
` <li> 첫 번째 항목`
`  <ul>`
`   <li> 내부항목1 </li>   <li> 내부항목2</li>`
`    <ul>`
`     <li> 세부항목1</li> <li> 세부항목1</li>`
`    </ul>`
`  </ul>`
` <li> 두 번째 항목 </li>`
`</ul>`
`</body>`
`</html>`	

1.3.2 순서가 있는 목록 태그

(1) ol 태그

```
<ol [type = "1 또는 A or a 또는 I or i"] >
    <li> 목록 1 </li>
    <li> 목록 2 </li>
      . . .
</ol>
```

〈ol〉 태그는 항목에 숫자나 문자를 이용 순서를 부여하는 목록을 작성하고자 할 때 사용하는 태그이다. 각 항목의 앞에 〈li〉라는 태그를 붙여서 작성하여야 하며, 〈li〉 태그는 자동 줄 바꿈을 한 후 목록 내용을 나타내준다. 목록 앞의 순서를 나타내는 방법으로는 아라비아 숫자, 알파벳, 로마자 숫자 등 세 종류가 있다. 〈ol〉과 〈li〉 태그는 type이라는 속성을 가지고 있으며 값으로는 아라비아 숫자 1, 알파벳 A 혹은 a, 알파벳 I 혹은 i(로마자 숫자를 나타냄)가 있다.

〈ul〉이나 〈ol〉 태그는 태그의 앞 뒤 문단과 한 줄의 빈 줄을 나타낸다.

 따라하기

Html 문서	실행결과
```<html> <head><title> 나의 홈페이지 </title></head> <body> <b>내가 좋아하는 음악</b> <ol> <li> 아 ！ 대한민국 </li> <li> 아름다운 강산 </li> <li> Tears in heaven </li> </ol> </body> </html>```	내가 좋아하는 음악 1. 아 ! 대한민국 2. 아름다운 강산 3. Tears in heaven

통상 type 속성을 사용하고 싶다면 〈ol〉 태그에서 사용하는 것이 좋다. 〈li〉 태그에서 사용하면 해당 목록만 해당된다. 특별히 type 정의가 없으면 아라비아 숫자로 표현한다. 만약 중첩하여 사용하더라도 별도의 정의가 없으면 숫자로만 나타난다. 시작번호를 지정할 수 있는데 type은 숫자인 경우에만 가능하다.

따라하기

Html 문서	실행결과

`<html>`
`<head><title>나의 홈페이지</title></head>`
`<body>`
`<b>내가 좋아하는 음악</b>`
`<ol type = "A">`
`    <li> 아 ! 대한민국 </li>`
`    <li> 아름다운 강산 </li>`
`    <li> Tears in heaven </li>`
`</ol>`
`</body></html>`	

 따라하기

Html 문서	실행결과

`<html>`
`<head><title>나의 홈페이지</title></head>`
`<body>`
`<b>내가 좋아하는 음악</b>`
`<ol start="11">`
`    <li> 아 ! 대한민국 </li>`
`    <li> 아름다운 강산 </li>`
`    <li> Tears in heaven </li>`
`</ol>`
`</body></html>`	

1.3.3 기타 목록 태그

(1) 목록정의 태그(dl 태그)

```
<dl>
<lh> 제목 </lh>
 <dt> 용어 1 </dt>
  <dd> 설명 1 </dd>
 <dt> 용어 2 </dt>
  <dd> 설명 2 </dd>
   · · ·
</dl>
```

`<dl>` 태그는 용어나 구절을 정의하거나 설명하기 위해 사용하는 항목이다. `<lh>` 태그에는 목록의 제목, `<dt>` 태그에는 용어나 구절, `<dd>` 태그에는 용어나 구절의 설명을 서술하면

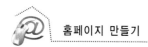

된다. dl(definition list), lh(list header), dt(definition term), dd(definition description)
이다.

 따라하기

Html 문서	실행결과

`<html>`
`<head><title>나의 홈페이지</title></head>`
`<body>`
`<h3>정의 리스트 </h3>`
`<dl>`
　　`<lh> <b>사랑의 서약</b></lh><p>`
　　`<dt>제1조 </dt>`
　　　`<dd>남자는 여자를 사랑한다. </dd>`
　　`<dt>제2조 </dt>`
　　　`<dd>여자는 남자를 사랑한다. </dd>`
`</dl>`
`<b>정의 리스트 끝</b>`
`</body></html>`
	정의 리스트
	
	사랑의 서약
	
	제1조
	　　남자는 여자를 사랑한다.
	제2조
	　　　여자는 남자를 사랑한다.
	
	정의 리스트 끝

 1.4 선 그리기와 그림 삽입 태그

1.4.1 선 그리기 태그

(1) hr 태그

```
<hr>
<hr size ="픽셀 수" >
<hr width = "픽셀 수 또는 가로 폭에 대한 비율(%)"
    align = "left 또는 right 또는 center">
<hr color = "색명이나 #RGB">
<hr noshade>
```

<hr> 태그는 화면에 수평선(Horizontal rule)을 그려주는 것이다. 이 태그는 단락과 단락을
구분하기 위해 사용하거나 시각적으로 효과적인 문서를 만들 때 사용된다. <hr> 태그는 자
동으로 줄 바꿈 하기 때문에 문단과 같은 행에 선을 긋는 것은 불가능하다. 이 수평선은
웹 브라우저에서 보면 입체감이 있는 선으로 보인다.

따라하기

| Html 문서 | ```html
<html>
<head><title>나의 홈페이지</title></head>
<body>
<h3>선 그리기</h3>
보통괘선을 그려보면
<hr>
</body></html>
``` |
|---|---|
| 실행 결과 | |

〈hr〉 태그에는 size, width, align, color, noshade 라는 속성이 있으며, width에서 픽셀 수는 해상도에서 말하는 값을 의미하며(예를 들면 1024 × 768인 경우 가로 픽셀 수는 1024 개, 세로는 768개) 고정된 값이고, 비율(%)로 나타내면 웹 브라우저의 창 크기가 변하면 상대적으로 바뀌는 것을 볼 수 있다. align 속성은 width 라는 속성을 사용할 때만 의미가 있다. size에서 픽셀 수는 선의 굵기를 지정한다. noshade 라는 속성을 지정하면 수평선이 입체감이 없는 보통 선으로 보인다.

〈hr〉 태그는 종료 태그를 쓰지 않는다. 〈hr〉 태그를 width라는 속성을 지정하지 않으면 창 크기에 맞게 가변형 수평선이 그려진다.

 따라하기

| Html 문서 | ```html
<html>
<head><title>나의 홈페이지 </title></head>
<body bgcolor = "white">
<b>선 그리기</b><br><br>
 <hr> <br>              <!-- 화면 전체에 나타남 -->
 <hr noshade> <br>      <!-- 화면 전체에 나타남 -->
 <hr size = "5" color = "blue"><br> <!-- 선 두께와 색깔을 지정 -->
 <hr width = "100"><br> <!-- 선 폭을 지정(창 크기와는 무관함)-->
 <hr width = "50%"><br> <!-- 선 폭을 지정(창 크기에 비례함) -->
 <hr width ="100" align = "right"><br> <!-- 선의 위치를 지정 -->
 <hr color = "red"><br> <!-- 선 색을 지정 -->
</body>
</html>
``` |
|---|---|

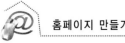

실행 결과	(웹 브라우저 화면)

1.4.2 그림 삽입 태그

(1) img 태그

```
<img src = "이미지 파일명">
<img src = "이미지 파일명" alt = "이미지 설명문">
<img src = "이미지 파일명" align = "left 또는 right">
<img src = "이미지 파일명" border = "픽셀 수 ">
<img src = "이미지 파일명" width = "픽셀 수" height = "픽셀 수">
<img src = "이미지 파일명"
        align = "top 또는 middle  또는 bottom">
<img src = "이미지 파일명" vspace = "픽셀 수"
                            hspace = "픽셀 수">
```

<img> 태그는 웹 문서에 이미지 파일을 삽입하고자 할 때 사용한다. src 속성은 필히 기재하여야 하며 보여주고자 하는 이미지 파일명을 기재하여야 한다. 이미지 파일로는 확장자가 .gif, .jpg 그리고 .png인 이미지 파일만 사용 가능하다. 다른 확장자인 경우는 웹 브라우저에서 표현을 해 주지 않는다. 이미지는 하나의 글자(문단)로 취급되기 때문에 줄을 바꾸고 싶으면
이나 <p> 태그를 사용하여 줄 바꿈을 하여야 한다. <img> 태그는 종료 태그가 없다.

(2) 이미지와 그래픽 파일의 형식

○ GIF 형식
　- Graphics Interchange Format의 약자
　- 컴퓨서브사에서 자체 온라인 서비스를 하기 위하여 개발한 파일 형식

- 온라인에서 빠르게 그림을 전송할 목적과 애니메이션을 지원
- 256가지 이하의 색만을 사용

○ JPEG(JPG) 형식
- Joint Photographer Expert Group(사진가 전문 그룹)의 약자
- 사진을 효과적으로 압축하기 위하여 만들어 낸 파일 형식
- 자연에서 색이 급격히 변하는 경우는 드물다는 사실에 착안하여 파일 크기를 압축하면서도 최대 1,600만 가지의 색을 표현

○ PNG 형식
- Portable Network Graphics의 약자
- PNG 포맷은 누구나 무료로 프로그램에 사용가능
- 공식적으로는 "핑"이라고 읽는다.
- 비트맵 이미지로 비 손실 그래픽 파일 포맷
- 1,600만 가지 색을 사용

(3) 사용 예

○ <img src = "이미지 파일명">

 따라하기

Html 문서	실행결과
<html> <head><title>나의 홈페이지</title></head> <body> 이미지 삽입하기 <hr color = "red"> <!-- 그림파일은 "*.gif", "*.jpg", "*.png" --> <img src = "smiling.gif" > <img src = "ani054.gif" > <img src = "mask.jpg"> <img src = "topia.png"> <body> </html>	

이때 이미지 파일은 같은 폴더에 있어야 한다. 만약 다른 폴더에 있다면 해당 경로를 써주어야 한다. 하위 폴더 image에 있다면 <img src = "image/smiling.gif">라고 지정해 주고,

상위 폴더 image에 있다면 〈img src = "../image/smiling.gif"〉라고 지정한다. 이러한 표현도 가능하다. 〈img src = "file:/c:/html/image/smiling.gif"〉

○ 〈img src = "이미지 파일명" alt = "이미지 설명문"〉

alt 속성은 이미지를 링크할 수 없는 경우 과 alt 속성에서 지정한 문자열이 이미지 대신 나타난다. alt = " " 인 경우 이미지를 대신할 문자열이 없음을 말한다.

따라하기

Html 문서	``` <html> <head><title>나의 홈페이지</title></head> <body> <b>이미지 삽입하기</b> <hr color="red"> <img src = "smiling.jpg" alt = "우리모두 스마일"> <img src = "smiling.jpg" alt=""> <img src = "../image/compass.gif"> <!-- 자신보다 상위 폴더 --> <img src = "./img/house.gif"> <!-- 자신과 같은 폴더 --> <img src = "img/bg.gif"> <!-- 자신과 같은 폴더 --> <body> </html> ```
실행 결과	

○ 〈img src = "이미지 파일명" align = "left 또는 right"〉

〈img〉 태그에서 align 속성을 사용하지 않고 계속하여 문단을 나타내면 줄 바꿈이 일어나지 않으며 그 문단은 이미지의 아래 단에 맞추어 표현된다. align 속성은 그림의 설명문을 나타내는 것처럼 사용할 수 있다. align 속성을 사용하면 이미지의 좌측이나 우측 상단에 맞추어 나타난다. align 값으로 center는 사용하지 않는다.

따라하기

Html 문서	실행결과
\<html\> \<head\>\<title\>나의 홈페이지\</title\>\</head\> \<body\> \<b\>이미지 삽입하기\</b\> \<hr color="red"\> \<img src = "compass.gif" \> 　나침판 \<!-- 이미지는 왼쪽 메시지는 오른쪽 하단에 --\> \</body\>\</html\>	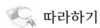

이때 align속성을 사용하면 메시지가 그림의 오른쪽 상단에 나타난다.

　\<img src = "compass.gif" align = "left"\>나침판

 따라하기

Html 문서	실행결과
\<html\> \<head\>\<title\>나의 홈페이지\</title\>\</head\> \<body\> \<b\>이미지 삽입하기\</b\> \<hr color="red"\> \<img src = "compass.gif" align = "left"\> 　나침판 \<!-- 이미지는 왼쪽 메시지는 오른쪽 상단에 --\> \</body\>\</html\>	

 따라하기

Html 문서	실행결과
\<html\> \<head\>\<title\>나의홈페이지\</title\>\</head\> \<body bgcolor = "white" \> \<b\>이미지 삽입하기\</b\>\<hr color="red"\> \<img src = "compass.gif " align = "left"\> 이미지는 왼쪽 메시지는 오른쪽 상단 \<br\>\<br\>\<br\>\<br\> \<img src ="compass.gif " align = "right"\> 이미지는 오른쪽 메시지는 왼쪽 상단 \<body\>\</html\>	

align = "right"를 사용하면 문자열이 최 좌측 상단에 나타나므로 보기에 깔끔하지 않다.
그래서 오른쪽 정렬을 할 때에는 문자열 없이 사용하는 것이 좋을 것 같다.

○ 〈img src = "이미지 파일명" border = "픽셀 수"〉

border 속성에서 픽셀 수는 그림의 테두리를 그리며 그 두께를 나타낸다. 이것은 마치 그림을 액자에 넣은 형상이 된다.

 따라하기

Html 문서	실행결과
〈html〉 〈head〉〈title〉나의 홈페이지〈/title〉〈/head〉 〈body〉 〈b〉이미지 틀 넣기〈/b〉 〈hr color="red"〉 〈img src = "miss.jpg" border = "4" alt = ""〉 〈body〉〈/html〉	이미지 틀 넣기

○ 〈img src = "이미지 파일명" width = "픽셀 수" height = "픽셀 수"〉

 따라하기

Html 문서	실행결과
〈html〉 〈head〉〈title〉나의 홈페이지〈/title〉〈/head〉 〈body〉 〈b〉이미지 width와 height 지정〈/b〉 〈hr color="red"〉 〈img src = "miss.jpg " border = "5" width ="100" height ="150" alt = "" 〉 〈body〉〈/html〉	이미지 width와 height 지정

만약 width나 height 중에서 하나만 사용하면 상대적인 크기로 조정되어 나타난다.

따라하기

Html 문서	실행결과

`<html>`
`<head><title>나의 홈페이지</title></head>`
`<body>`
`<b>이미지width와 height 지정</b>`
`<hr color="red">`
`<img src = "miss.jpg`
`       border = "2" >원그림`
`<img src = "miss.jpg" border = "2"`
`      width="50" >폭만 지정<p>`
`<img src = "miss.jpg" border = "2"`
`      height="200" > 높이만 지정`
`<body></html>`
	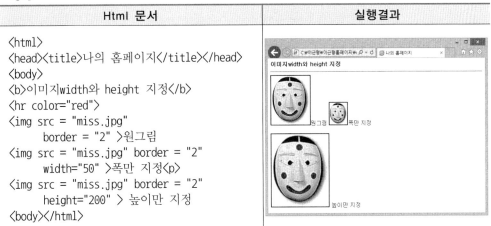

○ `<img src = "이미지 파일명" vspace = "픽셀 수" hspace = "픽셀 수">`

 따라하기

Html 문서	실행결과

`<html>`
`<head><title>나의 홈페이지</title></head>`
`<body>`
`<b>이미지 위치 조정하기</b>`
`<hr color="red">`
`<img src = "miss.jpg " border = "3`
`      vspace = "30"  hspace = "50">`
`나는 하회탈`
`<body>`
`</html>`	

○ `<img src = "이미지 파일명" align = "top 또는 middle 또는 bottom">`

align 속성에서 좌우정렬(left와 right)과 이미지 설명을 위한 상하정렬(top, middle, bottom)은 동시에 사용할 수 없다. 이미지를 설명할 경우가 있기 때문에 `<img>` 태그는 글자로 취급하여 줄 바꿈의 지시가 없으면 줄을 바꾸지 않는다. 여기서 꼭 줄을 바꾸고 싶으면 이미지의 크기에 따라 많은 줄 바꿈 태그를 사용하여야 할 것이다. align을 지정하지 않으면 기본 값은 bottom이다.

따라하기

Html 문서	실행결과

`<html>`
`<head><title>나의 홈페이지</title></head>`
`<body>`
`<b>이미지 삽입하기</b>`
`<hr color="red">`
`<img src = "miss.jpg "`
`    border = "2"  align = "middle">`
`나는 하회탈<p>`
`<img src = "miss.jpg "`
`    border = "2"  align = "top">`
`나는 하회탈`
`<body>`
`</html>`	

1.5 문서 연결 태그

(1) a 태그

```
<a href = "웹 문서 명"> 연결을 상징하는 문자열 또는 이미지 </a>
<a href = "웹 문서 명" title="도움말 내용">연결을 상징하는 문자열
                                 또는 이미지 </a>
<a href = "웹 사이트 주소(URL)">연결을 상징하는 문자열
                        또는 이미지 </a>
<a href = "웹 문서 명"  target = "표현될 창이나 프레임">
            연결을 상징하는 문자열 또는 이미지 </a>
<a href = "#라벨 명"> 연결을 상징하는 문자열 또는 이미지   </a>
<a name = "라벨 명"> 연결을 상징하는 문자열 </a>
```

<a> 태그는 웹에서 문서 간 서로 연결을 위하여 사용하는 것으로 연결을 상징하는 문자열이 웹 브라우저에는 밑줄이 그어진 모양으로 나타나고 이미지인 경우는 이미지 형태로 보인다. 밑줄이 그어진 문자열이나 이미지에 마우스 포인터를 가져가면 마우스 포인터가 손 모양 형태로 바뀌게 되며 이 때 마우스 왼쪽 단추를 누르면 정의된 문서나 웹 사이트의 홈페이지에 연결된다.

○ <a href = "웹 문서명"> 연결을 상징하는 문자열 또는 이미지 </a>

따라하기

Html 문서	실행결과
`<html>` `<head><title>나의 홈페이지</title></head>` `<body>` `<b>다른 웹 문서로 연결하기</b>` `<hr color="red">  ` `<a href="index.html"> MAIN 화면으로</a>` `</body>` `</html>`	다른 웹 문서로 연결하기 MAIN 화면으로 file:///C:/이근형/이근형홈페이지/chap1/index.html

연결을 한 뒤 다시 돌아오면 연결 문자열의 글자색이 바뀌어 있음을 볼 수 있다. 이는 앞에서 설명한 <body> 태그를 참조하기 바란다. 만약 <body> 태그에서 언급이 없었다면 이는 웹 브라우저의 기본 설정에 의해 결정된다. 연결 문자열 위에 마우스를 위치하면 창 아래 하단에 불러올 문서의 위치를 나타내는 주소가 도움말처럼 보인다.

 따라하기

Html 문서	실행결과
`<html>` `<head><title>나의 홈페이지</title></head>` `<body>` `<b>이미지를 이용한 연결</b>` `<hr color = "red">  ` `<a href = "index.html">` `    <img src = "house.gif"></a>` `</body>` `</html>`	이미지를 이용한 연결

 따라하기

Html 문서	실행결과
`<html>` `<head><title>나의 홈페이지</title></head>` `<body>` `<b>이미지를 이용한 연결</b>` `<hr color = "red"> ` `<a href="index.html"> MAIN 화면으로</a>` `<a href = "index.html">` `    <img src = "house.gif"></a>` `</body>` `</html>`	이미지를 이용한 연결 MAIN 화면으로

<a>태그는 스스로 줄 바꿈 하지 않는다.

○ 〈a href = "웹 사이트 주소(URL)"〉 문자열 또는 이미지 〈/a〉

 따라하기

Html 문서	실행결과
〈html〉 〈head〉〈title〉나의 홈페이지〈/title〉〈/head〉 〈body〉 〈b〉사이트 연결하기〈/b〉 〈hr color="blue"〉 〈br〉 〈a href = "http://www.daum.net"〉 　　　　다음 사이트 〈/a〉〈br〉〈br〉 〈a href = "http://www.naver.com"〉 　　　　네이버 사이트 〈/a〉 〈/body〉 〈/html〉	사이트 연결하기 다음 사이트 네이버 사이트

웹 사이트(홈 페이지)를 연결 문서로 하는 경우 웹 사이트 주소는 반드시 URL 주소로 써 주어야 한다.

○ 〈a href = "경로지정"〉 문자열 또는 이미지 〈/a〉

 따라하기

Html 문서	실행결과
〈html〉 〈head〉〈title〉나의 홈페이지〈/title〉〈/head〉 〈body〉 〈b〉경로지정을 이용한 연결〈/b〉 〈hr color="red"〉〈br〉〈br〉 〈a href="c:/html/index.html"〉 　　　　MAIN 화면으로〈/a〉〈p〉 〈a href="./test1/test02.html"〉 　　　　하위 폴더1〈/a〉 〈!-- 또는 test1/test02.html　--〉 〈a href="test1/test02.html"〉 　　　　하위 폴더2〈/a〉〈p〉 〈a href="../test/test01.html"〉 　　　　상위 폴더〈/a〉 〈/body〉〈/html〉	경로지정을 이용한 연결 MAIN 화면으로 하위 폴더1 하위 폴더2 상위 폴더

현재 웹 문서와 같은 폴더에 연결하고자 하는 문서가 있는 경우는 문서명만 기재하면 되나 하위 폴더나 상위 폴더에 있는 경우는 그 경로를 명시하여야 한다.

하위 폴더에 있는 경우는

　〈a href=./하위 폴더명/웹 문서명〉
또는

　〈a href=하위 폴더명/웹 문서명〉

바로 상위 폴더에 있는 경우는

　〈a href=../상위 폴더명/웹 문서명〉

바로 상위나 하위 폴더가 아닌 경우는 위 그림에서와 같이 그 경로를 정확히 표현해 주어야
한다.

　○ 〈a href = "경로지정" title = "도움말 내용"〉 문자열 또는 이미지 〈/a〉

 따라하기

Html 문서	실행결과

`<html>`
`<head><title>`나의 홈페이지`</title></head>`
`<body>`
`<b>`링크 설명 표시`</b>`
`<hr color="red">`
`<a href="index.html" title="최상위로">`
　　　　　▲top`</a>`
`</body>`
`</html>`	

title 속성을 사용하면 링크 문자열에 마우스를 위치하면 풍선도움말이 나타난다.

　○ 〈a href = "웹 문서명" target = "표현될 창이나 프레임"〉
　　　　　문자열 또는 이미지　〈/a〉

추후 프레임 나누기를 배운 다음에 설명하기로 한다.

　○ 동일 문서 내에서의 연결
　　　〈a name = "라벨 명"〉
　　　〈a href = "#라벨 명"〉 연결 라벨 문자열 〈/a〉

〈a〉 태그를 사용하여 연결을 하면 다른 HTML 문서나 웹 사이트로 연결하게 되는데 name
속성을 사용하면 동일 문서 내에서 특정 위치로 바로 연결할 수 있다.

예를 들어 웹 문서의 상단에 "top"이라는 라벨을 붙이고, 문서의 맨 마지막 〈a〉 태그에서 해당 라벨 명(top)을 지정하고 연결 문자열을 클릭하면 문서의 상단으로 이동할 것이다.

따라하기

Html 문서	실행결과

`<html>`
`<head><title>나의 홈페이지</title></head>`
`<body>`
`<b>커서 형태 변경</b>`
`<hr color="red">`
`<a name ="top">`
`<a href ="#bottom">맨 아래로 </a>`
`<pre>`
　　　　.
　　　　.
　　　　.
　　　　.
`</pre>`
`<a name= "bottom">`
`<a href= "#top"> 최 상위로 </a>`
`</body></html>`	

(2) 이미지 맵(map)을 이용한 연결

```
<img src = "이미지 파일명" usemap = "#이미지 맵의 이름">
<map name = "이미지 맵의 이름">
<area shape = "영역의 모양 지정" coords = "영역의 좌표 지정"
      href = "웹 문서명 이나 웹 사이트주소(URL)" >
</map>
```

이미지 맵이라는 것은 하나의 이미지에서 그림을 분할하여 각 부분이 다른 문서와 연결되도록 설정할 수 있는 것을 말한다. 이미지를 이용한 문서의 링크는 기본적으로 하나의 이미지에 하나의 URL을 지정하여 링크를 한다. 그러나 이미지 맵 방법은 하나의 이미지를 여러 개의 영역으로 분할하여 여러 개의 링크를 설정할 수 있어 좀 더 효과적으로 사용자 인터페이스를 만들 수 있다.

이미지 맵을 정의하는 〈map〉 태그는 〈img〉 태그를 사용해야만 한다. 〈img〉 태그에는 이미지 맵에서 사용할 이미지 파일을 지정하고 usemap 라는 속성을 사용 이미지 맵 파일을 지정하여야 한다.

즉 〈img src = "이미지 파일명" usemap = "#이미지 맵 파일명"〉

〈map〉 태그 안에는 〈area〉 태그를 사용하여 모양, 좌표, 링크할 주소 등을 알려주어야 한다. 이미지의 원하는 부분을 형태별로 좌표를 지정하여 해당 위치에 마우스 포인터를 가져가면 마치 〈a〉 태그를 사용한 것처럼 포인터가 손 모양으로 바뀌면 클릭하여 해당 문서나 웹 사이트로 연결 이동할 수 있다.

그림의 분할은 〈map〉과 〈area〉를 사용한다. shape 속성에는 rect, circle, poly가 있으며 좌표 값은 그림 프로그램(그림판, 포토샵, 페인트 샵 프로 등)을 이용하여 해당 값을 구해야 한다.

rect는 2개의 X-Y좌표, circle은 중심 X-Y좌표와 반지름, poly는 최소한 3개의 X-Y좌표를 설정해야 한다.

〈area〉 태그에는 shape, coords, href는 반드시 기재하여야 한다. 이미지 맵 이름은 〈img〉 태그에서 usemap의 이름과 〈map〉 태그에서 name의 이름이 같아야 한다.

○ coords의 속성 값

shape	설정방법	설명
rect	" X1,Y1,X2,Y2 "	대각선이 되는 좌표 설정
circle	" X,Y,D"	X와 Y좌표를 중심으로, D를 반지름으로
poly	" X1,Y1,X2,Y2,… "	좌표가 3개 이상인 경우

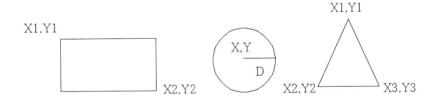

○ 좌표 구하기

윈도우의 그림판을 이용하면 쉽게 구할 수 있다.

• [시작] → [프로그램] → [보조프로그램] → [그림판]

또는 윈도우 8 에서는 검색창에서 [그림판]으로 찾으면 된다.

또는 윈도우 8 시작화면에서 아래 화살표를 클릭하여 나타난 목록에서

    windows 보조프로그램 아래 [그림판] 클릭

- 이미지 파일을 연다.
- 원하는 곳의 이미지 위에 마우스 포인터를 올린다.
- 그러면 현재 마우스 지점에 대한 x, y 좌표 값이 그림판 하단에 나타난다.

 따라하기

Html 문서	<pre><html>
	<head><title> 나의 홈페이지 </title></head>
	<body>
	이미지 맵<hr>
	<img src ="network.jpg" usemap ="#menu">
	<map name ="menu">
	<area shape ="rect" coords ="466,149,523,208" href ="index.html">
	<area shape ="circle" coords ="185,50,30" href ="http://www.kt.com">
	<area shape ="circle" coords ="210,105,30" href ="http://www.naver.com">
	<area shape ="circle" coords ="260,165,30" href ="http://www.daum.net">
	</map>
	</body></html></pre>

실행 결과	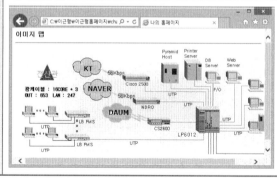

1.6 테이블 만들기 태그

HTML을 통해 표현 될 문서의 전체적인 모양을 결정하고 이를 다듬어 나가는 일, 즉 홈페이지의 레이아웃을 만드는 일은 매우 중요하지만 결코 쉬운 일은 아니다. 이러한 작업에 도움을 줄 수 있는 요소로 테이블과 프레임이라는 방법을 제공한다. 이 중 테이블은 정보를 조직적으로 표현하기 위하여 사용한다. 웹 문서에서도 테이블을 이용하여 효과적으로 많은 정보를 전달하는 경우가 많다.

〈table〉 태그에서 사용할 수 있는 각종 속성은 다음과 같다.

```
<table  border = "픽셀 수" bgcolor = "색상명이나 #RGB값"
        align = "left 또는 right 또는 center"
        width = " 픽셀 수나 가로 폭에 대한 비율(%)"
        height = " 픽셀 수나 세로 폭에 대한 비율(%)"
        cellspacing = " 픽셀 수" cellpadding =" 픽셀 수"
        bordercolor = "색상명이나 #RGB값"
        bordercolorlight = "색상명이나 #RGB값"
        bordercolordark = "색상명이나 #RGB값">
    <tr  bgcolor = "색상명이나 #RGB값 "
        bordercolor = "색상명이나 #RGB값"
        height = " 픽셀 수"
        align = "left 또는 right 또는 center"
        valign = "top 또는 middle 또는 bottom">
    <td bgcolor = "색상명이나 #RGB값"
        bordercolor = "색상명이나 #RGB값"
        width = " 픽셀 수"
        height = " 픽셀 수"
        align = "left 또는 right 또는 center"
        valign = "top 또는 middle 또는 bottom"
        rowspan  또는 colspan = "숫자"> 테이블 내용  </td>
    </tr>
</table>
```

(1) 표의 기본 태그(table, tr, td)

HTML에서는 표를 만들기 위해 table, tr, td 태그를 사용한다. 〈table〉 태그 안에는 최소한 1개 이상의 행을 나타내는 〈tr〉 태그가 있어야 하며, 하나의 〈tr〉 태그 안에는 역시 1개 이상의 열을 나타내는 〈td〉 태그가 있어야 한다. 각 태그들은 종료 태그를 써 주어야 한다. 그렇지 않을 경우 내용이 잘못 표현될 수도 있다.

```
<table>
  <tr>  <td>  테이블 내용  </td>  </tr>
</table>
```

〈table〉 태그는 자동으로 줄 바꿈을 해 준다.

 따라하기

Html 문서	실행결과
〈html〉 〈head〉〈title〉나의 홈페이지〈/title〉〈/head〉 〈body〉 〈b〉테이블 실습〈/b〉 〈hr color="red"〉 〈table〉 〈tr〉〈td〉 테이블 만들기 〈/td〉〈/tr〉 〈/table〉 〈/body〉〈/html〉	

표를 만들어서 웹에서 보니 표 테두리가 보이지 않는다면 이것은 테두리 두께를 지정하지 않았기 때문이다. 즉 border = "0"이라고 쓴 것과 같다. 〈table〉 태그에서 테두리 두께는 기본이 0으로 되어 있기 때문이다. 테두리 두께를 나타내고 싶으면 border라는 속성을 사용하여야 한다. border = "1"은 border라고 써도 같은 의미다.

(2) 표의 테두리(border)

 따라하기

Html 문서	실행결과
〈html〉 〈head〉〈title〉나의 홈페이지〈/title〉〈/head〉 〈body〉 〈b〉테이블 실습〈/b〉 〈hr color="red"〉 〈table border〉 〈tr〉〈td〉 테이블 만들기〈/td〉〈/tr〉 〈/table〉 〈/body〉〈/html〉	

행과 열로 만들어진 것을 셀 이라고 한다. 통상 셀의 크기는 그곳에 들어갈 문자열의 길이와 같은 크기로 만들어 진다. 모든 행에는 같은 개수의 열을 나타내 주어야 한다.

(3) 행(row) 정의 〈tr〉 태그와 열(column) 정의 〈td〉 태그

 따라하기

Html 문서	실행결과

`<html>`
`<head><title>나의 홈페이지</title></head>`
`<body>`
`<b>테이블  실습</b>`
`<hr color = "red">`
`<table border = "1">`
`  <tr >`
`        <td> 우리대학 </td>`
`        <td> 오성대학 </td>        </tr>`
`  <tr>`
`        <td> 전산정보계열 </td>`
`        <td> 관광과 </td>        </tr>`
`</table>`
`</body>`
`</html>`
	테이블 실습
	
	우리대학 오성대학
	전산정보계열 관광과

〈tr〉 태그는 표에 행을 정의하는 태그이고, 〈td〉 태그는 각 행의 열을 정의하며 서술하고자 하는 내용은 이곳에 서술한다. 〈tr〉 태그는 만들고자하는 행의 수만큼 기술하여야 한다. 하나의 〈tr〉 태그에는 1개 이상의 〈td〉 태그를 서술하여야 하며, 여러 개의 〈tr〉 태그를 정의했다면 각 〈tr〉 태그 내에는 동일한 개수의 〈td〉 태그가 있어야 한다.

셀의 폭은 별도의 정의(추후설명)가 없으면 문자열의 길이만큼 만들어지며 동일 열에 해당 하는 셀들은 같은 폭을 가지게 된다. 만약 셀의 폭보다 문자열의 길이가 작으면 왼쪽 정렬을 한다. 각 열의 셀 폭은 모두 다르게 나타난다. 물론 셀에 나타난 문자열의 길이가 같다면 같은 폭을 갖게 된다.

(4) table 정렬

 따라하기

Html 문서	``` <html> <head><title> 나의 홈페이지 </title></head> <body> <b>테이블 실습</b> <hr color="red"> <table border="1" align="right"> <tr > <td> 우리대학 </td> <td> 오성대학 </td> </tr> <tr> <td> 전산정보계열 </td> <td> 관광과 </td> </tr> </table> </body></html> ```
실행 결과	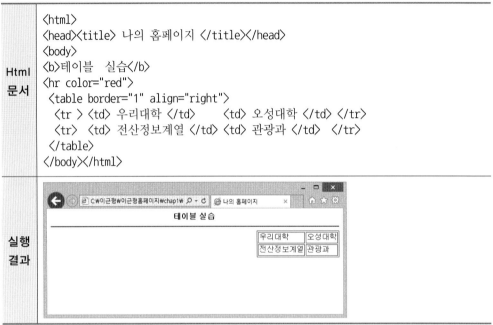

<table> 태그는 앞 뒤 문단과 구분하여 준다. 또 테이블이 연속적으로 여러 개 사용하면 자동으로 줄 바꿈을 해 준다. 이때 <table> 태그에서 align 속성을 쓰면 줄 바꿈이 일어나지 않을 수도 있다.

(5) th 태그 (행과 열의 제목)

 따라하기

Html 문서	``` <html> <head><title>나의 홈페이지</title></head> <body> <b>테이블 실습</b> <hr color="red"> <table border> <tr> <th> 학과</th> <th> 학년</th> <th> 성명</th></tr> <tr> <td> 컴퓨터정보과</td> <td> 1학년 </td> <td> 갑순이</td></tr> <tr> <td> 컴퓨터정보과</td> <td> 1학년 </td> <td> 홍길동</td></tr> </table> </body></html> ```

실행 결과	

표의 첫 행이나 모든 행의 첫 번째 열이 행과 열의 제목을 나타낸다면 〈td〉라는 태그 대신에 〈th〉라는 태그를 사용하면 독특한 효과를 볼 수 있다. 〈th〉라는 태그는 문자열이 진한 글자로 나타나며 셀의 가운데 정렬을 해 준다. 따라서 다른 셀과 구분되어 표시된다.

 따라하기

Html 문서	실행결과

`<html>`
`<head><title>나의 홈페이지</title></head>`
`<body>`
`<b>테이블실습</b>`
`<hr color="red">`
`<table border>`
　`<tr> <th> 학과</th>`
　　　`<td> 컴퓨터정보과</td></tr>`
　`<tr> <th> 학년</th>`
　　　`<td> 1학년 </td>　　　</tr>`
　`<tr> <th> 성명</th>`
　　　`<td> 갑순이</td>　　　</tr>`
`</table>`
`</body></html>`	

〈th〉 태그를 사용하는 목적은 표의 행이나 열의 제목을 나타내는 것이므로 별도의 정렬을 시키는 속성은 사용하지 않는다. 통상 첫 번째 행이 제목 표시 행이라면 첫 번째 〈tr〉 태그의 모든 〈td〉를 〈th〉로 써 주어야 한다.

(6) 셀 합치기

표를 만들다 보면 행이나 열을 합쳐야 하는 일이 생기게 된다. 특히 행의 제목 또는 열의 제목 부분에서 이런 필요가 자주 일어나는데 행을 합치는 데는 "rowspan"이란 속성을 사용하고, 열을 합치는 데는 "colspan"이란 속성을 사용한다.

<td rowspan = "숫자"> 문자열 </td>
　　or <td colspan = "숫자"> 문자열 </td>
　　　　　여기서 숫자는 행이나 열의 개수보다는 작거나 같아야 한다.

 따라하기

Html 문서	실행결과

`<html>`
`<head><title>나의 홈페이지</title></head>`
`<body>`
`<b>테이블 실습</b>`
`<hr color="red">`
`<table border>`
`<tr><th rowspan=3> 우리대학</th>`
`    <th> 학과</th>  <th> 학년</th>`
`    <th> 성명</th>    </tr>`
`<tr><td> 컴퓨터정보과</td>`
`    <td> 1학년 </td><td> 갑순이</td></tr>`
`<tr><td> 컴퓨터정보과</td>`
`    <td> 1학년 </td><td> 을순이</td></tr>`
`</table>`
`</body></html>`	

 따라하기

Html 문서	실행결과

`<html>`
`<head><title>나의 홈페이지</title></head>`
`<body>`
`<b>테이블 실습</b>`
`<hr color ="red">`
`<table border>`
`<tr><th colspan = "3">우리여대</th></tr>`
`<tr><th> 학과</th>`
`    <td> 컴정과</td> <td> 정보과</td></tr>`
`<tr> <th> 학년</th>`
`    <td>  1</td> <td> 1 </td> </tr>`
`<tr> <th> 성명</th>`
`    <td>갑순이</td><td> 을순이</td></tr>`
`</table>`
`</body></html>`	

따라하기

Html
문서
	``html
	<html>
	<head><title>나의 홈페이지</title></head>
	<bodyh>
	<b>셀 합치기 연습</b>
	<hr color="red">
	<table border="2" bordercolor="blue">
	  <tr><th colspan=4> 우 리 나 라 </th>
	      <th rowspan=4> 대
	한
	민
	국</th></tr>
	  <tr><th rowspan=4> 대
	한
	민
	국</th>
	      <th> </th> <th> </th>
	      <th> </th> </tr>
	  <tr><th> </th> <th> 중 </th>
	      <th> </th> </tr>
	  <tr><th> </th> <th> </th>
	      <th> </th> </tr>
	  <tr><th colspan=4> 우 리 나 라 </th></tr>
	</table>
	</body></html>
	``

실행 결과	

(7) caption 태그

```html
<table>
<caption align = "top" 또는 "bottom"> 문자열 </caption>
<tr>
<td> · · ·</td>
</tr>
</table>
```

<caption> 태그는 표의 위 또는 아래에 테이블의 제목을 쓰고자 할 때 사용한다. <caption> 태그를 이용하여 제목을 붙이면 표와 같이 이동을 한다. 그러나 문단 작성을 이용하여 제목을 붙이면 각각 생각과 다르게 표현될 수 있다. <caption> 태그에는 align이 라는 속성이 있는데 값으로는 "top"와 "bottom"이 있으며 기본은 "top"이다. 이 태그는 <table> 태그 안에만 서술하면 된다. 제목은 표의 중앙에 위치한다.

따라하기

Html
문서
	``html
	<html>
	<head><title>나의 홈페이지</title></head>
	<body>
	<b>테이블 실습</b>
	<hr color="blue">
	<table border="3" bordercolor="green" >
	<caption>각국의 수도</caption>
	  <tr><th> 국 가 명</th> <th> 수 도 명</th> <th>지 역 명</th> </tr>
	  <tr><td> 대한민국</td> <td> 서울</td> <td> 아시아</td> </tr>
	  <tr><td> 영국</td> <td> 런던</td> <td> 유럽</td> </tr>
	  <tr><td> 일본</td> <td> 도교</td> <td> 아시아</td> </tr>
	  <tr><td> 미국</td> <td> 워싱톤</td> <td> 북아메리카</td> </tr>
	</table>
	</body></html>
	``

실행 결과	(실행 결과 화면)

(8) 테이블에 여백주기

○ 셀과 셀 사이에 여백주기

```html
<table border cellspacing = "픽셀 수"> · · · <table>
```

 따라하기

Html 문서	실행결과

``html
<html>
<head><title>나의 홈페이지</title></head>
<body>
<b>테이블 실습</b>
<hr color="blue">
<table border cellspacing = "15">
  <tr><td> 테이블 1 </td> <td> 테이블 2 </td>
     <td> 테이블 3 </td> </tr>
  <tr><td> 테이블 4 </td> <td> 테이블 5 </td>
     <td> 테이블 6 </td> </tr>
</table>
</body></html>
``
	(실행 결과 화면)

○ 셀과 문자열 사이에 여백주기

```
<table border cellpadding = "픽셀수"> · · · <table>
```

 따라하기

Html 문서	실행결과
```<html><head><title>나의 홈페이지</title></head><body><b>테이블 실습</b><hr color="red"><table border cellpadding = "10"> <tr><td> 테이블 1 </td> <td> 테이블 2 </td> <td> 테이블 3 </td> </tr> <tr><td> 테이블 4 </td> <td> 테이블 5 </td> <td> 테이블 6 </td> </tr></table></body></html>```	테이블 실습 테이블1 테이블2 테이블3 테이블4 테이블5 테이블6

"cellspacing" 속성을 사용하면 셀과 셀 사이의 간격이 넓어져 마치 셀 전체 테두리의 두께를 바꾸는 효과를 얻는다. border는 테이블 바깥 테두리만 정의한다.

"cellspacing"의 기본 값은 2픽셀이다.

"cellpadding"은 셀과 문자열 사이의 간격을 주는 속성으로 좌우상하 모두 픽셀 수만큼 여백을 준다. "cellpadding"의 기본 값은 1픽셀이다. <table> 태그에서 2개를 동시에 사용해도 무방하다.

(9) 테이블 크기 변경하기

○ 테이블의 가로 폭(길이) 변경하기

① <table>에서 사용

```
<table border="1" width = "픽셀 수 또는 가로 폭에 대한 비율(%)">
<tr> <td > · · · </td></tr>
<table>
```

테이블의 폭은 별도의 지정이 없으면 셀 안의 문자열 길이에 의해서 결정되는데 기본적으로 갖는 크기보다 더 크게 변경하고 싶으면 <table>나 <td>에서 "width"라는 속성을 사용한다. <table>에서 사용하면 테이블 전체의 가로 폭을 나타내며 <td>에서 사용하면 각 셀의 가로 폭을 나타낸다. 이때 값으로 픽셀 수를 사용하면 픽셀 수만큼 고정된 크기를 갖고, 비율(%)을 사용하면 웹 브라우저 화면(창)의 크기에 따라 비례하여 나타나며, 두 경우 모두 각 셀의 폭은 셀에 있는 문자열의 길이에 비례하여 할당된다. 즉 셀 폭이 크면 더 많은 공간을 갖는다.

 따라하기

Html 문서	실행결과

`<html>`
`<head><title>나의 홈페이지</title></head>`
`<body>`
`<b>테이블  실습</b>`
`<hr color="blue">`
`<table border width = "200" >`
`  <tr><th>대한민국</th><th>영국</th></tr>`
`  <tr><td> 서울</td><td> 런던</td>  </tr>`
`</table><p>`
`<table border width = "70%" >`
`  <tr><th>대한민국</th><th>영국</th></tr>`
`  <tr><td> 서울</td><td> 런던</td>  </tr>`
`</table>`
`</body></html>`	

여기서 200픽셀이란 해상도가 1024×768이라면 가로의 1024 중 200이라는 의미이며, 70%는 화면 전체의 70%로 테이블의 크기를 나타내라는 의미이다. 따라서 화면이 줄어들면 테이블의 크기도 상대적으로 줄어든다.

② `<td>`나 `<th>`에서 사용

 따라하기

Html 문서	실행결과

`<html>`
`<head><title>나의 홈페이지</title></head>`
`<body>`
`<b>테이블  실습</b>`
`<hr color="red">`
`<table border >`
`  <tr> <th width="150"> 대한민국</th>`
`       <th width="100">영국</th></tr>`
`  <tr> <td> 서울</td>`
`       <td> 런던</td></tr>`
`</table>`
`</body></html>`	

따라하기

Html 문서	실행결과

`<html>`
`<head><title>나의 홈페이지</title></head>`
`<body>`
`<b>테이블 실습</b>`
`<hr color="red">`
`<table border >`
` <tr> <th width="150"> 대한민국</th>`
`     <th width="100">영국</th></tr>`
` <tr> <td> 서울</td>`
`     <td> 런던</td></tr>`
`</table>`
`</body></html>`	

어떤 열의 가로 폭을 같게 하려면 여러 행 중 한 행의 〈td〉태그에서 값을 정해 주어야 한다. 일반적으로 첫 행의 〈td〉나 〈th〉에서 사용하는 것이 더 좋다. 〈tr〉에서는 width라는 속성을 사용할 수 없다.

○ 테이블의 세로 폭(높이) 변경하기

① 〈table〉에서 사용

```
<table border=1 height = "픽셀수 또는 세로폭에 대한 비율(%)">
    <tr> <td> ··· </td> </tr>
<table>
```

테이블의 높이는 행의 개수와 셀 내의 문자크기에 의해서 결정되는데 문자 크기 보다 더 크게 변경하고 싶으면 "height"라는 속성을 사용한다. 이때 픽셀 수를 사용하면 픽셀 수만 큼의 고정된 높이를 갖고, 비율을 사용하면 웹 브라우저 화면(창)의 크기에 따라 비례하여 나타나며, 두 경우 모두 각 셀의 높이는 셀에 있는 문자열의 문단 수에 비례하여 할당된다. 즉 셀에 있는 문단수가 많으면 더 높은 공간을 갖는다.

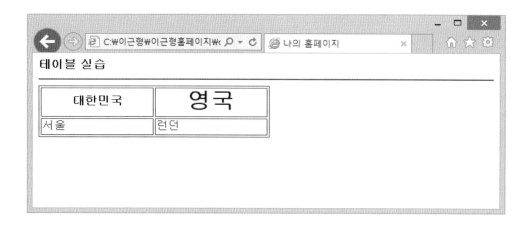

따라하기

Html 문서	실행결과

`<html>`
`<head><title>나의 홈페이지</title></head>`
`<body>`
`<b>테이블 실습</b>`
`<hr color="red">`
`<table border="2" height="150">`
`<caption> 각국의 수도 </caption>`
`  <tr> <th width="100"> 대한민국</th>`
`      <th width="100"> 체코</th>`
`      <th width="100"> 태국</th></tr>`
`  <tr> <td> 서울 </td>`
`      <td> 프라하</td>`
`      <td> 방콕</td></tr>`
`</table>`
`</body>`
`</html>`	

여기서 `<table>`에서 픽셀 수가 150이므로 각 행이 75픽셀씩 나누어(2개 행이므로) 나타난다. 그러나 각 행의 문단수가 다르다면 "height"에서 주어진 픽셀수를 문단 수에 비례하여 갖는다. 만약 첫 번째 행은 2단, 두 번째 행은 1단이라면 첫 행은 150픽셀의 2/3, 두 번째 행은 150 픽셀의 1/3을 갖는다.

따라하기

Html 문서	실행결과

\<html\>
\<head\>\<title\>나의 홈페이지\</title\>\</head\>
\<body\>
\<b\>테이블 실습\</b\>
\<hr color ="red"\>
\<table border height ="150"\>
\<caption\> 각국의 수도 \</caption\>
\<tr\>\<th width ="100"\>대한민국\<br\>(아시아)\</th\>
 \<th width ="100"\> 체코\<br\>(유럽)\</th\>
 \<th width ="100"\>미국\<br\>(북미)\</th\>\</tr\>
\<tr\>\<td\> 서울 \</td\>
    \<td\> 프라하\</td\>
      \<td\>카이로\</td\>\</tr\>
\</table\>
\</body\>\</html\>	

② \<tr\>에서 사용

 따라하기

Html 문서	실행결과

\<html\>
\<head\>\<title\>나의 홈페이지\</title\>\</head\>
\<body\>
\<b\>테이블 실습\</b\>
\<hr color="red"\>
\<table border\>
\<caption\> 각국의 수도 \</caption\>
  \<tr height="50"\>
      \<th width ="100"\> 대한민국\</th\>
      \<th width ="100"\> 체코\</th\>
      \<th width ="100"\> 태국\</th\>\</tr\>
  \<tr height="50"\>
      \<td\> 서울 \</td\>
      \<td\> 프라하\</td\>
      \<td\> 방콕\</td\>\</tr\>
\</table\>
\</body\>
\</html\>	

각 행의 문단 수와는 무관하게 셀 높이를 지정하려면 \<tr\> 태그에서 셀 높이를 지정하는
것이 더 좋다.

③ ⟨td⟩에서 사용

⟨td⟩에서 height를 사용하는 경우는 한 행에서 어느 하나만 사용해야 한다. 그러면 그 행은 해당 높이를 갖게 된다. 만약 ⟨table⟩에서 height를 부여했다면 해당 행은 주어진 높이를 갖고, 나머지 높이는 다른 행들이 나누어 갖게 된다.

(10) 문자열 위치 지정하기

○ 좌우 정렬하기

```
<table border width = "픽셀 수 또는 가로 폭에 대한 비율(%)">
<tr align = "left 또는 right 또는 center">
   <td  width = "픽셀 수"
        align = "left 또는 right 또는 center"> 문자열 </td></tr>
</table>
```

테이블 셀 안에 문자열을 넣으면 항상 셀의 왼쪽에 위치하는 것을 알 수 있다. 이것은 문자열의 기본 좌우 정렬이 왼쪽이기 때문이다. 위치를 바꾸려면 align이라는 속성을 ⟨tr⟩이나 ⟨td⟩에 써야 하며 값으로는 "left", "right", "center"가 있고 기본 값은 "left"이다. 여기서 주의할 점은 앞에서 언급한데로 셀의 크기는 별도의 지정이 없으면 문자열의 길이 만큼이므로(즉 정렬할 공간이 없음) 정렬이라는 것이 의미가 없다. 따라서 정렬할 공간이 있어야 한다. 그러기 위해서는 ⟨table⟩ 태그나 ⟨td⟩ 태그에서 "width"라는 속성을 사용하여 공간을 확보하여야 한다. ⟨th⟩ 태그에서는 align 속성을 사용하지 않는 것이 올바른 방법이다.

 따라하기

Html 문서	실행결과
⟨html⟩ ⟨head⟩⟨title⟩나의 홈페이지⟨/title⟩⟨/head⟩ ⟨body⟩ ⟨b⟩가로폭 조절⟨/b⟩ ⟨hr color="red"⟩ ⟨table border width ="300"⟩ ⟨caption⟩ 각국의 수도 ⟨/caption⟩ 　⟨tr⟩ ⟨th⟩ 대한민국⟨/th⟩ 　　　⟨th⟩ 오스트리아⟨/th⟩⟨/tr⟩ 　⟨tr align = "center"⟩⟨td⟩서울⟨/td⟩ 　　⟨td⟩ 빈⟨/td⟩⟨/tr⟩ ⟨/table⟩ ⟨/body⟩⟨/html⟩	

⟨tr⟩ 태그에서 align 속성을 사용하면 행 전체가 영향을 받는다. 만약 셀마다 정렬시키고 싶으면 해당 셀의 ⟨td⟩ 태그에서 정의하면 된다.

 따라하기

Html 문서	실행결과

⟨html⟩
⟨head⟩⟨title⟩ 나의 홈페이지⟨/title⟩⟨/head⟩
⟨body⟩
⟨b⟩가로폭 조절⟨/b⟩
⟨hr color="blue"⟩
⟨table border width="300"⟩
⟨caption⟩ 각국의 수도 ⟨/caption⟩
⟨tr⟩ ⟨th⟩ 대한민국⟨/th⟩
    ⟨th⟩ 오스트리아⟨/th⟩⟨/tr⟩
⟨tr⟩ ⟨td align = "center"⟩서울⟨/td⟩
    ⟨td align ="right"⟩빈⟨/td⟩⟨/tr⟩
⟨/table⟩
⟨/body⟩
⟨/html⟩	

○ 상하 정렬하기

```
⟨table border height = "픽셀 수 또는 세로폭에 대한 비율(%)"⟩
⟨tr valign = "top 또는 middle 또는 bottom"⟩
  ⟨td valign = "top 또는 middle 또는 bottom"⟩ 문자열 ⟨/td⟩
⟨/tr⟩
⟨/table⟩
```

테이블 셀이 안에 있는 문자열을 넣었을 때 셀에 상하 여백이 있다면 문자열은 항상 셀의 중앙에 위치하는 것을 알 수 있다. 이것은 문자열의 기본 상하 정렬이 중앙이기 때문이다. 위치를 바꾸려면 valign이라는 속성을 ⟨tr⟩이나 ⟨td⟩에 써야 하며 값으로는 "top", "middle", "bottom"이 있다. 여기서 주의할 점은 앞에서 언급한대로 셀의 크기는 별도의 지정이 없으면 문단의 높이만큼만 셀 높이를 가진다. 따라서 상하 정렬을 하려면 문자열의 문단 높이보다 더 높은 공간이 있어야 한다. 그러기 위해서는 ⟨table⟩이나 ⟨tr⟩ 태그에서 "height"라는 속성을 사용하여 공간을 확보하여야 한다. 이 속성은 통상 ⟨table⟩ 태그에서 지정한다. 경우에 따라서는 해당 행만 높이를 지정하기 위해 ⟨tr⟩ 태그에서 사용할 수도 있다.

따라하기

Html 문서	실행결과

`<html>`
`<head><title>나의 홈페이지</title></head>`
`<body>`
`<b>` 테이블의 세로 폭과 상하 정렬`</b>`
`<hr color="blue">`
`<table border >`
`<tr> <th width ="100"> 대한민국</th>`
` <th width ="100">오스트리아</th></tr>`
`<tr height ="100" >`
`  <td  valign = "top"> 서울</td>`
`  <td  align ="center"`
`    valign = "bottom">빈</td></tr>`
`</table>`
`</body></html>`	

`<table>` 태그에서 "height" 속성을 사용하면 모든 행의 높이가 주어진 픽셀수나 비율(%)에 따라 균등하게 나누어 높이가 결정된다. 따라서 필요치 않은 행까지 높은 행을 가지게 된다. 가능하다면 해당 `<tr>` 태그에서 사용하는 것이 좋다. 또한 정렬을 상하 정렬과 좌우 정렬을 동시에 사용하여도 무방하다.

 따라하기

Html
문서
	`<html>`
	`<head><title> 나의 홈페이지 </title></head>`
	`<body>`
	`<b>테이블 연습 </b>`
	`<hr color="red">`
	`<table height="100">`
	`<tr><td valign="bottom"><b><font size="+4" color="blue">우</font></b></td>`
	`<td><b><font size="+4"> 리 </font></b></td>`
	`<td valign="top"> <b><font size="+4" color="red"> 들 </font></b></td>`
	`<td valign="top"> <b><font size="+4" color="red"> 의 </font></b></td>`
	`<td> <b><font size="+4"> 세 </font></b></td>`
	`<td valign="bottom"> <b><font size="+4"  color="blue">상 </font></b>`
	`</td></tr>`
	`</table>`
	`</body></html>`

실행 결과	

(11) 셀에 색깔 넣기(배경색)

```
<table border bgcolor = "색상명이나 #RGB">
<tr  bgcolor = "색상명이나 #RGB">
   <td  bgcolor = "색상명이나 #RGB"> 문자열 </td>
</tr>
</table>
```

셀에 색깔을 넣으려면 "bgcolor"라는 속성을 사용한다. "bgcolor" 속성은 〈table〉, 〈tr〉, 〈td〉 태그 모두 다 사용할 수 있다. 〈table〉 태그에서 사용하면 테이블 전체에 배경 색이 정의되고, 〈tr〉 태그에서 사용한다면 해당 행만 배경 색이 정의되고, 〈td〉 태그에서 사용하면 해당 셀의 배경 색이 정의된다. 중복하여 지정이 된다면 〈td〉, 〈tr〉, 〈table〉 순으로(즉 마지막 정의) 색깔이 우선한다.

 따라하기

Html 문서	실행결과

`<html>`
`<head><title>나의 홈페이지</title></head>`
`<body >`
`<b> 테이블의 배경색 넣기</b>`
`<hr color="pink">`
`<table border="3" width = "250">`
`<tr bgcolor="orange">`
`   <th> 대한민국</th>`
`   <th> 오스트리아</th>  </tr>`
`<tr height="100" >`
`   <td bgcolor = "yellow">서울</td>`
`   <td bgcolor = "pink">빈</td></tr>`
`</table></center>`
`</body></html>`
	테이블의 배경색 넣기
	
	대한민국 / 오스트리아
	서울 / 빈

(12) 테이블 테두리 선 색깔 지정하기

```
<table border bordercolor = "색상명이나 #RGB">
<tr>  <td bordercolor = "색상명이나 #RGB"> 문자열 </td>  </tr>
</table>
```

〈table〉 태그에서 "bordercolor" 속성을 사용하면 테이블의 테두리선에 색깔을 지정할 수 있다. 통상 테이블의 테두리선은 1픽셀이다. 〈tr〉에서 사용하면 해당 행의 테두리 선 색깔

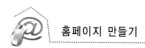

을 지정하고 〈td〉에서 사용한다면 각 셀마다 테두리선 색을 지정할 수 있다.

 따라하기

Html 문서	실행결과

`<html>`
`<head><title>`나의 홈페이지`</title></head>`
`<body>`
`<b>`테이블 테두리 선 색깔 넣기`</b>`
`<hr color ="red">`
`<table border ="3" height = "100"`
`        bordercolor = "blue">`
`<tr><td width ="150">`테이블 1 `</td>`
`    <td>` 테이블 2 `</td>` `</tr>`
` <tr><td>` 테이블 3 `</td>`
`    <td>` 테이블 4 `</td>` `</tr>`
`</table>`
`</body></html>`
	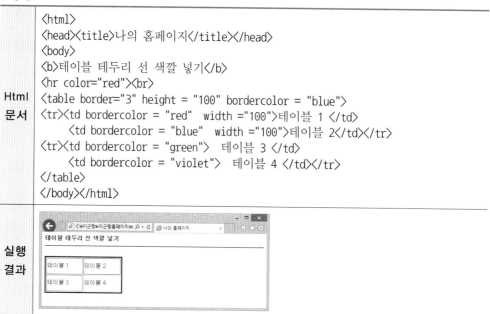

 따라하기

Html 문서	`<html>` `<head><title>`나의 홈페이지`</title></head>` `<body>` `<b>`테이블 테두리 선 색깔 넣기`</b>` `<hr color="red"> ` `<table border="3" height = "100" bordercolor = "blue">` `<tr><td bordercolor = "red"  width ="100">`테이블 1 `</td>` `    <td bordercolor = "blue"  width ="100">`테이블 2`</td></tr>` `<tr><td bordercolor = "green">` 테이블 3 `</td>` `    <td bordercolor = "violet">` 테이블 4 `</td></tr>` `</table>` `</body></html>`
실행 결과	

(13) 테이블 속의 테이블

테이블 속에 테이블을 넣을 수 있다.

따라하기

Html
문서
	``html
	<html>
	<head><title> 나의 홈페이지 </title></head>
	<body>
	<b>테이블 속의 테이블</b>
	<hr color="red">
	<table border="3" cellpadding = "10" bordercolor="green">
	  <tr><td> 테이블 1 </td> <td> 테이블 2 </td> </tr>
	  <tr><td> 테이블 3 </td>
	      <td><table border cellpadding = "5" bordercolor="blue">
	            <tr><td> 테이블 1 </td>
	                <td> 테이블 2 </td></tr>
	            <tr><td> 테이블 3 </td>
	                <td> 테이블 4 </td></tr>
	        </table>
	      </td>
	</tr>
	</table>
	</body></html>
	``

실행 결과	![실행 결과 화면] 테이블 속의 테이블 테이블 1 ｜ 테이블 2 테이블 3 ｜ 테이블 1 ｜ 테이블 2 테이블 3 ｜ 테이블 4

(14) 테이블에 배경 그림 넣기

```html
<table border background = "이미지 파일명">
<tr>
   <td background = "이미지 파일명">  문자열 </td>
</tr>
</table>
```

테이블에 배경 그림을 정의하려면 <table>, <td> 태그에서 "background"라는 속성을 사용
할 수 있다. 만약 <table>, <td> 태그에서 각기 사용한다면 그림이 겹쳐서 나타나게 된다.
<tr>에서는 사용할 수 없다.

따라하기

Html 문서	실행결과
`<html>` `<head><title>나의 홈페이지</title></head>` `<body>` `<b>테이블에 배경 그림 넣기</b>` `<hr color="red"> ` `<table border="3"  height ="100"` `        background = "xmas5.jpg"` `        bordercolor = "green">` `<tr><td width = "150">테이블 1</td>` `    <td width = "150">테이블 2</td></tr>` `<tr> <td> 테이블 3 </td>` `    <td> 테이블 4 </td>  </tr>` `</table>` `</body></html>`	테이블에 배경 그림 넣기

(15) 테두리 입체 효과 주기

 따라하기

Html
문서
	`<html>`
	`<head><title> 3D 효과</title></head>`
	`<body>`
	`<b>3D 효과 </b>  <hr color="red">`
	`<table border="5" cellpadding= "8" cellspacing="5"`
	`        bordercolorlight="blue" bordercolordark="red">`
	`  <tr bgcolor=silver>`
	`      <th width="100">우리대학</th>  <th width="100">오성대학</th></tr>`
	`  <tr bgcolor="#e1e1e1">`
	`      <td> 컴퓨터정보과 </td>  <td> 관광과 </td>  </tr>`
	`</table>`
	`</body></html>`

실행 결과	3D 효과 우리대학 / 오성대학 컴퓨터정보과 / 관광과

(16) 테이블을 이용한 화면 분할

```
<table >
<tr> <td width = "30%"> 문자열 </td>
     <td width = "70%"> 문자열 </td> </tr>
</table>
```

페이지 전체를 두 개의 열로 나누는 것은 상당히 보편적이고 많이 이용되는 레이아웃의 하나이다. 다음에 설명할 프레임 나누기도 같은 맥락에서 사용하는 것이다.

🔍 따라하기

Html 문서	``` <html> <head><title>나의 홈페이지</title></head> <body> <b>테이블을 이용한 화면 분할</b> <hr color="blue"> <table width = "100%" height="100%"> <tr><td width = "30%" bgcolor = "gray">왼쪽 셀</td> <td width = "70%" bgcolor = "orange"> 오른쪽 셀</td> </tr> </table> </body></html> ```
실행 결과	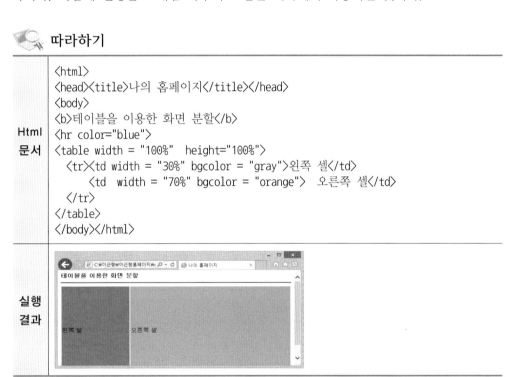

이와 같이 테이블에서 실제 화면을 세로로 자르는 역할을 하는 것은 <td> 태그이다. 두개로 나누어진 행의 너비를 조정하기 위해 "width"라는 속성을 사용하였다. 이때 값은 비율(%)로 사용하여야 한다. 여기서 "border"를 사용하지 않은 것은 테두리선이 보이지 않게 하려는 것이고, 셀의 내용이 많다면 "height"를 사용하지 않아도 될 것이다.

1.7 글상자 만들기 태그

⟨fieldset⟩ 태그는 ⟨table⟩ 태그로 표현할 수 없는 부분을 보완할 수 있도록 하는 태그이다. 또한 ⟨form⟩ 태그 안의 입력 양식 중 관련 항목들을 그룹으로 묶을 때도 사용한다. 이는 마치 글상자를 연상되게 하며 글상자에 제목을 붙이는 ⟨legend⟩ 태그와 같이 사용한다. ⟨fieldset⟩ 태그는 꾸미는 속성이 없으므로 여기서는 기본적인 내용만 서술하고 추후 CSS 를 배우면서 더 자세히 다루기로 한다.

```
<fieldset>
<legend align = "left or center or right">  · · ·  </legend>
          .
          .
</fieldset>
```

 따라하기

Html 문서	실행결과

⟨html⟩
⟨head⟩⟨title⟩글상자 만들기⟨/title⟩⟨/head⟩
⟨body⟩
⟨b⟩FIELDSET 태그로 글상자 만들기⟨/b⟩
⟨hr color="red"⟩
⟨fieldset⟩
  ⟨legend⟩ 대한민국 ⟨/legend⟩
    대한민국은 민주 공화국이다
⟨/fieldset⟩
⟨/body⟩⟨/html⟩
	FIELDSET 태그로 글상자 만들기
	
	대한민국
	대한민국은 민주 공화국이다

 따라하기

Html 문서	실행결과

⟨html⟩
⟨head⟩⟨title⟩ 글상자 만들기⟨/title⟩⟨/head⟩
⟨body⟩
⟨b⟩FIELDSET 태그로 글상자 만들기⟨/b⟩
⟨hr color="red"⟩
  ⟨fieldset⟩
    ⟨legend align="center"⟩
      ⟨img src="house.gif"⟩⟨/legend⟩
    ⟨p align="center"⟩
    ⟨b⟩⟨font size="6" color="red"⟩
        MY sweet home⟨/font⟩⟨/b⟩⟨/p⟩
  ⟨/fieldset⟩ ⟨/body⟩⟨/html⟩
	FIELDSET 태그로 글상자 만들기
	
	🏠
	MY sweet home

1.8 문자열 자동 스크롤 태그

(1) Marquee 태그

〈marquee〉 태그는 문자열이나 이미지를 좌우상하로 자동 스크롤할 수 있는 태그로 웹 문서에 사용함으로써 시각적인 효과를 얻을 수 있다.

```
<marquee  bgcolor ="바탕색"
          behavior ="scroll, slide, alternate 중 택1"
          direction ="left, right, up, down 중 택 1"
          height ="숫자, %"
          width ="숫자, %"
          hspace ="숫자"
          vspace ="숫자"
          loop ="숫자, -1, nfinite"
          scrollamount ="숫자"
          scrolldelay ="숫자">  · · ·     </marquee>
```

○ marquee 기본 형식

 따라하기

Html 문서	실행결과

〈html〉
〈head〉〈title〉스크롤지정〈/title〉〈/head〉
〈body topmargin ="20"〉
〈b〉자동 스크롤 지정 〈/b〉
〈hr color="red"〉
〈marquee〉
  텍스트가 오른쪽에서 왼쪽으로
   스크롤 되면서 보여준다.
〈/marquee〉
〈/body〉〈/html〉
	자동 스크롤 지정
	
	텍스트가 오른쪽에서 왼쪽으로 스크롤 되면서 보여준다.

○ 배경색 지정

 따라하기

Html 문서	실행결과

`<html>`
`<head><title>자동 스크롤지정</title></head>`
`<body>`
`<h3>자동 스크롤 지정 </h3>`
`<hr color = "red">`
`<marquee bgcolor = "pink">`
텍스트가 오른쪽에서 왼쪽으로
　스크롤 되면서 보여준다.
`</marquee> <p>`
`<marquee bgcolor = "yellow">`
　　　`<img src = "smiling.gif">`
`</marquee>`
`</body></html>`	

○ 배경색의 폭과 높이 지정

배경색의 폭과 높이를 지정하면 해당 영역 안에서 스크롤된다.

 따라하기

Html 문서	실행결과

`<html>`
`<head><title>폭/높이지정</title></head>`
`<body>`
`<b>폭과 높이 지정</b>`
`<hr color="red">`
`<h3>`
`<marquee bgcolor="yellow"`
　　　`width ="200" height="30">`
　　　우리들의세상 `</marquee><p>`
`<marquee bgcolor ="bluesky"`
　　　`width ="500" height ="25">`
　　　컴퓨터정보과 `</marquee>`
`</h3>`
`</body></html>`	

○ 흐름의 속도 조정하기

흐르는 글자의 속도를 조절한다. scrolldelay는 숫자가 크면 천천히 흐르고, scrollamount
는 숫자가 크면 속도는 빨라진다.

① scrolldelay 사용

 따라하기

| Html 문서 | ```html
<html>
<head><title>시간간격 지정</title></head>
<body >
<b> 시간간격 지정</b>
<hr color="blue">
<h3>
<marquee bgcolor="yellow">우리대학 컴퓨터과 </marquee><p>
<marquee scrolldelay="50" bgcolor="red">우리대학 컴퓨터과 </marquee> <p>
<marquee scrolldelay="200" bgcolor="blue">우리대학 컴퓨터과 </marquee>
</h3>
</body></html>
``` |
|---|---|
| 실행 결과 | 시간간격 지정
우리대학 컴퓨터과
우리대학 컴퓨터과
 |

② scrollamount 사용

 따라하기

| Html 문서 | ```html
<html>
<head><title>속도 지정</title></head>
<body >
<b>속도 지정 </b>
<hr color="red"><h3>
<marquee bgcolor="yellow" scrollamount = "10">
    속도 지정과 반복 </marquee><p>
<marquee bgcolor="yellow" scrollamount = "20">
    속도 지정과 반복 </marquee><p>
<marquee bgcolor="yellow" scrollamount = "30">
    속도 지정과 반복 </marquee></h3>
</body></html>
``` |
|---|---|
| 실행 결과 | 속도 지정
속도 지정과 반복
속도 지정과 반복
속도 지정과 반복 |

○ 흐름 모양새 지정하기

흘러가는 scrolling 글자들의 모양새를 정한다. scroll은 자연스럽게 흘러가고(글자가 화면 밖으로 줄줄이 사라진다.) slide는 맨 앞의 글자가 화면 끝에 닿는 순간 흐름이 멈춘다. alternate는 화면 안에서 좌우로 왔다 갔다 한다.

🔍 따라하기

Html 문서	실행결과

`<html>`
`<head><title>흐름 지정</title></head>`
`<body >`
`<h3>모양새 지정`
`<hr color="blue">`
`<marquee behavior="alternate"`
`        bgcolor="yellow" >`
`        우리대학 </marquee><p>`
`<marquee behavior="slide"`
`        bgcolor="red" >`
`        컴퓨터정보과 </marquee>`
`</h3>`
`</body></html>`	

○ 반복 횟수 지정

반복 횟수를 지정하면 숫자만큼 반복하며 흐르게 한다. 지정하지 않으면 무제한으로 흐른다.

따라하기

Html 문서	실행결과

`<html>`
`<head><title>반복횟수지정</title></head>`
`<body >`
`<h3>반복횟수 지정`
`<hr color="red">`
`<marquee behavior="alternate"`
`      bgcolor="green" loop=5>`
`      방향과 반복횟수 지정`
`</marquee>`
`</h3>`
`</body></html>`	

○ 흐름 방향 지정하기

흐르는 방향으로는 좌우상하가 있으며 "up", "down", "left", "right"로 지정한다.

 따라하기

Html 문서	실행결과

``<html>
<head><title>방향 지정</title></head>
<body topmargin="30">
<b>자동 스크롤 방향 지정</b>
<hr color="red">
<h1>
<marquee direction="up"
         width="30" height="40"
         bgcolor="yellow">
   컴
 	
퓨
 	
   터
 	
정
 	
   보
 	
과
 	
</marquee></h1>
</body></html>```
	자동 스크롤 방향 지정
	
	퓨

1.9 프레임 만들기 태그

웹 사이트 제작에서, 프레임이란 웹 표현에 있어 독립적으로 제어할 수 있는 여러 개의 구역을 말하는 것이다. 이러한 효과는 각 부분을 별개의 HTML 문서로 만들고, 하나의 마스터 HTML 문서를 두어 모든 구역들과 행동을 같이 하도록 함으로써 이루어진다. 사용자가 프레임을 사용한 웹 페이지를 요청할 때, 요청된 주소는 실제 프레임들을 정의하고 있는 마스터 파일의 주소가 되며, 요청의 결과로서 각각 나름대로의 시각적인 구역을 가진 여러 개의 HTML 파일들이 반환된다. 한 프레임에서의 링크를 선택하여 그 결과가 다른 프레임에(또는 같은 프레임에) 나타나게 할 수 있다. 프레임의 일반적인 사용 형태는, 선택 메뉴를 하나의 프레임에 두고, 또 다른 프레임에는 메뉴를 통해 선택된 파일이 나타나도록 꾸미는 것이다.

프레임은 원래는 넷스케이프에 의해 HTML의 확장판으로 만들어졌지만, 이제는 HTML 4.0 규격의 일부로서, HTML FRAMESET과 FRAME이라는 태그에 의해 정의될 수 있게 되었다.

1.9.1 기본 구조

(1) 프레임의 기본 구조

```
<html>
<head> <title> 프레임 기본구조</title></head>
 <frameset>
    <frame>
        .
        .
        .
    <frame>
 </frameset>
</html>
```

HTML 문서의 구조에는 분명 〈body〉 태그가 있다고 하였는데 위의 HTML 문서에는 〈body〉
태그가 없다. 프레임을 설정하는 문서는 그 자체가 특정한 내용을 출력하는 것이 아니고,
레이아웃만 설정하는 문서로 〈body〉를 대신하여 〈frameset〉 태그를 쓰는데 이는 프레임을
어떻게 조정하고 어떻게 출력할 것인가를 관장하는 태그이다.

(2) frameset 태그의 기본 속성

```
<frameset cols 또는 rows = "프레임 개수만큼 크기 지정">
    <frame>
        .
        .
        .
    <frame>
</frameset>
        ※ 프레임 개수만큼 크기 지정 방법
            픽셀 단위로 지정      : 수치로 지정
            비율로 지정          : 비율(%)
            남은 부분을 전부 지정 : "*"로 지정
```

〈frameset〉 태그는 프레임을 선언하는 동시에 프레임의 수와 크기를 지정하는 기능을 포함
하고 있다. 반드시 기본 속성으로 "cols"나 "rows"중 하나는 써야 한다. 이 속성을 서술하지
않는 〈frameset〉은 있을 수 없다.

○ 열 형태로 나누기

🔍 따라하기

Html 문서	실행결과
```<html><head><title>나의 홈페이지</title></head><frameset cols = "200,*"> <frame> <frame></frameset></html>```	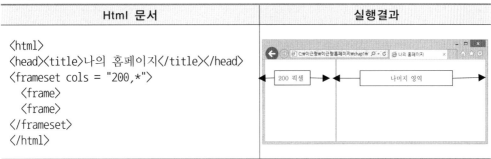

위에서 cols = "200, * "는 웹 화면을 세로(열)로 2개 프레임을 갖는다는 의미이고 수치 200은 픽셀수로 첫 번째 프레임의 크기를 절대치로(웹 화면의 크기가 변해도 불변임을 의미) 나타낸 것이다. 다음 "*"은 화면의 나머지 영역을 두 번째 프레임의 크기로 할당한다는 것이다. 이렇게 2개를 사용하였음으로 〈frame〉 태그를 2번 서술하여야 한다. 〈frame〉 태그를 서술하는 방법은 추후에 기술하기로 한다.

사용 예를 들어 설명하면 다음과 같다. (2개의 프레임을 만들 때)

사용 예	설명
〈frameset cols ="100,*"〉	첫 번째 프레임은 100 픽셀(고정), 두 번째 프레임은 나머지 영역 　(화면 전체로 보면 거의 900과 같음)
〈frameset cols ="100,200"〉	첫 번째 프레임은 화면의 1/3, 두 번째 프레임은 화면의 2/3 　(즉 화면 전체를 300픽셀로 본다는 의미) ※ 나머지를 나타내는 *를 사용하지 않을 시만
〈frameset cols ="20 %,80 %"〉 〈frameset cols ="20 %,*"〉	첫 번째 프레임은 화면의 20%, 두 번째 프레임은 화면의 80%
〈frameset cols ="*,*"〉	첫 번째 프레임은 화면의 1/2, 두 번째 프레임은 화면의 1/2

개수를 2개 이상 사용하여도 프레임을 나누는 방법은 표와 같다.

따라하기

Html
문서
	`<html>`
	`<head><title>나의 홈페이지</title></head>`
	`<frameset cols = "100,300,200">`
	　`<frame>`
	　`<frame>`
	　`<frame>`
	`</frameset>`
	`</html>`

실행 결과	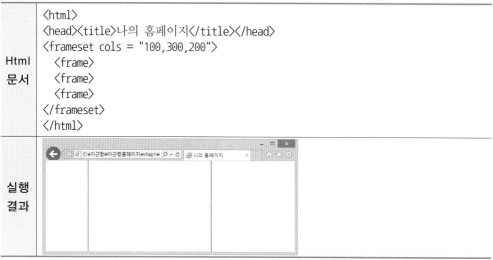

위에서 cols = "100,300,200"는 웹 화면을 세로(열)로 3개 프레임을 갖는데 첫 번째 프레임은 전체의 1/6, 두 번째 프레임은 3/6, 마지막 프레임은 2/6를 갖는다는 의미이다.

○ 행 나누기

rows를 사용하면 화면을 가로(행)로 나누어진다.

따라하기

Html 문서	실행결과

`<html>`
`<head><title>나의 홈페이지</title></head>`
`<frameset rows = "100,*">`
　`<frame>`
　`<frame>`
`</frameset>`
`</html>`	

위에서 rows = "100, * "는 웹 화면을 가로(열)로 2개 프레임을 갖는다는 의미이고 수치 100은 픽셀수로 첫 번째 프레임의 크기를 절대치로(웹 화면의 크기가 변해도 불변임을 의미) 나타낸 것이다. 다음 "*"은 화면의 나머지 영역을 두 번째 프레임의 크기로 할당한다는 것이다.

(3) frame 태그의 기본 속성

〈frame src = "HTML 문서명이나 웹 사이트 주소(URL)"〉

〈frame〉 태그는 확보된 프레임에 어떤 웹 문서를 나타낼 것인가를 서술하는 태그이다.

○ 웹 문서명 사용

 따라하기

Html 문서	실행결과

`<html>`
`<head><title>나의 홈페이지</title></head>`
`<frameset cols = "150,*">`
`  <frame src = "first.html">`
`  <frame src = "second.html">`
`</frameset>`
`</html>`
	프레임 1　프레임 2
	여기는 프레임의 왼쪽입니다.　여기는 프레임의 오른 쪽입니다.

first.html

```
<html>
<head>
<title> 나의 홈페이지 </title>
</head>
<body bgcolor="pink">
<h3> 프레임 1</h3>
여기는 프레임의 왼쪽입니다.
</body>
</html>
```

second.html

```
<html>
<head>
<title> 나의 홈페이지 </title>
</head>
<body>
<h3> 프레임 2</h3>
여기는 프레임의 오른 쪽입니다.
</body>
</html>
```

○ 웹 사이트 주소 이용

 따라하기

Html 문서	`<html>`
	`<head><title> 나의 홈페이지 </title></head>`
	`<frameset cols = "100,*">`
	`  <frame src = "search.html">`
	`  <frame src = "http://www.daum.net">`
	`</frameset>`
	`</html>`

실행 결과	검색 사이트 yahoo lycos empas naver

search.html

```
<html>
<head><title> 나의 홈페이지 </title></head>
<body bgcolor="#00ffff">
<h3>검색<br>사이트<br><br>
<a href = "http://www.yahoo.co.kr">yahoo</a><br>
<a href = "http://www.lycos.com">lycos</a><br>
<a href = "http://www.empas.co.kr">empas</a><br>
<a href = "http://www.naver.com">naver</a> </h3>
</body></html>
```

(4) 중첩된 frameset 태그

```
<frameset cols 또는 rows = "프레임 개수만큼 크기 지정">
  <frame> . . .
      <frameset cols 또는 rows = "프레임 개수만큼 크기 지정">
          <frame> . . .
      </frameset>
</frameset>
```

따라하기

Html 문서	실행결과

`<html>`
`<head><title>나의 홈페이지</title></head>`
`<frameset cols = "100,*">`
`  <frame src = "first.html">`
`    <frameset rows = "130,* ">`
`      <frame  src = "second.html">`
`      <frame  src = "third.html">`
`    </frameset>`
`</frameset>`
`</html>`	

(5) frameset 태그의 속성들

```
<frameset  border = "픽셀 수"
            bordercolor = "색상명이나 #RGB"
            framespacing = "픽셀 수">
    <frame> . . .
</frameset>
```

○ border 속성

"border"라는 속성을 사용하지 않는 경우는 기본적으로 2픽셀정도의 두께로 경계를 나타낸다. "border"라는 속성을 사용하면 0부터 4는 0으로 취급되며 5 이상은 구분선이 픽셀 수만큼 두껍게 된다. 이와 똑같은 효과를 나타내는 것으로 "framespacing"이라는 속성이 있다. 따라서 "border" 속성은 구분선을 나타내고 싶지 않을 때 사용하면 된다.

 따라하기

Html 문서	실행결과

``html
<html>
<head><title>나의 홈페이지</title></head>
<frameset cols = "150,*" border="0">
  <frame src = "first.html">
  <frame src = "second.html">
</frameset>
</html>
``
	프레임 1　프레임 2
	여기는 프레임의 왼쪽입니다.　여기는 프레임의 오른쪽입니다.

 따라하기

Html 문서	실행결과

``html
<html>
<head><title>나의 홈페이지</title></head>
<frameset cols = "150,*" border ="10">
  <frame src = "first.html">
  <frame src = "second.html">
</frameset>
</html>
``
	프레임 1　프레임 2
	여기는 프레임의 왼쪽입니다.　여기는 프레임의 오른쪽입니다.

○ bordercolor 속성

"bordercolor"라는 속성은 구분선에 색깔을 지정하는 속성이다. 이 속성을 사용하려면 "border" 속성을 사용하지 않거나 "border" 속성을 서술하고 값을 5 이상 주어야 한다.

 따라하기

Html 문서	실행결과

``html
<html>
<head><title>나의 홈페이지</title></head>
<frameset cols = "150,*"
          border = "5"
          bordercolor = "red">
  <frame src = "first.html">
  <frame src = "second.html">
</frameset>
</html>
``
	프레임 1　프레임 2
	여기는 프레임의 왼쪽입니다.　여기는 프레임의 오른쪽입니다.

○ framespacing 속성

 따라하기

Html 문서	실행결과

``html
<html>
<head><title>나의 홈페이지</title></head>
<frameset cols = "150,*"
        framespacing = "5" >
  <frame src = "first.html">
  <frame src = "second.html">
</frameset>
</html>
``
	프레임 1　　　프레임 2
	여기는 프레임의　여기는 프레임의 오른 쪽입니다.
	왼쪽입니다.

framespacing 속성은 나누어진 프레임 사이의 간격을 설정한다. 이러한 것으로 보아 border = "5"나 framespacing = "5"는 같은 효과를 나타낸다.

(6) frame 태그의 속성들

```
<frame  scrolling = " no 또는 yes 또는 auto"
        noresize
        marginwidth = "픽셀 수"
        marginheight = "픽셀 수">
```

○ scrolling 속성

scrolling 속성은 프레임에 스크롤바의 표시 여부를 지정하는 것이다. 값으로는 yes, no, auto가 있으며 기본 값은 auto이다. 프레임에 나타낼 내용이 프레임 크기보다 많으면 스크롤바가 나타나게 되는데 나타나게 하고 싶지 않으면 no를 지정하면 된다.

따라하기

Html 문서	실행결과

``html
<html>
<head><title>나의 홈페이지</title></head>
<frameset cols = "150,*">
  <frame src = "search.html">
  <frame src = "http://www.daum.net"
        scrolling = "no">
</frameset>
</html>
``
	검색
	사이트
	yahoo
	lycos
	empas
	naver

○ noresize 속성

프레임을 나눈 후에 마우스 포인터를 분할된 구분선 위에 놓이면 마우스 포인터가 이렇게 (←나 ↕) 바뀔 때 마우스의 왼쪽 단추를 누르고 좌우 또는 상하로 드래그하면 프레임의 크기가 변하게 된다. 그러면 뜻하지 않은 상황이 발생할 수도 있다. 이러한 상황이 되지 않도록 즉 사용자가 프레임의 크기를 자유롭게 변경할 수 없도록 하려면 해당 <frame> 태그에서 noresize 속성을 지정하면 된다.

 따라하기

Html 문서	실행결과
``` <html> <head><title>나의 홈페이지</title></head> <frameset cols = "130,*"> <frame src = "first.html" noresize> <frameset rows = "130,* "> <frame src = "second.html"> <frame src = "third.html"> </frameset> </frameset> </html> ```	

○ marginwidth와 marginheight 속성

 따라하기

Html 문서	실행결과

``
<html>
<head><title>나의 홈페이지</title></head>
<frameset cols = "*,*">
  <frame src = "first.html">
  <frame src = "first.html"
            marginheight = "30"
            marginwidth = "30">
</frameset>
</html>
``	

marginwidth와 marginheight 속성은 프레임 내에서 여백을 지정할 수 있는 속성으로 기본 값은 10으로 되어있으며 marginwidth는 좌우 여백을 지정하고 marginheight는 상하 여백을 지정한다. 만약 두 속성 중에 하나만 사용하면 나머지 쪽은 기본 여백도 없어진다. 따라서 두 속성을 동시에 사용하는 것이 좋다.

1.9.2 타깃(target) 지정하기

○ 프레임 명 타깃

```
<frame   name = "프레임 이름">
   다른 웹문서에서
         <a href = " 웹 문서명 또는 웹 사이트 주소(URL)"
                    target = "프레임 이름">
```

프레임에서 하이퍼링크를 설정할 때는 실행될 문서가 어떠한 프레임에 나타날지를 결정해 주어야 한다. 프레임에 실행될 위치를 지정하기 위해서는 프레임에 이름을 정해 주어야 한다. <frame> 태그에서 name 속성을 사용하여 임의의 이름을 붙여 둔다. 이것은 프레임의 이름이며 또한 위치를 가리키는 역할을 한다. 사용하고자 하는 프레임에는 이름을 붙이고 연결 태그(<a>)에서 타깃 프레임을 설정하면 하이퍼링크를 실행할 때 나타날 문서의 위치를 결정한 것과 같다. 타깃 프레임은 하이퍼링크가 설정되어 있는 문서에서 <a> 태그에 target 속성을 사용하여 프레임 이름을 설정해 주면 된다.

 따라하기

Html 문서	실행결과

`<html>`
`<head><title>나의 홈페이지</title></head>`
`<frameset cols = "120,*">`
`  <frame src = "search1.html"`
`        name ="left">`
`  <frame src="http://www.daum.net"`
`        scrolling = "no"`
`        name = "right">`
`</frameset>`
`</html>`	

yahoo, lycos, naver 사이트를 열면 오른쪽 프레임에 열리고 empas 사이트를 열면 왼쪽 프레임에 열리게 된다. yahoo, lycos, naver 사이트는 타깃이 right라는 이름을 가진 오른쪽 프레임이고, empas 사이트는 타깃이 left라는 이름을 가진 왼쪽 프레임이기 때문이다.

search1.html

```
<html>
<head><title> 나의 홈페이지 </title></head>
<body bgcolor="#00ffff">
 <h3>검색<br>사이트<br><br>
<a href = "http://www.yahoo.co.kr" target = "right">yahoo</a><br>
<a href = "http://www.lycos.com"  target = "right">lycos</a><br>
<a href = "http://www.empas.co.kr" target = "left">empas</a><br>
<a href = "http://www.naver.com"  target = "right">naver</a> </h3>
</body></html>
```

○ 특수한 타깃

```
<a href = " 웹 문서명 또는 웹 사이트 주소(URL)"
   target = "특수한 타깃 명">
   ※ 특수한 타깃 명 : "_blank", "_self", "_top",
                        "_parent", "_new"
```

① target = "_blank"

프레임 안의 링크에서 하이퍼링크를 하였을 때 새로운 창이 뜨면서 그곳에 링크된 HTML 문서를 읽어와 표시한다. 일반 HTML 문서에서도 target = "_blank"를 사용하면 새로운 창에 나타난다.

```
<html>
<head><title> 나의 홈페이지 </title></head>
<body bgcolor="#00ffff"> <b>검색 사이트 </b><br>
<!-- 클릭하면 새로운 창이 뜨면서 사이트 홈페이지가 나타난다. -->
<a href = "http://www.lycos.com"  target = "_blank">라이코스사이트</a>
<a href = "http://www.daum.net"  target = "_blank">다음사이트</a>
<a href = "http://www.naver.com"  target = "_blank">네이버사이트</a>
</body></html>
```

② target = "_new"

프레임 안의 링크에서 하이퍼링크를 하였을 때 새로운 창이 뜨면서 그곳에 링크된 HTML 문서를 읽어와 표시한다. 일반 HTML 문서에서도 target = "_new"를 사용하면 새로운 창에 나타난다. 이것은 "_blank"와 같은 효과를 갖는다.

```
<html>
<head><title> 나의 홈페이지 </title></head>
<body bgcolor="#00ffff"> <b>검색 사이트</b><br>
<hr size=2 color="red">
<b>클릭하면 새로운 창이 뜨면서 홈페이지가 나타난다.</b><br><hr>
<a href = "http://www.lycos.com"  target = "_new">라이코스사이트</a><p>
<!-- 클릭하면 새로운 창이 뜨면서 홈페이지가 나타난다. -->
<a href = "http://www.daum.net"  target = "_new">다음사이트</a><p>
<a href = "http://www.naver.com"  target = "_new">네이버사이트</a>
</body>
</html>
```

③ target = "_self"

프레임 안의 링크에서 하이퍼링크를 하였을 때 자신의 프레임에 링크된 HTML 문서를 읽어와 표시한다.

```
<html>
<head><title> 나의 홈페이지 </title></head>
<body bgcolor="#00ffff"> <b>검색 사이트 </b><br>
<!-- 클릭하면 자신의 프레임에 사이트 홈페이지가 나타난다. -->
<a href = "http://www.lycos.com"  target = "_self">라이코스사이트</a>
<a href = "http://www.daum.net"  target = "_self">다음사이트</a>
<a href = "http://www.naver.com"  target = "_self">네이버사이트</a>
</body></html>
```

④ target = "_top"

프레임으로 분할을 해 놓은 상태에서 하이퍼링크하면 지금의 나누어진 프레임들이 없어지고 합쳐진 웹 창 전체에 나타난다. "_blank"처럼 별도의 웹 창이 나타나는 것이 아니고 분할한 프레임을 합쳐 자신의 창 전체에 나타나는 것이다.

```
<html>
<head><title> 나의 홈페이지 </title></head>
<body bgcolor ="#00ffff"> <b>검색 사이트</b><br>
<!-- 클릭하면 나누어진 프레임을 모두 합쳐서
                 사이트 홈페이지가 나타난다. -->
<a href = "http://www.lycos.com"  target = "_top">라이코스사이트</a>
<a href = "http://www.daum.net"  target = "_top">다음사이트</a>
<a href = "http://www.naver.com"  target = "_top">네이버사이트</a>
</body></html>
```

⑤ target = "_parent"

링크를 포함하고 있는 프레임의 상위 프레임에 HTML 문서를 나타내 준다. 즉 프레임을 나누는데 사용한 〈frameset〉 프레임에 HTML 문서를 표시한다는 말이다. 예를 들어 좌우 2개인 프레임 나누기를 하였다면 〈frameset〉이 한번이므로 두 프레임이 합쳐져서 HTML 문서가 나타날 것이다. 이런 때는 마치 target = "_top"로 한 것과 같은 결과가 된다.

그러나 〈frameset〉 태그로 나눈 프레임에서 다시 〈frameset〉 태그를 사용하여 프레임을 나누었다면 나눈 프레임의 문서에서 "_parent"를 사용하면 나뉜 프레임이 합쳐져서 나타난다.

```
<html>
<head><title> 나의 홈페이지 </title></head>
<body bgcolor ="#00ffff"> <b>검색 사이트</b><br>
<!-- 클릭하면 나누어진 프레임을 모두 합쳐서
                    사이트 홈페이지가 나타난다. -->
<a href = "http://www.lycos.com"  target = "_parent">라이코스사이트</a>
<a href = "http://www.daum.net"  target =  "_parent">다음사이트</a>
<a href = "http://www.naver.com"  target =  "_parent">네이버사이트</a>
</body></html>
```

○ 종합 테스트

main frameset

```
<html>
<head>
<title> 나의 홈페이지</title>
</head>
<frameset   cols = "100,*">
  <frame src = "search2.html">
  <frame  src = " target.html ">
</frameset>
</html>
```

target.html

```
<html>
<head>
<title> 나의 홈페이지 </title>
</head>
<frameset   rows = "150,*">
    <frame src = "search2.html">
    <frame  src = " third.html " >
</frameset>
</html>
```

search2.html

```
<html><head><title> 나의 홈페이지 </title></head>
<body bgcolor="#00ffff"> <b>검색사이트</b><br>
<a href = "http://www.yahoo.co.kr" target = "_blank">yahoo</a><br>
<a href = "http://www.lycos.com"   target = "_self">lycos</a><br>
<a href = "http://www.empas.co.kr" target = "_parent">empas</a><br>
<a href = "http://www.naver.com"   target = "_top">naver</a><br>
<a href = "http://www.nownuri.net"  target = "_new">nownuri</a>
</body></html>
```

따라하기

Html 문서	실행결과

`<html>`
`<head><title>나의 홈페이지</title></head>`
`<frameset cols = "100,*">`
`  <frame src = "search2.html">`
`  <frame  src = "target.html">`
`</frameset>`
`</html>`	

1.10 멀티미디어

초기의 컴퓨터에서는 문자만 처리할 수 있었으나 정보인식(입력) 및 표현(출력) 기술이 발전함으로써, 문자 이외에도 음성, 도형, 영상 등으로 이루어진 다양한 매체를 처리할 수 있게 되었는데 이를 멀티미디어라 한다.

멀티미디어는 CD-ROM이나 웹 페이지처럼 동시에 한 개 이상의 표현매체가 사용된 것을 말하며 텍스트와 사운드 그리고 동영상 등이 어우러져 사용되는 것을 일컫는 용어이다. 어떤 사람들은 애니메이션이 되는 이미지, 즉 웹상에서의 animated GIF와 같은 것들을 추가하는 것이 곧 멀티미디어라고 말하기도 한다.

1.10.1 플러그인(plug-in)

플러그인(plug-in)의 본 의미는 플러그를 꽂는다는 뜻이지만, 컴퓨터 분야에서는 웹 브라우저의 일부로서 쉽게 설치되고 사용될 수 있는 프로그램을 말한다.

넷스케이프 브라우저를 통해 사운드나 동영상을 재생하거나, 기타 다른 기능들을 수행해주는 추가 프로그램들을 다운로드하여 설치하고, 또 정의할 수 있도록 한 것이 시초가 되었다. 이러한 프로그램을 처음에는 헬퍼(helper) 응용 프로그램이라고 불렀는데, 브라우저와는 별개로 실행되었으며 이를 위해 새로운 창을 여는 것이 필요했다.

이에 비해 플러그인 프로그램은 브라우저에 의해 자동으로 인식되고, 기능도 현재 나타나고 있는 주 HTML 파일 내에 통합된다. 마치 웹 브라우저에서 직접 실행하는 것과 같은 효과를 제공하기 때문에 매우 편리하다. 멀티미디어를 웹에서 구현하는 데에 유용하게 쓰인다.

종류는 수백 가지에 이르며 대부분 무료로 이용할 수 있다. 인터넷의 특정 사이트나 PC통신의 공개자료실에 가면 쉽게 구할 수 있다. 애니메이션, 동영상, 음향, 그래픽, 문서 등의 자료파일을 사용자의 컴퓨터에 다운로드하지 않고도 실행할 수 있는데, 많이 알려진 플러그인 프로그램으로는 리얼플레이어, 미디어플레이어, 스트림웍스, 비보 액티브, VDO 라이브, 쇼크웨이브, 아크로뱃 등이 있다.

1.10.2 SOUND 넣기

인터넷을 서핑 하다보면 사운드나 동영상 등의 멀티미디어 요소를 제공하는 홈페이지를 자주 볼 수 있다. 웹서비스의 매력을 한층 돋보이게 하는 기능으로 멀티미디어 정보의 상호 공유를 들 수 있다. 사운드나 동영상을 사용자의 홈페이지에 포함시킴으로써 홈페이지 제작자가 의도하는 내용을 좀 더 쉽게 사용자에게 설명할 수 있고 사용자 또한 홈페이지 매력을 느끼게 할 수 있다. 홈페이지에서 사용할 수 있는 음악 파일은 .mid, .wav, .aiff, .ra, .au, .mp3 등이 있다.

(1) a 태그를 이용

```
<a href = "사운드 파일명"> 문자열</a>
<a href = "사운드 파일명"> <img src = "이미지 파일명"></a>
```

 따라하기

Html 문서	실행결과
`<html>` `<head><title>사운드 넣기</title></head>` `<body>` `<b>홈페이지에 사운드넣기</b>` `<hr color="red">` `<a href="02casa.mp3">` `    음악파일 실행</a>  ` `<a href="02casa.mp3">` `    <img src = "house.gif"></a>` `</body></html>`	홈페이지에 사운드넣기 음악파일 실행 file:///C:/이근행/이근행홈페이지/chap1/02casa.mp3

예와 같이 음악 파일을 링크하는 것은 매우 간단하다. 여러분이 할 일은 `<a>` 태그의 `href` 속성 값에 해당 음악 파일명을 넣어주는 것 이외에는 없으며 방문객이 이를 클릭하면 파일을 다운로드 한 후에 설정되어 있는 플러그인을 통해 들을 수 있게 된다.

링크 문자열이나 이미지를 클릭하면 플러그인 프로그램인 윈도우 미디어 플레이어 컨트롤 박스가 나타나고 실행되면서 해당된 음악이 흘러나오게 된다.

이 경우 플러그인 플레이어가 별도로 실행된다면 중도에 중지시킬 수 있지만 그렇지 않다면 웹 브라우저를 닫아야 사운드가 종료된다. 이렇게 링크를 하여 음악 파일을 선택하게 할 수 있지만 웹 사이트에 접속만 하면 자동으로 음악이 흐르게 할 수도 있다.

(2) embed 이용

```
<embed   src = "사운드 파일명"
         autostart = "true 또는 false"
         hidden = "true 또는 false"
         loop = "true 또는 false"
         width = "픽셀 수"
         height = "픽셀 수"
         align = "left 또는 right 또는 center">
```

<embed> 태그는 미디어 파일을 배경음악으로 넣을 때 사용하는 태그이다. 배경 음악은 홈페이지의 내용이 화면에 나타남과 동시에 재생을 시작한다. 배경 음악을 사용함으로써 홈페이지의 방문자들에게 홈페이지의 내용을 더 효과적으로 전달할 수 있다.

 따라하기

Html 문서	실행결과
`<html>` `<head><title>배경음악 넣기</title></head>` `<body>` `<b>배경 음악과 플레이어 박스</b>` `<hr color="blue"> ` `   <embed src="02casa.mp3">  ` `     음악소리가 들립니까?` `</body></html>`	배경 음악과 플레이어 박스 음악소리가 들립니까?

<embed> 태그를 사용하면 제공된 음악이 플러그인에 의해 자동으로 실행되어 컨트롤 박스가 나타나면서 음악이 흘러나온다.

이는 서술은 하지 않았지만 autostart = "true"라는 속성이 기본으로 설정되어 있기 때문이다. 자동 실행이 되지 않도록 하려면 autostart = "false"라고 서술해야 한다. 그러면 화면은 같으나 자동실행이 되지 않으며 화면에 있는 실행 단추를 누르면 실행된다. 정지하고 싶으면 정지 단추를 누르면 된다.

따라하기

Html 문서	실행결과
`<html>` `<head><title>배경음악 넣기</title></head>` `<body>` `<b>배경 음악 삽입과 플레이어 박스</b>` `<hr color="blue"> ` `    <embed src="canyon.mid` `        autostart = "false">  ` `    <b>음악소리가 들립니까?</b> ` `    <b>안 들리면 play 단추를 누르세요. </b>` `</body></html>`	

hidden 이라는 속성이 있는데 값으로는 true와 false가 있다. 이것은 플레이어 박스가 화면에 나타나게 하거나(false일 때) 나타나지 않도록 하는(true일 때) 속성이다. 그러나 이 속성이 true이고 "autostart = false"와 같이 사용하면 자동 실행도 되지 않고, 플레이어 박스도 나타나지 않으므로 음악을 실행시킬 수가 없다. 아래와 같이 사용하면 안 된다.

> `<embed src="사운드 파일 명" hidden = "true"  autostart = "false">`

플레이어 박스가 나타날 때 그 크기를 조절할 수 있는 속성으로 width와 height가 있다. align 속성을 사용하여 컨트롤 박스가 왼쪽, 가운데, 오른쪽에 나타나게 할 수도 있다.

따라하기

Html 문서	실행결과
`<html>` `<head><title>배경음악 넣기</title></head>` `<body bgcolor="pink">` `<b>배경 음악삽입과 플레이어 박스</b>` `<hr color="blue"> ` `<embed src="music.wma"` ` hidden = "false" autostart = "false"` ` width ="250" height ="100">  ` ` <b>음악소리가 들립니까? ` ` <b>안 들리면 play 단추를 누르세요.` `</body></html>`	

height 값을 너무 크게 주면 시커먼 박스가 나타나므로 주의해야 한다.

(3) bgsound 이용

```
<bgsound src = "사운드 파일명" loop = "횟수나 infinite">
```

<bgsound> 태그는 웹 화면이 실행될 때 배경음악이 흐르도록 하는 태그로 src 속성에서 설정한 음악 파일이 플러그인에 의해 자동으로 무조건 실행된다. 또 loop 속성을 사용하여 실행 횟수를 설정할 수도 있다.

 따라하기

Html 문서	실행결과
`<html>` `<head><title>배경음악넣기</title></head>` `<body>` `<b>배경 음악</b>` `<hr color="blue"> ` `    <bgsound src="canyon.mid"> ` `  <b>안녕하세요  </b>   ` `  <b>음악소리가 들립니까? </b>` `</body></html>`	배경 음악 안녕하세요 음악소리가 들립니까?

(4) audio 이용

```
<audio src = "사운드 파일명"
        controls="controls "
        autoplay= " autoplay "
        loop=" 횟수 ">
```

controls="controls" 속성을 사용하면 콘솔 박스는 브라우저에 따라 다른 모습으로 나타날 수 있다. controls 속성을 사용하지 않으면 콘솔 박스가 나타나지 않아 실행을 시킬 수가 없다. autoplay 속성을 사용하면 바로 재생된다. 속성 값을 쓰지 않고 속성만 사용해도 무관하다.

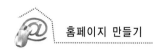

 따라하기

Html 문서	실행결과
\<html\> \<head\>\<title\>배경음악넣기\</title\>\</head\> \<body\> \<b\>배경 음악삽입과 플레이어 박스\</b\> \<hr color="blue"\>\<br\> \<audio src="02casa.mp3" controls="controls"\>\</audio\> \</body\>\</html\>	배경 음악삽입과 플레이어 박스 ▶ 0:00:00 ■ ■ 🔊 ■

 따라하기

Html 문서	실행결과
\<html\> \<head\>\<title\>배경음악넣기\</title\>\</head\> \<body\> \<b\>배경 음악삽입과 플레이어 박스\</b\> \<hr color="blue"\>\<br\> \<audio src="02casa.mp3" autoplay="autoplay"\>\</audio\> \<b\>안녕하세요 \</b\> \<br\> \<b\>음악소리가 들립니까? \</b\> \</body\>\</html\>	배경 음악삽입과 플레이어 박스 안녕하세요 음악소리가 들립니까?

1.10.3 동영상 넣기

(1) a 태그를 이용

```
<a href = "동영상 파일명"> 문자열</a>
<a href = "동영상 파일명"> <img src = "이미지 파일명"></a>
```

동영상 파일을 링크하는 것은 매우 간단하다. \<a\> 태그의 href 속성 값에 해당 동영상 파일명을 넣어주는 것 이외에는 없으며, 방문객이 사이트에 들어와 관련된 문자열을 클릭하면 파일을 다운로드 한 후에 설정되어 있는 플러그인을 통해 들을 수 있게 된다. 이 경우 플러그인 플레이어가 별도로 실행된다면 중간에 중지시킬 수 있지만 그렇지 않다면 웹 브라우저를 닫아야 동영상이 종료된다. 이렇게 링크를 하여 동영상 파일을 선택하게 할 수 있지만 웹 사이트에 접속만 하면 자동으로 동영상이 실행되게 할 수도 있다.

따라하기

Html 문서	실행결과
```<html> <head><title>동영상 넣기</title></head> <body> <b>홈페이지에 동영상 넣기</b> <hr color="blue"> <a href="test.mpg"> <b> 동영상보기</b> </a><p> <b> 위를 누르면 동영상을 볼 수 있다.</b> </body></html>```	홈페이지에 동영상 넣기 동영상보기 위를 누르면 동영상을 볼 수 있다.

링크 문자열이나 이미지를 클릭하면 플러그인 프로그램이 실행되면서 해당된 동영상이 나타나게 된다. 물론 동영상을 보기위해서는 해당 파일의 플레이어가 탑재되어 있어야 한다.

(2) embed 이용

```
<embed    src = " 동영상 파일명"
          autostart = "true 또는 false"
          loop = "true 또는 false"
          width = "픽셀 수"  height = "픽셀 수"
          align = "left 또는 right 또는 center">
```

 따라하기

Html 문서	실행결과

``<html>
<head><title>동영상 넣기</title></head>
<body>
<b>홈페이지에 동영상 넣기</b>
<hr color="blue">
<embed src="movie.avi"
   autostart = "false"
   width= "200" height ="200">
 	
<b>플레이 버튼을 누르세요</b>
</body></html>```
	홈페이지에 동영상 넣기
	
	플레이 버튼을 누르세요

autostart 속성에서 값을 false로 하면 영상 플레이어에 컨트롤 박스가 나타나고 웹 사이트 방문자가 실행 단추를 눌러야만 실행된다. 만약 true로 한다면 영상 화면이 나타나고 바로 실행이 된다. 실행을 멈추고 싶으면 정지 단추를 누르면 된다.

이때 width나 height로 화면의 크기를 설정할 수 있다.

(3) img 태그를 이용

```
<img dynsrc = "동영상 파일명"
     loop = "횟수" width = "픽셀 수" height = "픽셀 수">
```

 따라하기

Html 문서	실행결과
`<html>` `<head><title>동영상 넣기</title></head>` `<body bgcolor = "#ffff56">` `<b>홈페이지에 동영상 넣기</b>` `<hr color="blue">` `<img dynsrc="movie.avi"` `     wdith="250" height="150"> ` ` <b>자동 실행 됨</b>` `</body></html>`	

`<img>` 태그를 사용하여 마치 동영상 파일을 이미지 파일 대신에 위치하도록 하여 실행을 시킬 수 있는 dynsrc 속성을 사용한다. 또한 loop 속성을 사용하면 반복하여 동영상을 볼 수도 있으며, width와 height를 사용하여 화면의 크기를 설정할 수도 있다.

연습문제

01. HTML이란 무엇인가?

02. ⟨body⟩ 태그에서 text라는 속성을 쓰면 어떻게 되는가?

03. ⟨title⟩ 태그를 사용하는 목적은 무엇인가?

04. 마감 태그(끝 태그)가 없는 태그를 모두 쓰시오.

05. ⟨h⟩ 태그와 ⟨font⟩ 태그와의 차이점을 쓰시오.

06. ⟨br⟩ 태그와 ⟨p⟩ 태그의 차이점을 쓰시오.

07. ⟨font size=8⟩과 갚은 의미를 갖게 고치시오.

08. ⟨basefont⟩ 태그는 어떤 경우에 사용하는가?

09. ⟨hr width=100⟩이 실행되면 어떻게 나타나는지 설명하시오.

10. ⟨hr width=50⟩과 ⟨hr width=50%⟩와의 차이를 설명하시오.

11. ⟨hr⟩ 태그에서 align 속성 중 사용하지 않는 것은 무엇이며 그 이유는 무엇인가?

12. ⟨font⟩메시지 ⟨/font⟩와 같은 의미를 갖는 또 다른 ⟨font⟩ 태그를 쓰시오.

13. 문서 편집기에서 작성한 대로 나타나게 하는 태그는?

14. ⟨pre⟩ 태그를 설명하시오.

15. 〈ul〉 태그에서 type이 순환되는 순서를 쓰시오.

16. 〈img〉 태그에서 align 속성(left, center, right 중)으로 사용하지 않는 것은 무엇이며 그 이유는? 그러나 꼭 정렬시키고 싶을 때 사용하는 태그는 무엇인가?

17. 다음과 같이 나타나도록 HTML 문서를 작성하시오.

18. 〈td〉와 〈th〉의 차이점은 무엇인가?

19. 〈map〉 태그에서 사용하는 모양의 종류를 쓰시오.

20. 〈table〉 태그에서 width와 height를 사용하면 행과 열은 어떻게 되는가?

21. 〈a〉 태그에서 target 속성의 종류를 나열하고 각각의 의미를 설명하시오.

22. 다음과 같은 테이블이 되도록 HTML 문서를 작성하시오.

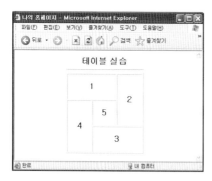

23. 〈Marquee〉 태그에 대하여 설명하시오.

24. 〈Marquee〉 태그에서 scrolldelay와 scrollamount의 차이점을 쓰시오.

25. 웹문서에 사운드를 삽입하는 방법을 설명하시오.

26. 웹문서에 동영상을 삽입하는 방법을 설명하시오.

27. 다음과 같은 글상자를 HTML 문서로 작성하시오.

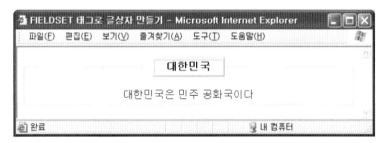

Dynamic HTML

Dynamic HTML

다이내믹 HTML은 이전 버전의 HTML에 비해 애니메이션이 강화되고, 사용자 상호작용에 좀 더 민감한 웹 페이지를 만들 수 있게 해주는, 새로운 HTML 태그, 옵션, 스타일 시트 및 프로그래밍 등을 의미하는 집합적인 용어이다. 다이내믹 HTML의 많은 부분이 HTML 4.0에 열거되어 있다. 다이내믹 HTML을 쓰면, 웹 문서들을 마치 데스크 탑 응용프로그램 들이나 멀티미디어 제품처럼 보이고, 동작하게 할 수 있다.

 2.1 Dynamic HTML 개요

(1) 다이내믹 HTML의 개념과 특성들

- 웹 페이지와 구성요소들의 객체 지향적인 모습
- 콘텐츠에 CSS와 레이어를 사용
- 전부 또는 대부분의 페이지 요소를 제어할 수 있는 프로그래밍
- 다이내믹 글꼴
- 페이지 요소들의 객체 지향적인 모습

디비전 또는 섹션, 표제부, 문단, 이미지, 목록 등 각 페이지 요소가 하나의 "객체"로 간주된다.

예를 들면, 페이지 내의 각 표제부는 텍스트의 스타일과 색상의 속성이 주어지고, 그 페이지 내에 삽입된 스크립트 등에서 이름으로 지칭할 수 있도록 이름을 붙일 수 있다. 그 페이지에 있는 이 표제부(또는 다른 어떤 요소라도)는 마우스가 지나가거나, 눌러지거나 또는 일정 시간이 경과하는 등 미리 설정된 사건의 결과로 변경될 수 있다. 또는 마우스로 이미지를 "끌어다놓기" 하면, 이미지가 한 장소에서 다른 장소로 움직일 수 있다. (이러한 사건의 가능성들은 요소들이나 객체들의 반응능력처럼 보일 수 있다.) 어떠한 변화도 즉시 일어난다. (모든 요소나 객체의 변형들이 웹서버로부터 같은 페이지의 일부로서 보내져 왔기 때문이다.) 그러므로 변형들은 그 객체의 다른 속성으로 생각될 수 있다.

요소의 변형들이 텍스트의 글자나 색상을 바꾸는 것뿐 아니라, 표제부 객체 내에 포함된 모든 것들은 다른 텍스트 뿐 아니라 추가 HTML을 포함하는 새로운 콘텐츠로 대체될 수 있다. 마이크로소프트는 이것을 "텍스트 범위 기술"이라고 부른다.

(2) 스타일시트와 레이어 사용

스타일시트는 문서 또는 문서의 일부에 대한 기본 스타일 속성(페이지 배치, 표제부와 본문 텍스트와 같은 텍스트 요소들의 글꼴 형태 및 크기 등을 포함한다)을 묘사한다. 스타일 시트는 웹 페이지에 대해, 기본 배경색이나 배경 이미지, 하이퍼텍스트 링크의 색상, 그리고 페이지의 내용 등을 기술한다. 스타일 시트는 문서나 웹사이트 내에 있는 모든 페이지들이 일관성을 갖도록 도와준다.

다이내믹 HTML은 "계단식" 형태의 스타일 시트를 정의하는 능력을 포함하는데, 여기서 계단식이란, 같은 페이지 또는 관련된 페이지 셋 내에 미리 정의된 동일 계층의 다른 스타일 시트나 스타일 문장을 연결하거나, 정의하는 것이다. 사용자와의 상호작용의 결과로 새로운 스타일 시트가 사용 가능한 상태로 만들어질 수 있으며, 웹 페이지의 외양이 변경되는 결과를 만들 수 있다. 사용자는 스타일 시트 내에 스타일 시트, 그 속에 또 다른 스타일 시트, 하는 식으로 한 페이지 내에 여러 계층의 스타일 시트를 가질 수 있다. 새로운 스타일 시트는 상위 스타일 시트로부터 오직 하나의 요소만을 변경할 수 있다.

레이어는 기존의 내용 섹션에 겹쳐질 수 있는 내용 레이어를 제공함으로써 페이지의 내용을 변경하기 위한 대체 스타일 시트나 다른 접근 방법을 사용하는 것이다. 레이어들은 일정시간 후에 나타나게 하거나, 사용자의 조작에 따라 나타나도록 프로그램할 수 있다.

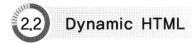

2.2 Dynamic HTML

2.2.1 CSS(Cascading Style Sheet)

기존의 HTML은 문서를 자유롭게 편집하는 것에 많은 제약이 따르는데, 이를 보완하기 위해 만들어진 것이 스타일 시트이고 그 표준안이 바로 CSS(Cascading Style Sheet)이다. CSS2는 1998년 5월 W3C에 의해 발표된 스타일 시트이다. CSS2는 CSS에 비해 사용자 환경이나 플러그인 등에 관계없이 홈페이지를 출력, 인쇄할 수 있는 기능이 부가되었고, XML 및 HTML 4.0을 지원하며, 다양한 콘텐츠 배치 기능이 보다 강화된 것이 특징이다. 현재는 XHTML 및 HTML 5.0을 지원하는 CSS3버전을 사용하고 있다.

CSS를 쓰면 통일된 문서 양식을 만들 수 있다. HTML을 이용해서 웹 페이지를 제작할 경우 전반적인 틀에서 세세한 글꼴 하나하나를 일일이 지정해주어야 하지만, CSS를 이용하면 그러한 번거로움이 사라진다. 스타일 정보를 미리 저장해 두고, 수정이 필요한 요소를 변경시키면 홈페이지 전체에서 이에 해당하는 요소들이 한꺼번에 수정된다. 이를 통해 문서 전체의 일관성을 유지할 수 있고, 홈페이지 관리에 드는 시간을 단축시킬 수 있게 된다.

또한 CSS는 각기 다른 사용자 환경에서도 동일한 형태의 문서를 제공한다. 기존에는 제작자들이 공들여 만든 홈페이지가 사용자의 브라우저 환경에 따라 그 모습이 다르게 나타났지만 CSS로 만들어진 문서는 어느 환경에서나 제작자가 의도한대로 그 효과가 전달된다.

구체적으로 말하자면 기존에 태그만을 이용할 때는 웹페이지의 2개 이상의 폰트를 정해줄 때 글자마다 각기 다른 폰트 명을 적어 주어야 했었는데 스타일 시트를 사용하면 간단하게 몇 줄만 적어주면 모든 것이 끝나게 된다. 예를 들어보자.

태그 형태	`<html><head><title> 태그 사용 </title></head>` `<body>` `<font face="궁서체" size="2">우리들의 세상</font> ` `<font face="굴림체" size="5" color="red">` `<b>스타일연습</font></b> ` `<font face="궁서체" size="2">연습 끝</font>` `</body>` `</html>`
스타일 형태	`<html><head><title> 스타일 사용 </title>` `<style type="text/css">` `  font { font-size: 12px; font-family: 궁서체}` `  b { font-size: 15px; color : red;  font-family : 굴림체}` `</style>` `</head>` `<body>` `<font>우리들의 세상  <b>스타일 연습</b>  연습 끝</font>` `</body>` `</html>`

(1) 스타일의 특징

- HTML 요소의 기능을 확장한다.
- 통일된 문서양식을 디자인 할 수 있다.
- 문서의 형식을 다양하게 구성할 수 있다.
- 사용자의 환경에서 독립된 문서를 제작한다.
- 워드프로세서 수준의 출력이 가능하다.
- 문서의 관리가 편리하다.
- 레이어 기능을 가지고 있다.

(2) 스타일 적용 순서

CSS는 브라우저 설계자나 독자에게보다는 페이지 제작자에게, 웹페이지 외관을 통제할 수 있는 더 많은 권한을 준다. 주어진 문서 구성요소에 대한 스타일 정의의 근거인 CSS에는, 다음과 같은 서열이 있다.

1. 개별 구성요소 태그 상에 있는 style 속성
2. 스타일 선언을 포함하는 특정 스타일 시트를 정의하는 style 구성요소, 또는 style 구성요소를 포함하는 별도의 문서를 링크하는 link 요소. 웹페이지에서, style 구성요소는 title 문과 body 문 사이에 위치한다.
3. 불러들인 스타일 시트
4. 독자가 브라우저에 정의한 스타일 속성들
5. 브라우저에 의해 상정된 기본 스타일 시트

(3) 스타일 시트 사용 방법

스타일 시트는 하나 이상의 스타일 정의를 모아 놓은 것으로 문서 내에서 직접 정의하여 사용하는 **내부 스타일 시트**, HTML과는 별도로 스타일 시트를 만들어 HTML 문서에 링크하여 사용하는 **외부 스타일 시트**, 그리고 태그 내에서 직접 정의하여 사용하는 **인라인 스타일 시트**가 있다. 내부 스타일 시트와 외부 스타일 시트는 〈head〉 태그 내에 서술한다.

○ 내부 스타일 시트(embedding style sheet)

```
<style type = "text/css">  스타일 내용 · · · </style>
```

스타일을 적용하기 위해서는 스타일을 적용할 태그에 정의를 해 주어야 한다. 정의를 하기 위해 〈style〉 태그를 사용한다. 〈style〉 태그는 type 이라는 옵션을 사용하며 값으로는 text/css를 사용한다. 이 태그는 〈head〉 태그 내에 서술한다.

따라하기

Html 문서	실행결과

`<html><head>`
`<title>embedding 스타일 시트</title>`
`<style type="text/css">`
　　`h2{font-style:italic; color:blue}`
`</style></head>`
`<body>`
`<b> embedding 스타일시트</b>`
`<hr color="red">`
`<h2> embedding 스타일시트</h2>`
`<h4>컴퓨터정보과</h4>`
`</body></html>`
	embedding 스타일시트
	
	embedding 스타일시트
	컴퓨터정보과

○ 인라인 스타일 시트(inline style sheet)

> `<태그명  style = "속성: 속성 값">  문자열  </태그명>`

이 방법은 일반 태그에 직접 스타일을 지정하여 적용되는 범위를 한정하여 스타일을 적용하기 위해 사용한다. 태그 안에서 스타일을 정의하고 스타일 속성과 값을 설정해 주면 해당 태그의 종료 태그가 사용되기 전까지 지정된 스타일이 적용된다.

따라하기

Html 문서	실행결과

`<html>`
`<head>`
`<title>inline 스타일 시트</title>`
`</head>`
`<body bgcolor="yellow">`
`<b>inline 스타일시트</b>`
`<hr color="red">`
`<h2 style="font-family: 궁서체;`
　　　　　　`color: blue">`
　　`inline 스타일시트</h2>`
`</body></html>`
	inline 스타일시트
	
	inline 스타일시트

○ 외부 스타일 시트(linking style sheet)

```
<head>
<title>  · · ·  </title>
<link rel = "stylesheet" type = "text/css"
      href = "스타일 시트 파일명 또는 스타일 시트의 주소(URL)">
</head>
```

〈style〉 … 〈/style〉 태그는 사용하지 않는다. 문서와 별도의 파일에 시트를 정의한 후
해당 스타일 시트를 문서에 링크하여 사용한다.

따라하기

Html
문서
	`<html>`
	`<head>`
	`<title>linking 스타일 시트 </title>`
	`<link  rel="stylesheet"`
	`        type = "text/css"`
	`        href="dynamic.css" ></head>`
	`<body >`
	`<b>linking 스타일시트(외부)</b>`
	`<hr color="blue">`
	`<h3>linking 스타일시트(외부)</h3>`
	`<p> 우리들의 세상(외부)</p>`
	`<h1> 열심히 노력하자</h1>`
	`</body></html>`
		*** dynamic.css 파일 내용 ***
		
		`h3{font-style: italic; color: red}`
		`p{font-style: italic; color: blue;`
		`  font-size:25pt; font-weight: bold}`
		`h4{font-family: 궁서체;`
		`                    color: violet}`
		`h1{color: green}`

실행 결과	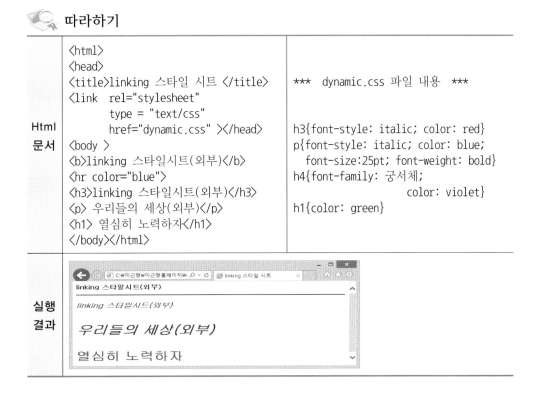	

(3) 스타일 정의 안에서 주석(Comment)달기

CSS 스타일 시트에서 코멘트(Comment)는 프로그램 언어 C에서와 비슷하다.

```
<style type="text/css">
p { color: red } /* <p>태그의 글자색은 적색이다 */
h2{font-style: italic; color: blue}
 /* <h2> 태그의 글자색은 파랑색이고 글자모양은 이탤릭체다. */
// h3{font-style: italic; color: blue}
/* <h3> 태그는 적용이 안된다. */
</style>
```

 따라하기

Html 문서	실행결과

`<html>`
`<head><title>스타일시트 주석</title>`
`<style type="text/css">`
   `h2{font-style:italic; color: blue}`
`/* <h2> 태그는 스타일 적용됨 */`
`// h4{font-style:italic; color: red}`
`</style></head>`
`<body>`
`<b>스타일시트 주석</b>`
`<hr color="red">`
`<h2> 스타일시트 주석 처리</h2>`
`<h4>우리들의 세상</h4>`
`<!-- <h4>태그는 스타일 적용이 안됨 -->`
`</body></html>`
	스타일시트 주석 처리
	
	우리들의 세상

(4) 스타일 시트 정의 방법

○ 태그 선택자 정의

스타일의 정의는 스타일을 적용할 대상과 대상에 적용할 속성(property)과 속성 값(value)으로 구성된다. 스타일을 적용할 대상을 선택자라 하며 일반적으로 HTML 요소들이 선택자로 사용된다. 스타일을 정의하는 기본 형식은 다음과 같다.

선택자를 지정하고 중괄호 { } 안에 속성과 속성 값을 콜론 :)으로 연결하여 정의한다. 속성이 여러 개일 때는 세미콜론(;)으로 구분한다.

선택자(태그명) {속성1: 속성 값1}

예를 들어

```
        h1 {font-style : italic}
        font {font-family : 궁서체}
        div {font-size:30px}
```

○ 중복하여 속성 정의

하나의 선택자에 여러 개의 속성을 지정하는 것으로 각 속성은 세미콜론(;)으로 구분하여
사용한다.

선택자(태그명) {속성1: 속성 값1;   · · ·   ; 속성n: 속성 값n}

예를 들어

```
        h1{font-style : italic ; color : red}
        font{font-family : 궁서체;  color : red}
```

○ 태그 선택자 중복 스타일 정의

여러 가지 선택자에 동일한 속성을 지정해야할 필요가 있을 수 있다. 이러한 때에는 같은
스타일을 적용할 선택자들을 콤마(,)로 구분하며 서술한다. 물론 이때도 중복 정의가 필요
하다면 사용 가능하다.

선택자1, · · · ,선택자n {속성: 속성 값}
선택자1, · · · ,선택자n {속성1: 속성 값1;
                            · · · ; 속성n: 속성 값n}

예를 들어

```
h1, p, div {color : blue}
h1, h2, h3, font {color : #ff0000 ; font-weight : bold}
```

따라하기

Html 문서	실행결과

`<html>`
`<head><title> 그룹 스타일화 </title>`
`<style type="text/css">`
` p,div{font-size:25px;color:blue}`
` h1,h4,h3{font-style:italic;color:red}`
`</style> </head>`
`<body>`
`<b> 그룹 스타일화</b>`
`<hr color="red">`
`<div> 우리대학</div>`
`<h3>컴퓨터정보과</h3>`
`<p> 폰트 스타일 연습</p>`
`</body></html>`
	그룹 스타일화
	
	우리대학
	
	컴퓨터정보과
	
	폰트 스타일 연습

○ 선택자의 클래스화(특정된 class) 스타일 정의

스타일이 정의된 요소는 문서 전체에 영향을 미치는데, 때에 따라서는 같은 요소일지라도 어느 부분은 다른 내용을 적용하고 싶을 때가 있다. 이러한 경우를 대비하여 같은 요소에 class를 만들어 따로따로 선택하여 사용할 수 있도록 하는 것이다.

특정 요소태그에만 적용되는 클래스의 스타일을 정의하려면 선택자로 스타일을 정의하고자 하는 요소의 이름을 쓰고 점(.)과 클래스 명을 쓴다.

> 선택자. 클래스 명 {속성: 속성 값}   `<head>` 내에 정의
> `<태그명  class = "클래스 명">` ··· `</태그명>` `<body>` 내에 사용

따라하기

Html 문서	실행결과

`<html>`
`<head><title> 선택자의 class화 </title>`
`<style type="text/css">`
` h1.red{color: red}`
` h1.gold{color:gold;font-style:italic}`
`</style></head>`
`<body>`
`<b> 선택자의 class화 </b>`
`<hr color="red">`
`<h1 class="red"> 스타일 red 적용</h1>`
`<h1 class="gold"> 스타일 gold 적용</h1>`
`<h1> 스타일 적용 없슴</h1>`
`</body></html>`
	선택자의 class화
	
	스타일 red 적용
	
	스타일 gold 적용
	
	스타일 적용 없슴

위에서 보는 바와 같이 같은 태그일지라도 클래스를 지정하지 않으면 HTML의 기본 태그와 같다.

○ 공동 클래스화(독립된 class) 스타일 정의

공동 사용 클래스 정의는 선택자를 지정하지 않고 클래스만 지정하여 어떤 요소든지 클래스만 지정하면 해당 스타일을 적용할 수 있도록 하는 것이다.

선택자 없이 점(.)을 쓰고 뒤에 클래스 명을 지정하여 클래스 명을 스타일로 사용하도록 하는 것이다. 개별적으로 스타일을 지정하는 것보다는 클래스(class)와 외부 CSS 파일을 이용하는 것이 문서 전체의 일관성은 물론 스타일 변경 시에도 작업의 효율성을 높여준다.

```
.클래스 명 {속성: 속성 값}                    <head> 내에 정의
<태그명  class = "클래스 명">  · · ·  </태그명>  <body> 내에 사용
```

 따라하기

Html 문서	``` <html> <head><title> 공동 클래스 </title> <style type="text/css"> .atype {font-style:italic; color:green} .btype {font-size:20px; color:blue} .ctype {font-weight:bold; color:red} </style> </head> <body> <b>공동 클래스</b> <hr color="red"> <p class="ctype"> 스타일의 지정과 적용1</p> <h1 class="btype"> 스타일의 지정과 적용2</h1> <h2 class="atype"> 스타일의 지정과 적용3</h2> <font class="ctype"> 스타일의 지정과 적용4</font> </body></html> ```
실행 결과	공동 클래스 스타일의 지정과 적용1 스타일의 지정과 적용2 *스타일의 지정과 적용3* 스타일의 지정과 적용4

○ ID화 스타일 정의

스타일 시트를 정의할 때 개별적으로 고유한 이름을 붙여서 스타일을 정의하여 사용할 수 있다. 이렇게 하면 이미 지정된 스타일 속성 외에 또 다른 속성을 지정하여 사용할 수 있는 것이다. # 기호 뒤에 ID 이름을 쓰고 속성을 정의한다. ID 스타일 정의 후 사용은 동일명으로 문서 당 1회만 사용 가능하다.

```
# ID 명 {속성: 속성 값}                    <head> 내에 정의
<태그명  ID = " ID 명">  · · ·  </태그명>    <body> 내에 사용
```

 따라하기

Html 문서	실행결과

`<html>`
`<head><title>스타일의 id화</title>`
`<style type="text/css">`
`  #ida{font-style:italic; color:green}`
`  #idb{font-weight:bold; color:blue;`
`        font-size:15pt}`
`</style></head>`
`<body>`
`<b>스타일의 id 화</b>`
`<hr color="red">`
`<h1  id="ida"> 패턴별 스타일1</h1>`
`<div id="idb"> 패턴별 스타일2</div>`
`</body></html>`
	스타일의 id 화
	
	패턴별 스타일1
	
	패턴별 스타일2

○ 클래스와 아이디(class와 id)의 차이점

클래스와 아이디의 차이점은 하나의 클래스를 여러 곳에서 사용할 수 있지만 아이디는 고유성을 가지므로 한 문서에 같은 아이디를 한번만 사용할 수 있다.

홈페이지 전체적인 스타일을 일관성있게 지정하기 위해서는 클래스(class)의 사용이 필수적이다. 실무에서도 클래스(class)의 사용은 빈번하게 이루어지고 있다.

(1) ID 의 정의

• ID는 하나의 고유한 요소에 대한 스타일을 지정하는데 사용한다.
• ID는 HTML 요소의 ID 속성을 사용하고, "#"로 정의한다.
• ID는 한 태그에 하나의 ID만 지정할 수 있다.
• ID가 CLASS 보다 우선순위가 높다.
• ID는 JavaScript에서 동적으로 제어가 가능하다.

(2) CLASS 의 정의

CLASS는 요소 그룹에 대한 스타일을 지정하는데 사용한다.

ID와 달리, CLASS 선택이 가장 많이 자주 여러 요소에서 사용된다. 이것은 같은 CLASS와 여러 HTML 요소에 대한 특정 스타일을 설정할 수 있다.

 따라하기

Html 문서	실행결과

``html
<html>
<head><title> 스타일의 id화 </title>
<style type="text/css">
  .ida{font-style:italic; color:green}
  .idb{font-weight:bold; color:blue;
       font-size:15pt}
  .idc{margin:0px 30px;
                  border:1px solid red}
  #container {margin: 0px auto;
       width:400px;border:1px solid red}
</style></head>
<body>
<div id="container">
<b>스타일의 id 화</b>
<div class="idc">
<h1 class="ida"> 패턴별 스타일2</h1>
<h3 class="idb"> 패턴별 스타일1</h3>
</div>
</body></html>
``
	스타일의 id 화
	패턴별 스타일2
	패턴별 스타일1
	
	스타일의 id 화
	패턴별 스타일2
	패턴별 스타일1

○ 전체 선택자 스타일 정의

 따라하기

Html 문서	실행결과

``html
<html>
<head><title>전체 선택자 스타일 정의</title>
<style type="text/css">
  * {color:blue}
</style></head>
<body>
<h1>스타일 정의</h1>
<div>전체 선택자 스타일 정의</div>
<p>컴퓨터정보과</p>
</body></html>
``
	스타일 정의
	전체 선택자 스타일 정의
	컴퓨터정보과

○ 스타일 상속

스타일이 정의된 요소 내에 있는 다른 요소가 밖에 있는 요소의 스타일을 따른다는 것을
말한다. 이를 스타일의 상속이라고 한다.

 따라하기

Html 문서	실행결과

`<html>`
`<head><title>` 스타일의 상속 `</title>`
`<style type="text/css">`
  `p {color:red; font-family:궁서체;`
      `font-size:20px}`
`</style></head>`
`<body>`
`<b>`스타일의 상속`</b>`
`<hr color="red">`
`<p>` p 태그는 내에 있는
    `<b>` b태그 내용`</b>`
       는 어떻게 되는가`</p>`
`</body></html>`
	스타일의 상속
	
	p 태그는 내에 있는 b태그 내용 는 어떻게 되는가

위에 예제를 보면 `<p> … </p>` 태그에 대해서 색은 빨간색, 글자체는 궁서체로 스타일 시트
를 지정해 주었고 `<b>` 태그는 스타일 지정이 없었지만 결과를 보면 `<p> … </p>` 태그 내에
있는 `<b> … </b>` 태그에 대해서까지 그 속성이 적용된다. 이걸 바로 스타일 시트의 상속이
라고 한다.

만약 상속을 피하려면 해당 태그에 대한 스타일을 다시 정의하여 주면 된다.

따라하기

Html 문서	실행결과

`<html>`
`<head><title>` 스타일의 상속 `</title>`
`<style type="text/css">`
  `p {color : red ; font-size : 20px;`
    `font-family : 굴림체; }`
  `b {color : blue; font-size : 15px;`
    `font-family : 궁서체; }`
`</style></head>`
`<body>`
`<b>`스타일의 상속`</b>`
`<hr color="red">`
`<p>` p 태그는 내에 있는
    `<b>` b태그 내용`</b>`
       는 어떻게 되는가`</p>`
`</body></html>`
	스타일의 상속
	
	p 태그는 내에 있는 b태그 내용 는 어떻게 되는가

○ 요소 내 또 다른 요소 스타일 정의 (contextual selector)

 따라하기

Html 문서	```html
	<html>
	<head><title>태그 내의 또 다른 스타일 정의</title>
	<style type="text/css">
	    h1 b { color: red; }
	    p b { color: blue; font-family: 궁서체; }
	  </style></head>
	<body>
	<b>태그 내 또 다른 태그 스타일</b>
	<hr color="red">
	    <h1>태그 <b>매니</b> 아</h1>
	    <p>스타일 시트 <b>특강 중</b> 입니다.</p>
	    <b> 별도로 있는 내용은 영향을 받지 않음 </b>
	</body></html>
	``

실행 결과	태그 내 또 다른 태그 스타일 **태그 매니 아** 스타일 시트 **특강 중** 입니다. **별도로 있는 내용은 영향을 받지 않음**

위에 예제를 보시다시피 식별자(태그) 2개를 같이 스타일 시트를 정의시켜 줄 경우에는 앞에 오는 요소 내에 있는 뒤에 오는 요소에 대한 스타일 정의를 해주는 것이다. 즉, <h1> 태그 내에 있는 <b> 태그 부분에 대해서 스타일이 적용되는 것이다. 이때 식별자 사이에는 콤마나 마침표를 해서는 안 된다.

다시 설명하자면 둘째 라인의 스타일 시트 부분인 p b { color: blue; font-family: 궁서체; } 부분을 풀이해보면 <p> 태그 내에 있는 <b> 태그의 요소에 대해서 색은 파란색, 글자체는 궁서체로 하라는 말이다. 그러나 별도의 <b> 태그는 영향을 받지 않는다.

예를 들어 이미지를 링크로 활용할 때 경계선을 감추는 경우를 생각해 보자.

contextual selector를 이용하면 기존 html 태그처럼 일일이 border="0"을 쓸 필요 없이 다음과 같이 스타일 정의를 해두면 된다.

```
a img { border : 1 }
```

a 태그 내부에서 img 태그가 나오는 경우 border는 1이 된다.

(5) 부분 스타일 정의

문자열 중 임의의 문자열을 스타일 정의하고자 할 때 사용한다.

```
<span style = "속성: 속성 값"> · · · </span>
```

 따라하기

Html 문서	실행결과

`<html>`
`<head><title>스타일 범위 지정</title>`
`</head>`
`<body>`
`<b>스타일 범위 지정<b>`
`<hr color="red">`
`<h2><span style="font-style:italic;`
`        color:red">범위안에서</span>`
`        스타일지정</h2>`
`</body>`
`</html>`
	스타일 범위 지정
	
	범위안에서 스타일지정

(6) 모의 클래스 (Pseudo classes)

하이퍼링크 문자열에 스타일을 정의하여 모양이나 글자 등을 바꾸어 시각적으로 변화를 줄수 있다. HTML 문서에서는 기본적으로 `<body>` 태그에서 정의하는 것이 일반적인 사용 방법이며 최근에는 웹 브라우저에서 제공하는 것을 이용하기도 한다. 이때는 색깔만 지정하는 것으로 되어있으나 스타일을 이용하면 글자의 크기나 색, 모양 등을 지정해 줄 수 있다.

모의 클래스를 이용하면 html에 기본으로 들어 있지는 않지만 웹 브라우저에서는 지원이되는 부가적인 속성을 만들어 낼 수도 있다. 예를 들어, `<a>` 태그는 link, active, visited속성이 없다. 하지만 실제 웹 브라우저는 링크의 상태에 따라 다른 색깔을 보여주고 있다. 그래서 다음과 같이 `<a>` 태그의 모의 클래스를 정의할 수 있다.

```
a:link {color: blue}
a:visited {color:red}
a:active {color: green}
```

이렇게 하면, 방문하지 않은 링크는 파란색, 방문한 링크는 빨간색, 링크를 클릭하면 녹색으로 바뀐다.

자주 쓰는 활용을 하나 예로 들어 보자. 링크에 밑줄이 없는데 마우스 포인터를 위로 가져가면 색깔이 바뀌면서 밑줄이 생기는 것이 많이 쓰이는데, 이렇게 한다.

```
a:link {color: blue; text-decoration: none;}
a:visited {color: red; text-decoration: none;}
a:active {color: green; text-decoration: none;}
a:hover {color: pink; text-decoration: underline;}
```

일반적인 링크는 밑줄이 없는 파란색(text-decoration:none)으로 보이다가 마우스 포인터를 링크 위로 가져가면(hover) 핑크색으로 바뀌면서 밑줄이 생기게 된다.

따라하기

Html 문서	실행결과 1
`<html>` `<head><title>` 링크의 스타일 지정 `</title>` `<style type="text/css">` 　`a:link{font-size:15pt;color:black}` 　`a:active{font-size:25pt;color:red}` 　`a:visited{font-size:10pt;color:blue}` `</style> </head>` `<body>` `<b>`링크의 스타일 지정`</b>` `<hr color="red">` `<a href="main.html">` 　　　링크의 스타일 지정`</a>  ` 을 테스트합니다. `</body></html>`	

링크를 위해 클릭 상태	링크 후의 링크 문자열

(7) 링크 문자열의 밑줄 제거

 따라하기

Html 문서	실행결과 1

`<html>`
`<head><title>링크의 밑줄 제거</title>`
`<style type="text/css">`
`  a {font-size:25;text-decoration:none}`
`</style></head>`
`<body>`
`<b>링크 문자열의 밑줄 제거</b>`
`<hr color="red">`
`<a href="main.html"> 메인화면으로</a>`
`</body></html>`
	링크 문자열의 밑줄 제거
	
	메인화면으로

(8) 문단 모양 꾸미기

 따라하기

Html 문서	실행결과 1
`<html>` `<head><title>문단 모양</title>` ` <style  type="text/css">` `   div:first-line { color : green }` `   div:first-letter {font-size: 20pt;` `       font-style: italic; color:red }` ` </style>` `</head>` `<body>` `  <div>` `     첫 글자가 녹색이면서 20폰트 크기의` `                  이탤릭체로 표시 ` `     그러나 그 다음 줄부터는` `                  기본 글자색인 검은색</div>` `</body></html>`	첫 글자가 녹색이면서 20폰트 크기의 이탤릭체로 표시된다. 그러나 그 다음 줄부터는 기본 글자색인 검은색으로 나온다.

다른 방법으로 하면

```
<html>
<head><title> 가상 엘리먼트 2 </title>
<style  type="text/css">
  div.sd:first-line { color : green }
  div#sw:first-letter { font-size: 20pt; font-style: italic; color:red}
</style>
</head>
```

```
<body>
<div class="sd"  id="sw">
    첫 글자가 녹색이면서 20폰트 크기의 이탤릭체로 표시된다. <br>
    그러나 그 다음 줄부터는 기본 글자색인 검은색으로 나온다.</div>
</body></html>
```

2.2.2 스타일 속성

(1) 글꼴 속성

속성	속성 값	설명과 사용 예
font-family	글자체 (굴림, 바탕, arial, 등)	글자체 이름 font-family: 굴림 font-family: arial
font-style	normal, italic, oblique	글자 모양지정 font-style: italic
font-size	pt(포인트), px(픽셀)	글자 크기 font-size: 15 pt font-size: 20 px
font-weight	normal, bold, bolder, lighter	글자 굵기, bolder는 더 굵게, lighter는 더 가늘게 font-weight: bold
font-variant	normal, small-caps	영문자를 작은 대문자로 지정 font-variant: small-caps

따라하기

Html 문서	실행결과

`<html>`
`<head><title>글꼴 속성</title>`
`<style type ="text/css">`
` b {color: blue; font-weight: bold}`
` h1 {color: green; font-family: 궁서체}`
` p { color: red; font-size: 20pt}`
`.ft {color : gray;font-weight:bolder}`
`</style></head>`
`<body><b>글꼴 속성</b>`
`<hr color="red">`
`    <b>파란색 굵은 글자체</b>`
`    <h1>녹색 굵은 궁서체</h1>`
`    <p>크기가 20인 빨간 글자</p>`
`    <p class="ft">굵은 글자</p>`
`    <p style="font-variant:small-caps">`
`                seoul</p>`
`</body></html>`	

(2) 텍스트 속성

속성	속성 값	설명과 사용 예
text-align	left, center, right, justify	가로 정렬 text-align: center
vertical-align	bottom, middle, top	세로 정렬 vertical-align: top
text-indent	pt, px	들여쓰기 text-indent: 10pt
text-decoration	none, underline, overline, blink, line-throuth	글자 꾸밈 text-decoration: none
text-transform	none, capitalize uppercase, lowercase	capitalize : 단어의 첫 문자를 대문자 uppercase :대문자 lowercase : 소문자
word-spacing	pt, px	단어 간격 word-spacing: 20pt
letter-spacing	pt, px	글자 간격 letter-spacing:15px
line-height	pt, px	줄간격 line-height:10pt

따라하기

Html 문서	실행결과
``` <html> <head><title>글자모양</title> <style type ="text/css"> h2 {text-align :center;color:red} p{text-decoration: line-through} h3 {letter-spacing : 10pt} h1 {text-transform : uppercase} .ft{text-transform : capitalize} </style></head> <body><b>글자모양</b> <hr color="red"> <h2>가운데 정렬</h2> <p>취소선 적용</p> <h3>글자간격</h3> <h1> style test </h1> <h1 class="ft">seoul</h1> </body></html> ```	글자모양 가운데 정렬 취소선 적용 글 자 간 격 STYLE TEST Seoul

(3) 색과 배경 속성

속성	속성 값	설명과 사용 예
color	색상명 또는 #RGB	색상 color : red
background-color	색상명 또는 #RGB	배경색 background-color : #00ff00
background-image	배경 이미지의 URL	배경 이미지 background-image : url(이미지 파일명)
background-repeat	no-repeat, repeat-x, repeat-y, repeat	배경 이미지 반복 background-repeat : repeat
background-attachment	fixed, scroll	배경 이미지 고정 background-attachment : fixed
background-position	top, bottom, left, center,right	배경 이미지 위치 background-position : top

🔍 따라하기

Html 문서	실행결과

`<html>`
`<head><title> 배경</title>`
`<style type ="text/css">`
`h2{background-color: gray;`
`        text-align : center}`
`body{background-color: yellow}`
`</style>`
`</head>`
`<body>`
`<b>글자 및 바탕의 배경</b>`
`<hr color="blue">`
`<h2>가운데 정렬</h2>`
`<h1>휴먼 옛체</h1>`
`</body>`
`</html>`
	글자 및 바탕의 배경
	
	가운데 정렬
	
	휴먼 옛체

따라하기

Html 문서	실행결과
`<html>` `<head><title>나의 홈페이지</title>` `<style type="text/css">` `body {background-repeat:no-repeat;` `    background-image:URL(ani054.gif);` `    background-position:50% 50% }` `div {color:red;font-size:20px}` `</style></head>` `<body>` `<div>` `브라우저의 크기를 변하게 해도  ` `항상 정 가운데 배경이미지가 놓이게 되죠` `</div></body></html>`	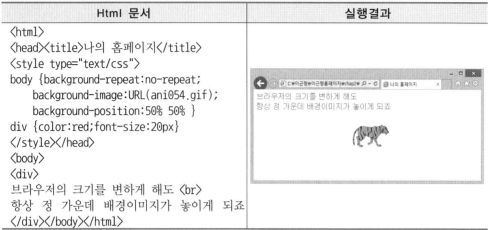

CSS에서 컬러 값을 입력할 때에는 3가지 방법을 사용할 수 있다.

- 컬러의 이름을 넣는 방법 – color: red;
- #rrggbb 방법 – color: #ff0000; (=color: #f00;)
- rgb(r,g,b) 방법 – color: rgb(255,0,0); (=color: rgb(100%,0%,0%);)

(4) 위치 속성

속성	속성 값	설명과 사용 예
position	absolute, relative	위치 속성 position: absolute
left	pt, px	좌측여백 지정 left: 20pt
top	pt,px	상단여백 지정 top:10px
width	pt, px	요소의 넓이 지정 width: 200px
height	pt, px	요소의 높이 지정 height: 100px
visibility	visible, hidden	보이기, 감추기 지정 visibility: hidden
overflow	hidden, scroll	
z-index	정수 값, auto (값이 작을수록 아래에 있는 층)	겹치는 순서 지정 z-index: 1

따라하기

Html 문서	실행결과

`<html><head><title>위치와 겹침</title>`
`<style type ="text/css">`
` h1 {position: absolute ;`
`     top: 100; left: 100; z-index: 2}`
` h2 {position : absolute ;`
`      background-color: yellow;`
`      top: 30; left: 30; z-index: 3;}`
` img {position: absolute ;`
`      top: 50; left: 50; z-index:1}`
`</style> </head>`
`<body><b>위치와 레이어</b>`
`<hr color="red">`
` <h1>가운데 정렬1</h1>`
` <h2>가운데 정렬2</h2>`
` <img src="miss.jpg">`
`</body></html>`	

여백과 위치의 조절을 통하여 텍스트와 텍스트를 겹치게 하여 그래픽 효과나 입체감을 나타
낼 수 있다. 또는 이미지에 글자를 겹치게 하여 효과를 배가시킬 수 있다.

 따라하기

Html
문서
	`<html><head><title> 텍스트 겹치기 </title>`
	`<style type ="text/css">`
	` div{font-family: bold; font-size: 70px;color: red}`
	` .highlight{color: silver}`
	` .shadow{color: blue}`
	`</style>`
	`</head>`
	`<body>`
	`<div style="font-size: 30px;font-style:italic">WELCOME TO</div>`
	`<div class="shadow" style="position: absolute; top: 54px; left: 34px;`
	`                    height:100px; "> 우리들의세상 </div>`
	`<div class="highlight" style="position: absolute;top: 50px;left:30px;`
	`                    height:100px; "> 우리들의세상</div>`
	`<div style="position: absolute; top: 52px; left: 32px;`
	`                    height:100px; "> 우리들의세상</div>`
	`</body></html>`

실행 결과	

따라하기

Html
문서
	``html
	<html>
	<head><title> 스타일시트 예 </title>
	<style type="text/css">
	  .visi1 {position : absolute; top: 50px; left: 200px;
	          height: 100px; width: 200px;visibility : visible; }
	  .hid {position : absolute;top: 70px; left: 50px;
	          height: 100px; width: 200px; visibility : hidden; }
	  .visi2 {position : absolute; top: 100px; left: 50px;
	          height: 100px; width: 200px; visibility : visible; }
	  </style>
	</head>
	<body bgcolor="pink">
	 <b> visibility 속성 </b><hr>
	  <div class="visi2">
	  이 내용은 visibility 속성 값을
	  visible로 지정했기 때문에 화면에 보일 것이다.
	
	  <span class="hid">그러나 visibility 속성 값을 </span><p>
	          바로 위 내용은 화면에 보이지 않는다.</div>
	  <div class="visi1"> <img src="bg.gif"></div>
	  <div class="hid"> <img src="g1.jpg"></div>
	  <div class="visi2"> <img src="g2.jpg"></div>
	  </body>
	</html>
	``

실행 결과	

위에서 visible과 hidden을 바꾸어 가면서 비교해 보자.

(5) 목록 속성

속성	속성 값	설명과 사용 예
list-style-type	none, disc, circle, square, decimal, lower-roman, upper-roman	불릿의 모양 지정 list-style-type: disc
list-style-image	불릿 이미지의 URL	불릿의 이미지 지정 list-style-image: URL(이미지파일명)
list-style-position	inside, outside	불릿의 위치 지정 list-style-position: outside
float	left, right, none	float:left : 해당 요소를 좌측에, 다음에 오는 요소를 그 우측에 정렬
clear	none, left, right, both	clear:left : 정렬 방법을 해제
display	block, inline	표시를 블록 형태나 한 줄 형태

🔍 따라하기

Html 문서	```html <html> <head> <title>이미지를 이용한 블릿</title> <style type ="text/css"> ul li {list-style-image : url("blet1.gif")} ul li ul li{ list-style-image : url("./blet2.gif") } </style> </head> <body><b>Bullet을 이미지로...</b> <ul> <li>프로세서의 종류<p> <ul><li>펜티엄-l</li><li>펜티엄-II</li><li>펜티엄-III</li> </ul></li> <li>저장장치의 종류<p> <ul><li>플로피 디스크</li><li>하드 디스크</li><li>CD-ROM </li> </ul></li> </ul> </body></html>```
실행 결과	

따라하기

Html
문서
	``html
	<html>
	<head> <title>List를 옆으로</title>
	<style type ="text/css">
	li {float:left}
	</style> </head>
	<body><b>List를 옆으로...<p>
	• 프로세서의 종류</b><hr>
	<ul>
	　<li>▼펜티엄-1 </li>
	　<li>▼펜티엄-II </li>
	　<li>▼펜티엄-III </li>
	　<li>▼펜티엄 듀얼코어</li>
	</ul>
	</body></html>
	``

실행 결과	List를 옆으로... ■ 프로세서의 종류 • ▼펜티엄-1 • ▼펜티엄-II • ▼펜티엄-III• ▼펜티엄 듀얼코어

따라하기

Html
문서
	``html
	<html>
	<head><title>가로형 메뉴 꾸미기</title>
	<style type ="text/css">
	#flow {margin:0;padding:15px;float:left;font-weight:bold}
	 #flow li {float:left;margin:0;padding:0;border:solid 1pt red;
	　　　border-top:none;border-bottom:none; margin:15px;
	　　　　list-style-type:none;font-size:20px}
	</style></head>
	<body>
	<ul id="flow">
	<li>국어 </li><li>영어</li> <li>수학</li>
	<li>과학</li> <li>사회</li> <li>기술</li>
	</ul>
	</body></html>
	``

실행 결과	국어｜ ｜영어｜ ｜수학｜ ｜과학｜ ｜사회｜ ｜기술｜

따라하기

	Html 문서

Html 문서	```html
	<html>
	<head><title> 목록 스타일시트 예</title>
	<style type="text/css">
	.left { float : left }
	.clear { clear : left }
	</style></head>
	<body>
	<img src="bg.gif" class="left">
	<div>이 글은 그림의 왼쪽에 놓인다.</div>
	<div>왜냐하면 float 속성을 left라고 지정했기 때문</div>
	<div>그림 오른쪽에 여러 줄로 나타날 것이다.</div>
	<div class="clear">
	그런데 이 글은 clear 속성으로 해제를 시켰기 때문에</div>
	<div>그림의 다음 줄에 표시된다.</div>
	<body></html>
	``

실행 결과	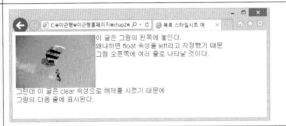

 따라하기

Html 문서	실행결과

``html
<html><head>
<title>display 요소 예</title>
<style type="text/css">
        li{display:inline;}
        a {display:block;}
</style> </head>
<body>
<b>display 요소 사용 예</b>
<hr color="blue">
<ul>
<li>메뉴1</li> <li>메뉴2</li>
<li>메뉴3</li> <li>메뉴4</li>
</ul>
<a href="#">a 요소는 인라인 요소다.</a>
<a href="#"> 그런데 블록 요소화 됐다.</a>
</body></html>
``	

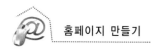

(6) 스크롤바 모양 바꾸기

 따라하기

Html 문서	실행결과

`<html>`
`<head><title>스크롤바 모양</title>`
`<style type="text/css">`
`body {scrollbar-face-color: green;`
`scrollbar-shadow-color: #a1edb3;`
`scrollbar-highlight-color: #a1edb3;`
`scrollbar-3dlight-color: green;`
`scrollbar-darkshadow-color: green;`
`scrollbar-track-color: #ffffff;`
`scrollbar-arrow-color: #a1edb3;}`
`</style></head>`
`<body>`
`<h2> 스크롤바 모양 바꾸기</h2><hr>`
`<img src="network.jpg">`
`</body></html>`	

(7) 배경 이미지 지정

웹 페이지의 배경에 색 대신 배경 이미지를 지정할 수 있다. 특별한 주문이 없으면 repeat 이다. 다른 값으로는 no-repeat, x축으로만 나오는 repeat-x, y축으로만 나오는 repeat-y가 있다.

① x축 repeat

 따라하기

Html 문서	실행결과

`<html>`
`<head>`
`<title> 배경에 이미지 지정</title>`
`<style type="text/css">`
`  body{background : url(bg.gif)`
`      repeat-x}`
`</style>`
`</head>`
`<body >`
`<h2>배경 이미지 지정 </h2>`
`</body></html>`	

② 배경 이미지 고정 지정

 따라하기

Html 문서	``` <html> <head><title> 배경 이미지의 고정 지정</title></head> <body background="bg4.jpg" bgproperties="fixed"> <center><h1>배경 이미지의 고정 지정 </h1> <table width="60%" bgcolor = "yellow" border = "5" bordercolor = "blue"> <tr><td> body 태그에서 background 이미지를 지정하는데 웹 브라우저에 보이는 내용이 많아져서 스크롤바가 생겼을 때 스크롤바를 움직이면 배경이미지도 따라서 스크롤됩니다. 그러나 body 태그 옵션을 지정하면서 bgproperties="fixed"라고 설정하면 배경이미지가 고정이 되어 스크롤을 하게 되면 웹 브라우저의 내용만 스크롤된다. </td></tr> </table> <center></body></html> ```
실행 결과	

③ Y축 repeat

 따라하기

Html 문서	실행결과
``` <html> <head> <title> 배경에 이미지 지정</title> <style type="text/css"> body{background : url(house.gif) repeat-y} </style> </head> <body > <h2>배경 이미지 지정 </h2> </body></html> ```	

(8) 테두리 속성

속성	속성 값	설명과 사용 예
border-style border-top-style border-bottom-style border-left-style border-right-style	none, hidden, dotted, dashed, solid, double, groove, ridge, inset, outset	border-style:dotted (점선) border-style:dashed (대시선) border-style:solid (실선) border-style:double (이중선) border-style:groove (움푹 들어간 입체선) border-style:ridge (튀어나온 입체선) border-style:inset (내용이 잠긴 느낌의 입체선) border-style:outset (내용이 튀어나온 느낌의 입체선)
border border-top border-bottom border-left border-right	① none, hidden, dotted, dashed, solid, double, groove, ridge, inset, outset ② 두께는 px ③ 색상은 색상 값	border-top:① ② ③ border-top:solid 1px #f0000ff (두께 1px, 실선, 파란색)

따라하기

Html 문서	```
	<html><head><title> 테두리 정의 </title>
	<style type="text/css">
	    div { padding : 20px;
	         border-top : solid black 10px;
	         border-right : double green 10px;
	         border-bottom : solid blue 10px;
	         border-left : double red 10px; }
	</style>
	</head>
	<body> <b>여기는 경계선 없이 표시된다.</b><p>
	  <div>
	    <b>이 내용은 지정된 경계선 모양, 색상, 두께로 보일 것이다.</b>
	
	    <b>위쪽 선은 10픽셀 두께를 갖는 검정색의 실선으로 보이고</b>
	
	    <b>오른쪽 선은 15픽셀 두께를 갖는 녹색의 2개 실선으로 보이고</b>
	
	    <b>아래쪽 선은 20픽셀 두께를 갖는 파란색의 실선으로 보이고</b>
	
	    <b>왼쪽 선은 25픽셀 두께를 갖는 빨간색의 2개 실선으로 보임</b>
	  </div>
	</body></html>
	``

| 실행
결과 | 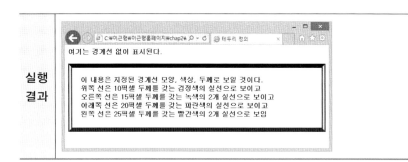
여기는 경계선 없이 표시된다.

이 내용은 지정된 경계선 모양, 색상, 두께로 보일 것이다.
위쪽 선은 10픽셀 두께를 갖는 검정색의 실선으로 보이고
오른쪽 선은 15픽셀 두께를 갖는 녹색의 2개 실선으로 보이고
아래쪽 선은 20픽셀 두께를 갖는 파란색의 실선으로 보이고
왼쪽 선은 25픽셀 두께를 갖는 빨간색의 2개 실선으로 보임 |

따라하기

Html
문서
	``html
	<html>
	<head><title>가로형 메뉴 꾸미기</title>
	<style type ="text/css">
	 #flow {margin:0;padding:15px;list-style-type:decimal;float:left}
	 #flow li {float:left;padding:10;border:solid 1pt red;
	            margin:15px;}
	</style>
	</head>
	<body>
	<ul id="flow">
	 <li>국어 </li> <li>영어 </li>
	<li>수학 </li> <li>과학 </li>
	<li>사회 </li> <li>기술</li>
	</ul>
	</body>
	</html>
	``

실행 결과	1. 국어 2. 영어 3. 수학 4. 과학 5. 사회 6. 기술

(9) 여백 속성

이전에는 여백을 지정하면 문단이나 이미지가 모두 영향을 받았는데 스타일을 사용하면 원하는 문단이나 이미지의 여백을 각각 지정할 수 있다.

속성	속성 값	설명과 사용 예
margin	pt, px	margin : 0px margin : 0px 0px margin : 0px 0px 0px 0px
margin-top	pt, px	margin-top : 10px
margin-right	pt, px	margin-right :10px
margin-bottom	pt, px	margin-bottom :10px
margin-left	pt, px	margin-left :10px
padding	pt, px	padding : 10px padding : 10px 10px padding : 10px 10px 10px 10px
padding-top	pt, px	padding-top :10px
padding-right	pt, px	padding-right :10px
padding-bottom	pt, px	padding-bottom :10px
padding-left	pt, px	padding-left :10px

① body에서 margin 주기

 따라하기

Html 문서	실행결과

`<html>`
`<head><title> margin </title>`
`<style>`
`div {width:100px;height:100px;`
`    background-color:red;}`
`body {margin:0} //생략시 기본 3px`
`</style>`
`</head>`
`<body>`
`<div>마진 1 </div>`
`</body></html>`
	기본 3px
	
	margin 0

따라하기

Html 문서	실행결과

`<html>`
`<head><title> margin </title>`
`<style>`
`div {width:100px;height:100px;`
`    background-color:red}`
`body {margin:10px 30px}`
`</style></head>`
`<body>`
`<div>마진 1 </div>`
`</body></html>`	

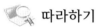 따라하기

Html 문서	실행결과

`<html><head><title> margin </title>`
`<style>`
`div {width:100px;height:100px;`
`    background-color:red}`
`body {margin:10px auto;width:500px;`
`    border:solid 1px red}`
`</style></head>`
`<body>`
`<div>마진 1 </div>`
`</body></html>`	

따라하기

Html 문서	실행결과

`<html>`
`<head><title> margin </title>`
`<style type="text/css">`
`#pad {margin:10px 10px}`
`div {width:100px;height:100px;`
`    background-color:red;}`
`body {margin:10px auto;width:500px;`
`  height:200px;border:solid 1px red}`
`</style></head>`
`<body>`
`<div id="pad">`
`<div>마진 1 </div>`
`</div>`
`</body></html>`	

② 요소에서 margin 주기

요소에서 ID를 이용하여 영역 설정하면서 margin 주기

 따라하기

Html 문서	실행결과

`<html>`
`<head><title> margin </title>`
`<style>`
`#margin1 {margin:10px auto;width:500px;`
`            background-color:red;`
`            border:solid 2px blue;`
`            padding:30px 30px}`
`</style>`
`</head>`
`<body>`
`<div id ="margin1">`
`<div> 마진 2 </div>`
`</div>`
`</body></html>`
	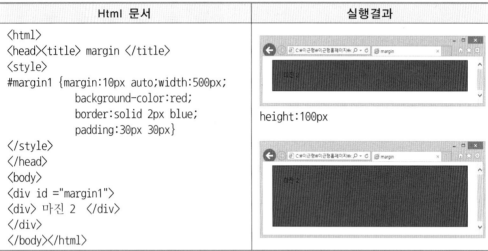
	height:100px

③ border와 padding

 따라하기

Html 문서	실행결과

`<html>`
`<head><title> margin </title>`
`<style>`
`#margin1 {width:100px;height:50px;`
`            background-color:red}`
`#margin2 {width:100px;height:50px;`
`            background-color:red;`
`            border: solid 5px blue;`
`             padding:10px}`
`#margin3 {width:130px;height:50px;`
`            background-color:red}`
`</style>`
`</head>`
`<body>`
`<div id="margin1">마진 1 </div>`
`<div id="margin2">마진 2 </div>`
`<div id="margin3">마진 3 </div>`
`</body></html>`	

border와 padding을 사용 폭을 계산할 때 border 값의 2배 + padding 값의 2배를 계산하여 그만큼 더하거나 빼야 하는 경우도 있다.

 따라하기

Html 문서	실행결과
`<html>` `<head><title>여백 지정</title></head>` `<body>` `<h2 style="margin-top:50px;` `                    margin-left:10px">` `    여백지정하기</h2>` `<p style="margin-left:40px">` `    줄과 줄사이의 간격을 지정 ` `    우리대학 컴퓨터정보과</p>` `<p style="margin-top:50px;` `        color:red; font-size:30px">` `    우리대학</p>` `</body></html>`	여백지정하기 줄과 줄사이의 간격을 지정 우리대학 컴퓨터정보과 우리대학

④ overflow

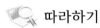 따라하기

Html 문서	실행결과
`<html>` `<head><title> margin </title>` `<style>` `#margin1 {width:300px;height:100px;` `        border:solid 1px red;` `        overflow:hidden}` `body {margin:50}` `</style></head>` `<body>` `<div id="margin1">` `overflow 연습 overflow 연습 ` `overflow 연습 overflow 연습 ` `overflow 연습 overflow 연습 ` `overflow 연습 overflow 연습 ` `overflow 연습 ` `</div>` `</body></html>`	overflow:hidden overflow 연습 overflow 연습 overflow 연습 overflow 연습 overflow 연습 overflow:scroll overflow 연습 overflow 연습 overflow 연습 overflow 연습

홈페이지 만들기

 따라하기

| Html 문서 | <pre><html>
<head><title>가로형 메뉴 꾸미기</title>
<style type="text/css">
#flow {margin:10;padding:15px;list-style-type:none;
        background:#ffcc22;float:left;}
#flow li {float:left;margin:0;padding:0;border:0}
#flow a {text-decoration:none;color:#123456;border:solid 1px gray;
        margin:0;margin-right:5px;
        padding:10px 10px;background:#20cccc;display:block;}
#flow a:hover {background:#ffffff;}
</style> </head>
<body>
<ul id="flow">
<li><a href=#>국어</a>
<li><a href=#>영어</a>
<li><a href=#>수학</a>
<li><a href=#>과학</a>
<li><a href=#>사회</a>
<li><a href=#>기술</a>
</ul>
</body> </html></pre> |
| 실행 결과 | ![실행결과: C:\이근형\이근형홈페이지\ 가로형 메뉴 꾸미기 — 국어 영어 수학 과학 사회 기술] |

(10) 레이어 생성

 따라하기

| Html 문서 | <pre><html>
<head><title>레이어 생성 예제 </title>
<style type ="text/css">
  .yellow { background : yellow; }
  #baloon1 { position:absolute;left:50;top:40;width:400;
     background:skyblue}
  #baloon2{ position:absolute;left:180;top:80;width:400;
     background:green}
</style></head>
<body>
레이어 생성</pre> |

150

	`<hr color="red">`
	`<div id="baloon1">`
	`<h3>스포츠 카</h3>`
	`<p><img src="sportscar.gif" align="left">`
	내 어릴적 꿈은`<span class="yellow">`빨간 스포츠 카`</span>`를 타고
	신나게 달리는 사람.`</p></div>`
	`<div id="baloon2">`
	`<h3>스포츠 카</h3>`
	`<p><img src="sportscar.gif" align="left">`
	내 어릴적 꿈은`<span class="yellow">`빨간 스포츠 카`</span>`를 타고
	신나게 달리는 사람.`</p></div>`
	`</body></html>`

실행 결과	

(11) 나타내는 순서(z-index 사용)

 따라하기

Html
문서
	`<html>`
	`<head><title>`층 (레이어)`</title></head>`
	`<body>`
	`<b>`층 (레이어)`</b>`
	`<hr color="red">`
	`<p style="position:absolute;top:5px;z-index:2;left:30px;`
	`        background-color:red; font-size:60px">` 우리대학`</p>`
	`<p style="position:absolute;top:50px;z-index:1;left:100px;`
	`        background-color:blue; font-size:60px">` 컴퓨터정보과`</p>`
	`<img src="sportscar.gif"`
	`     style="position:absolute; top:70px; left:200px;`
	`            border:solid 1px red;z-index:3">`
	`</body></html>`

실행 결과	

(12) 그림자 속성

속성	속성 값	설명과 사용 예
text-shadow	px	text-shadow : 5px 5px 5px red
box-shadow	px	box-shadow : 10px 10px 10px blue

text-shadow : 5px 5px 5px red나 box-shadow : 10px 10px 10px blue에서 순서대로
오른쪽, 아래, 흐림도, 색상을 나타낸다.

① 글자에 그림자 만들기

 따라하기

Html 문서	실행결과

`<html>`
`<head><title> 그림자 속성 </title>`
`<style type="text/css">`
　`h1{text-shadow:5px 5px 5px red;`
　　`font-size:80px}`
`</style></head>`
`<body>`
`<b>그림자 속성 연습</b>`
`<hr color="red">`
`<h1> 그림자 스타일</h1>`
`</body></html>`
	그림자 속성 연습
	
	그림자 스타일

② 박스에 그림자 만들기

 따라하기

Html 문서	실행결과

`<html>`
`<head><title> 그림자 속성 </title>`
`<style type="text/css">`
　`div{border:3px solid green;`
　　`width:550; height:100;`
　　`text-shadow:5px 5px 5px red;`
　　`box-shadow:10px 10px 10px blue;`
　　`font-size:80px}`
`</style></head>`
`<body>`
`<b>그림자 속성 연습</b>`
`<hr color="red">`
`<div> 그림자 스타일</div>`
`</body></html>`
	그림자 속성 연습
	
	그림자 스타일

2.2.3 테이블 꾸미기

(1) 테이블 꾸미기

〈table〉의 구성요소, 즉 문자의 상하좌우 위치와 각 칸의 바탕색깔을 일괄적으로 지정할 때에 사용한다. 특히 테이블의 내용에 따라 행과 열을 그룹화 하여 문자와 바탕색만을 조정할 수도 있다. 이 때 주의할 점은 각 태그의 좌우대칭을 정확하게 지켜야 한다는 것이다. 그렇지 않으면, 표의 모양이 의도와 달리 이상해질 수도 있다.

○ 행의 그룹화

행의 그룹화를 위해 제목, 내용, 결과 등으로 보아 thead, tbody, tfoot 등을 사용하여 그룹화 한다. 그룹화 후 바탕색이나 내용의 정렬 등을 지정할 수 있다. 기타 옵션은 〈table〉 태그에서 사용하는 것을 모두 쓸 수 있다.

 따라하기

| **Html 문서** | ```html
<html>
<head><title> 테이블 꾸미기 </title></head>
<body bgcolor="#ffff00" >
테이블의 그룹화
<hr color="red">
<table border=5 height="100" width = "250" bordercolor="green">

<thead  bgcolor="gray">
  <tr><th>이름</th><th>국어</th><th>수학</th><th>합계</th></tr>
</thead>

<tbody>
  <tr><th>홍길동</th><td>85</td><td>79</td><td>164</td> </tr>
  <tr><th>갑순이</th><td>95</td><td>75</td><td>170</td> </tr>
  <tr><th>갑돌이</th><td>88</td><td>77</td><td>165</td> </tr>
</tbody>

<tfoot bgcolor="lightblue">
  <tr><th>평균</th><td>89</td><td>77</td><td>164</td> </tr>
</tfoot>
</table>
</body></html>
``` |
| **실행 결과** | ![실행 결과 화면]
테이블의 그룹화

표: 이름/국어/수학/합계, 홍길동 85 79 164, 갑순이 95 75 170, 갑돌이 88 77 165, 평균 89 77 164 |
```

○ 열의 그룹화

🔍 따라하기

Html
문서
	``html
	<html>
	<head><title> 테이블 꾸미기 </title></head>
	<body>
	<b>테이블의 그룹화</b>
	<hr color="blue">
	<table border=5 height="100" width = "250"
	        style="border:solid 5px red">
	<colgroup bgcolor = "yellow">
	<colgroup span="2" align="right" bgcolor = "pink">
	<colgroup align="right" bgcolor = "#ffffff">
	
	<tr><th>이름<th>국어</th><th>수학</th><th>합계</th></tr>
	
	<tr><th>홍길동</th><td>85</td><td>79</td><td>164</td> </tr>
	<tr><th>갑순이</th><td>95</td><td>75</td><td>170</td> </tr>
	<tr><th>갑돌이</th><td>88</td><td>77</td><td>165</td> </tr>
	
	<tr><th>평균<td>89</td><td>77</td><td>164</td> </tr>
	</table>
	</body></html>
	``

실행 결과	

셀 안의 숫자 데이터를 오른쪽으로 정렬시키고 싶으면

```html
<style type ="text/css">
td{text-align:right}
</style>
```

을 <head> 태그 내에 서술해 준다.

○ 테이블 프레임 조정

테이블의 프레임(테두리)을 어떻게 나타낼 것인가를 조정하기 위해 <table> 태그에서 frame 이라는 옵션을 사용하며 값으로는 void, hsides, vsides를 사용한다.

- void는 프레임을 나타내지 않는다.
- hsides는 위/아래 프레임만 나타난다.
- vsides는 좌/우 프레임만 나타난다.

○ 테이블 줄 조정

테이블의 줄을 어떻게 나타낼 것인가를 조정하기 위해 〈table〉 태그에서 rules라는 옵션을
사용하며 값으로는 all, none, cols, rows를 사용한다.

2.2.4 롤오버 메뉴 만들기

 따라하기

| **Html 문서** | ```html
<html>
<head><title>롤오버 메뉴 만들기(explorer) </title>
<style type="text/css">
 .menu {margin:50 50;width:300px;background-color:gray; font-size:9pt;}
/* 가장 바깥쪽 사각형 크기 및 색상*/
 .menu ul{list-style-type:none;
        position:absolute;top:50;left:50;width:200px;}
 .menu li{width:200px;height:30px}
 .menu li a{padding:10px 10px 10px 10px; border:1 solid yellow;
        border-left:10px solid #ff0000;
        border-right:10px solid #ff0000;
        background-color: skyblue;width:200px;
        color:#ffffff; text-decoration:none; }
 .menu li a:hover{border-left:10px solid #ff0000;
            border-right:10px solid #ff0000;
            background-color:#0000ff;}
</style>
</head>
<body>
<b>룰 오버 메뉴 만들기 </b><hr color="red">
<div class="menu">
<ul>
<li><a href="http://www.empas.com">엠파스사이트</a></li>
<li><a href="http://www.daum.net">
                다음    사이트</a></li>
<li><a href="http://www.naver.com">네이버사이트</a></li>
<li><a href="http://www.lycos.com">
                라이코사이트</a></li>
<li><a href="http://www.google.com">구글스사이트</a></li>
</ul>
</div>
</body></html>
``` |
```

실행
결과

 인라인 프레임

Iframe은 웹문서 중간에 다른 웹문서 또는 홈페이지, 메모장, 게시판 등을 frame으로 처리해서 보여주는 것이다. 즉, 원하는 위치에 원하는 사이즈로 내용을 불러들이는 기능이다.

속성	기능
src	프레임 내에 삽입할 파일의 이름 또는 주소를 표시한다.
name	프레임 내에 이름을 지정. (링크시 target 지정할 때)
align	left(왼쪽), center(중앙), right(오른쪽)정렬을 한다.
framespacing	인접한 창들의 간격
height	iframe의 창의 높이(세로크기)를 조절한다.
width	iframe의 창의 너비(가로크기)를 조절한다.
marginheight	iframe 내부의 창의 상하 여백
marginwidth	iframe 내부의 좌우 여백을 나타낸다.
topmargin	상단의 공백
scrolling	스크롤바의 유무를 나타낸다. yes or no or auto
noresize	창의 크기를 고정시킨다.

(1) 인라인 프레임

〈frame〉과 유사한 기능을 가지는 요소인데, 다른 점은 브라우저에 나타나는 HTML문서 위의 자유로운 위치에 새로운 창으로 생성되는 floating frame이다.

```
<iframe src= " 웹 문서 명 또는 웹사이트 주소(URL)"
       name = "프레임 명"
       width = "픽셀 수나 가로 폭에 대한 비율(%)"
       height = "픽셀 수나 세로 폭에 대한 비율(%)">
</iframe>
```

따라하기

Html 문서	실행결과
`<html>` `<head><title>` 인라인 프레임`</title></head>` `<body>` `<b>`인라인 프레임 `</b>` `<hr color="red">` `<a href="http://www.daum.net"` ` target="default">` 다음사이트`</a>` `<a href="http://www.lycos.com"` ` target ="default">` 라이코스사이트`</a> ` `<iframe src="index.html"` ` name="default"></iframe>` `</body></html>`	

```
<iframe src = "index.html" name = "default" width = "300" height = "150" >
</iframe>
```

위에서처럼 사용하면, 가로 300, 세로 150의 새로운 창(index.html의 내용)이 열리며, 스크롤바는 프레임의 길이와 문서의 분량에 따라 자동으로 만들어지지만, 필요에 따라 없앨 수도 있다. scrolling="no"로 하면 스크롤바를 보이지 않게 한다.

 따라하기

Html 문서	실행결과
`<html>` `<head><title>` 인라인 프레임`</title>` `<style type="text/css">` `iframe{position:absolute;` `        top:80px;left:150px;` `        width:350px;height:150px}` `</style>` `</head>` `<body>` `<b>`인라인 프레임 `</b>` `<hr color="red">` `<a href="http://www.daum.net"` ` target="default">` 다음사이트`</a>` `<a href="http://www.lycos.com"` ` target ="default">` 라이코스사이트`</a> ` `<iframe src="index.html" name="default">` `</iframe>` `<h3>`인라인 프레임을 지정 `</h3>` `</body></html>`	

따라하기

Html 문서	실행결과

`<html>`
`<head><title>` 인라인 프레임`</title></head>`
`<body>`
`<h3>`인라인 프레임 `</h3>`
`<iframe src = "index.html" name = "f-frame"`
`        marginheight = "50"`
`        marginwidth = "80"`
`        width = "500" height = "200" >`
`</iframe><p>`
`<a href = "http://www.lycos.com`
`   target = "f-frame">`라이코스사이트`</a>`
`<a href = "http://www.daum.net"`
`   target = "f-frame">`다음사이트`</a>`
`</body></html>`
	인라인 프레임
	
	안녕하세요
	샘플 홈페이지를 방문해 주셔서 고맙습니다.
	
	라이코스사이트 다음사이트

2.4 웹의 표준화

현재의 웹 브라우저들은 과거와는 달리 웹 표준을 준수하고 있고 계속적으로 이를 지원하기 시작했기 때문에 이를 배우고 따르기만 하면 저렴한 비용으로 홈페이지를 구축 및 유지 보수할 수 있다.

또한, 웹의 근본적인 목표인 기기 및 운영 체제로부터의 독립성과 보편성을 가진 웹을 만들 수 있도록 하고 있다. 전 세계의 많은 웹사이트들이 이미 웹 표준에 맞추어 홈페이지 제작 방식을 도입하고 있으며 이를 통해 매우 효과적인 웹 서비스 체계를 갖추기 시작했다.

전 세계적인 웹 기술 표준을 주도하고 있는 W3C의 HTML4.1, XHTML1.0, HTML5, CSS1/2/3, DOM 등의 구현 스펙이 매우 상세하고 이를 지원하는 브라우저들이 계속 늘어남에 따라 더 이상 웹페이지가 다르게 보이거나 동작하지 않는 현상은 거의 사라지게 되었다.

기존에 흔히 사용되는 table 구조를 div로 바꾸고 font, b 같은 태그들은 스타일시트로 사용하게 되면, HTML 코드 양은 약간 과장해서 반 이하로 줄어든다.

구조와 표현이 엄격히 분리되면, 사이트의 로딩 속도도 빨라지며, 코딩과 유지 보수의 효율은 두 배로 늘어난다. 표준을 지킨 사이트에서는 오히려 코드의 양이 줄고 속도가 늘어나며 재개발 효율성이 증대된다.

웹 표준에서 HTML과 함께 중요한 또 다른 요소인 스타일시트(CSS)는 단순히 링크의 색상, 글자 모양 바꾸는 정도만 할 수 있는 것이 아니고, 문서의 배치, 여백 조정, 색깔, 요소 자체의 성격 변화, 클래스를 통한 디자인의 일관성 확보, 서로 다른 미디어에 따른 최적화된 디자인 템플릿 적용 등 이루 말할 수 없이 많은 역할을 할 수 있다.

HTML에서는 철저하게 구조화된 마크업만을 사용하고, 모양이나 디자인에 관한 것은 CSS로 완전히 분리함으로써, 구조는 변하지 않은 채 여러 가지 디자인을 적용한다거나, 상황에 따라 쉽게 디자인을 변경하는 것이 가능해진다.

W3C에서 제시한 HTML 혹은 XHTML 표준을 지키고, CSS를 통해 구조와 표현을 분리하였다 하더라도 이것을 검증해 볼 수 있는 방법이 없다면 역시 그 문제 해결이 쉽지 않을 것이다.

오픈소스 브라우저인 모질라 파이어폭스에 탑재된 자바 스크립트 디버거 만으로도 인터넷 익스플로러와 공통으로 생기는 문제점을 발견 해결할 수 있고, 비표준으로 사용된 문법을 판별해 낼 수 있다.   - kipa에서 -

○ pt, px는 절대 크기, em, %는 상대크기

Points	Pixels	Ems	Percent
6pt	8px	0.5em	50%
7pt	9px	0.55em	55%
7.5pt	10px	0.625em	62.5%
8pt	11px	0.7em	70%
9pt	12px	0.75em	75%
10pt	13px	0.8em	80%
10.5pt	14px	0.875em	87.5%
11pt	15px	0.95em	95%
12pt	16px	1em	100%
13pt	17px	1.05em	105%
13.5pt	18px	1.125em	112.5%
14pt	19px	1.2em	120%
14.5pt	20px	1.25em	125%
15pt	21px	1.3em	130%
16pt	22px	1.4em	140%
17pt	23px	1.45em	145%
18pt	24px	1.5em	150%
20pt	26px	1.6em	160%
22pt	29px	1.8em	180%
24pt	32px	2em	200%
26pt	35px	2.2em	220%
27pt	36px	2.25em	225%
28pt	37px	2.3em	230%
29pt	38px	2.35em	235%
30pt	40px	2.45em	245%
32pt	42px	2.55em	255%
34pt	45px	2.75em	275%
36pt	48px	3em	300%

연습문제

01. HTML 문서에 스타일시트를 삽입하는 방법을 나타내시오.

02. 스타일을 사용하여 웹문서의 바탕색을 파랗게 하시오.

03. 스타일을 사용하여 "대한민국" 이란 문자가 굵고 노란색으로 나타내시오.

04. 스타일 정의 안에서 주석을 나타내는 방법을 설명하시오.

05. 외부 스타일 시트를 사용하는 목적이나 이유를 설명하시오.

06. 스타일에서 글꼴 속성들을 나열하고 각각 예를 들어 설명하시오.

07. 링크 문자열의 밑줄을 제거하려면 어떻게 하는가?

08. 스타일의 상속성을 설명하시오.

09. 태그 내의 또 다른 스타일 정의를 설명하시오.

10. 배경 이미지를 고정시키는 옵션과 그 값은 무엇인가?

11. 스타일을 이용 모든 수평선은 빨간색을 갖도록 스타일을 정의하시오.

12. 모든 리스트 아이템들이 밑줄을 갖는 스타일을 정의하시오.

13. 〈DIV〉 태그를 설명하시오.

14. 텍스트를 겹쳐서 나타내고자 할 때 꼭 사용하는 태그와 옵션을 쓰시오.

15. Z-index에 대하여 설명하시오.

16. 테이블에서 행을 그룹화 할 때 어떻게 나누는가?

17. margin과 padding에 대해 설명하시오.

CHAPTER

03

레이어

CHAPTER **03** 레이어

 레이어

3.1.1 레이어

HTML을 이용한 정적인 웹 문서는 링크를 이용하여 페이지를 이동시키거나 테이블 또는 프레임을 이용하여 전체 페이지를 구성하는 방법을 이용한다. 프레임을 이용하는 경우는 웹 화면을 두세 개의 영역으로 나누어 사용하는 경우가 대부분이었고 포털 사이트들이 많은 정보를 초기화면에 등장시킬 목적으로 테이블을 이용한 영역 나누기를 사용하였다.

따라서 단순하게 여러 페이지를 연결하는데 그칠 뿐 아니라 페이지의 구성을 바꾸기 위해서는 전체 페이지를 다시 구성해야 하는 어려움이 있다.

하지만 DHTML을 사용하여 구성된 문서는 수정하거나 일부만 갱신하여 문서를 정확한 위치에 배치할 수 있으며 다양한 형태의 새로운 문서를 탄생시킬 수 있다.

기존의 웹 문서가 단순히 내용을 보여주는 것에 비하여 레이어를 이용한 웹 문서는 동적인 웹 문서로 거듭나게 하는 중요한 요소이다. 특히 레이어를 자바스크립트의 프로그램적인 요소로 제어하면 더욱 역동적인 효과를 낼 수 있다.

CSS의 기능 중에서 가장 강력한 기능이 바로 레이어(Layer) 기능이다. 레이어는 한 문서에서 여러 형태의 문서를 만들 수 있다. 즉 〈table〉 태그를 사용하여 테두리선을 없애고 다양한 문서 형태를 만드는 것 보다 더 강력한 것으로 문서를 상하층으로 배치할 수 있다.

레이어란 그림, 글, 표등 여러 가지 개체를 삽입할 수 있는 영역이다. 일반적으로 문단이나 그림 등의 위치는 그 이전에 위치된 다른 요소들의 순서와 크기에 영향을 받는다. 그러나 레이어를 사용하면 다른 내용의 위치나 순서에 상관없이 독자적으로 내용의 위치를 정할 수 있다.

레이어는 빈 상자 모양을 가지며 원하는 위치를 지정할 수가 있어 글이나 그림처럼 그 위치를 자유롭게 설정할 수 없던 개체도 레이어 내부에 삽입하면 원하는 위치에 둘 수 있다. 이러한 특성을 활용하여 동적인 효과를 만들 수 있다. 또한 레이어는 다른 레이어나 요소들과 겹쳐서 사용할 수 있다.

DHTML에서는 기본적으로 〈div〉 태그를 사용한다. 그래서 모든 참조 개체는 〈div〉 태그 안에 존재하는 것이 좋으며 다른 HTML의 태그를 사용하여도 된다. 그러나 영역 지정 태그인 〈div〉나 〈span〉 태그를 사용하는 것이 효율적이다. 〈div〉나 〈span〉 태그는 특정한 명령을 처리하는 것이 아니고 컨테이너 역할을 하는 태그이다.

(1) 레이어의 특징

- 계층구조를 만들 수 있다.
- 레이어 위치는 반드시 기준점을 가지고 있다.
- 화면에서 감출 수도 있다.

(2) 레이어를 위한 스타일 속성

속성	속성 값	설명과 사용 예
id		자바스크립트로 객체에 접근 시 사용하기 위해 레이어 이름을 지정한다.
position	absolute, relative	기준점을 지정한다.
left	상수	기준점에서 레이어의 왼쪽까지의 위치
top	상수	기준점에서 레이어의 위쪽까지의 위치
width, height	상수	레이어의 폭과 높이를 지정
background-color	색상값	레이어의 배경색을 지정
background-image	URL(이미지파일명)	레이어의 배경 그림을 지정
z-index	상수	레이어의 순위(층)를 나타낸다. 작을 수록 아래 층
visibility	hidden, visible(기본)	레이어어 감춤 기능
clip	rect (top right bottom left)	레이어의 내용을 일부만 보이게 지정 rect(top right bottom left)
overflow	none, scroll	레이어 안의 내용이 레이어 영역보다 많을 때 스크롤바 사용 여부를 지정

○ z-index로 레이어 표현

 따라하기

Html 문서	실행결과

``html
<html>
<head><title>레이어 연습 </title>
<style type="text/css">
body { font-size:20px;font-weight:bold}
.top {position:absolute; left:50;
        top:50;z-index:3}
.mid {position:absolute; left:100;
        top:100;z-index:2}
.bot {position:absolute; left:150;
        top:150;z-index:1}
</style></head>
<body>
<div>레이어 연습1</div><hr color="red">
<div class="top"><img src="usa.gif"></div>
<div class="mid"><img src="nzland.gif"></div>
<div class="bot"><img src="sweden.gif"></div>
</body></html>
``	

○ z-index를 사용하지 않은 레이어 표현

따라하기

Html 문서	실행결과

``html
<html>
<head><title>레이어 연습2</title>
<style type="text/css">
body {font-size:20px;font-weight:bold}
.top {position:absolute; left:100;
      top:50;z-index:3}
.mid {position:absolute; left:150;
        top:100;z-index:2}
.bot {position:absolute; left:200;
        top:150;z-index:1 }
</style>
</head>
<body>
<div>레이어 연습2</div><hr color="red">
<div class="top"> <img src="sweden.gif"></div>
<div class="mid"> <img src="nzland.gif"></div>
<div class="bot"> <img src="usa.gif"></div>
<div><img src="korea.gif"></div>
</body></html>
``	

z-index 속성을 사용하지 않으면 레이어 쌓기에 참여하지 못하고 맨 아래에 위치한다. 다음과 같이 수정하면

```
<div style="position:absolute;left:10;top:50;z-index:4">
<img src="korea.gif"></div>
```

실 행 결과	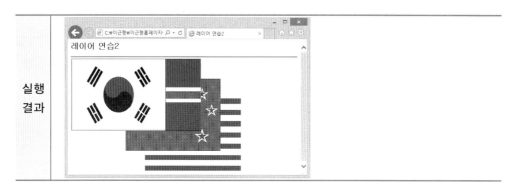

○ visibility:hidden을 사용

visibility:hidden을 사용하면 해당 레이어가 나타나지 않는다.

 따라하기

Html 문서	실행결과

`<html>`
`<head><title>레이어 연습 </title>`
`<style type="text/css">`
`body {font-size:20px;font-weight:bold}`
`.top {position:absolute; left:50;`
`    top:50;z-index:3}`
`.mid {position:absolute; left:100;`
`    top:100;z-index:2;visibility:hidden;}`
`.bot {position:absolute; left:150;`
`    top:150;z-index:1 }`
`</style>`
`</head>`
`<body>`
`<div>레이어 연습3</div><hr color="red">`
`<div class="top"> <img src="sweden.gif"></div>`
`<div class="mid"> <img src="nzland.gif"></div>`
`<div class="bot"> <img src="usa.gif"></div>`
`<div style="position:absolute;left:10;`
`        top:50;z-index:4">`
`<img src="korea.gif"></div>`
`</body></html>`	

○ 레이어 배경 만들기

 따라하기

Html 문서	실행결과
| ```html
<html>
<head><title>레이어 배경</title>
<style type="text/css">
 #layer1 {position:absolute;left:100;
         top:50; width:400;height:250;
         background-color:#FFCC33}
 body {font-size:20px;font-weight:bold}
</style></head>
<body>
<div>우리나라 태극기</div>
<hr color="red">
<div id="layer1">
<img src="korea.gif" border="1" ></div>
</body>
</html>
``` | |

① margin으로 위치 변경

 따라하기

Html 문서	실행결과
| ```html
<html>
<head><title>레이어 배경</title>
<style type="text/css">
 #layer1 {position:absolute;left:100;
         top:50; width:400;height:250;
         background-color:#FFCC33}
 body {font-size:20px;font-weight:bold}
 #layer1 img {margin:30 30}
</style></head>
<body>
<div>우리나라 태극기</div>
<hr color="red">
<div id="layer1">
<img src="korea.gif" border="1"></div>
</body>
</html>
``` | |

② padding으로 위치변경

 따라하기

Html 문서	실행결과

``html
<html>
<head><title>레이어 배경</title>
<style type="text/css">
 #layer1 {position:absolute;left:100;
        top:50; width:400;height:250;
        background-color:#FFCC33}
 body {font-size:20px;font-weight:bold}
 #layer1 img {padding:30 50}
</style></head>
<body>
<div>우리나라 태극기</div>
<hr color="red">
<div id="layer1">
<img src="korea.gif"></div>
</body></html>
``
	우리나라 태극기

레이어의 배경 색상과 배경 그림을 모두 지정할 경우는 배경색상은 무시되고 배경 그림만 나타난다. 어느 속성을 먼저 썼느냐는 무관하다.

 따라하기

Html 문서	실행결과

``html
<html>
<head><title> 레이어 배경 설정하기 </title>
<style type="text/css">
 #layer1 {position:absolute;left:100;
        top:50; width:400;height:250;
        background-color:#FFCC33;
        background-image:URL(bg1.gif);}
 body {font-size:20px;font-weight:bold}
 #layer1 img {padding:30 50}
</style>
</head>
<body>
<div>우리나라 태극기</div>
<hr color="red">
<div id="layer1"><img src="korea.gif"></div>
</body></html>
``
	우리나라 태극기

○ 레이어 감추기/보이기

따라하기

Html
문서
	``html
	<html>
	<head><title> 레이어 감추기/보이기 </title>
	<style type="text/css">
	   #layer1 {position:absolute;left:200;top:50;z-index:1;}
	   #layer2 {position:absolute;left:300;top:100;z-index:2;}
	   #layer3 {position:absolute;left:250;top:200;z-index:3;}
	   #layer3:hover {position:absolute;left:250;top:200;z-index:3;
	                    visibility:hidden}
	body {font-size:20px;font-weight:bold}
	</style>
	</head>
	<body>
	<div>레이어 감추기/보이기</div>
	<hr color="red">
	<div id="layer1"><img src="ost03.jpg"></div>
	<div id="layer2"><img src="ost04.jpg"></div>
	<div id="layer3"><img src="ost05.jpg"></div>
	</body>
	</html>
	``

실행 결과	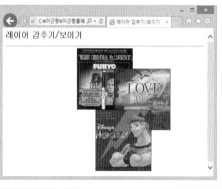 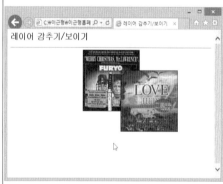

○ 화면에 보이게 할 영역 설정

    clip:rect(top right bottom left)

속성 값은 px로 나타내 준다. 예를 들어 clip:rect(0px 200px 100px 100px)

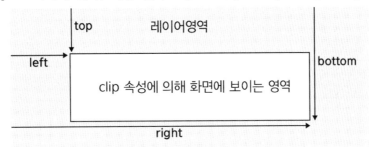

🔍 **따라하기**

| Html 문서 | ```html
<html>
<head><title>clip으로 보이는 화면영역 설정</title>
<style type="text/css">
  #layer1 {position:absolute; left:100; top:100}
  #layer2 {position:absolute; left:300; top:100;
          clip:rect(0px 200px 100px 100px)}
 body {font-size:20px;font-weight:bold}
</style></head>
<body>
<div>원본 사진크기 200 X 150 </div>
<hr color="red">
<div style ="position:absolute; left:100; top:50;">
<table width ="400" cellpadding="10" border>
<tr bgcolor="ffcc33">
     <th width="50%">원본이미지</th> <th width="50%">clip:rect</th>
</tr></table>
</div>
<div id="layer1"> <img src="doll4.jpg" width="200" height="150"></div>
<div id="layer2"> <img src="doll4.jpg" width="200" height="150"></div>
</body></html>
``` |
| 실행 결과 |  |

171
```

○ position:absolute와 position:relative의 차이

position:absolute는 화면의 가장 왼쪽 상단을 기준으로 하여 나타나며
position:relative는 다른 태그가 끝난 지점의 왼쪽 하단을 기준으로 하여 나타난다.

 따라하기

| Html 문서 | ```html
<html>
<head><title>레이어 연습 </title>
<style type="text/css">
body {margin:0;font-size:20px;font-weight:bold}
.top { position:absolute;left:100; top:100;z-index:1}
.mid {position:relative; left:100; top:50;z-index:2}
.bot {position:absolute; left:200; top:50;z-index:3 }
</style>
</head>
<body>
<img src="dog.jpg" width="100" height="100">
<div class="top"> <img src="sweden.gif"></div>
<div class="mid"> <img src="nzland.gif"></div>
<div class="bot"> <img src="usa.gif"></div>
</body>
</html>
``` |
| 실행 결과 | |

left나 top 속성은 position:absolute라는 속성을 사용하지 않으면 그 효과를 나타내지 못한다.
```

○ position:absolute라는 속성이 없는 left, top 속성

 따라하기

Html 문서	```html
	<html>
	<head><title>position 속성</title></head>
	<style>
	 #con-box {position:relative;left:50;
	        top:10;width:400px; height:226px;
	        background-color:red}
	 #con-box img {width:400px; height:200px;}
	 body {font-size:20px;font-weight:bold}
	</style>
	<body leftmargin="0" topmargin="0">
	<div>position relative속성</div>
	<hr color="red">
	<div id ="con-box">
	<table width="400" border="0"
	 cellspacing="0" cellpadding="0">
	<tr><td height="13" bgcolor="red"></td></tr>
	<tr><td height="200"><img src="icemt.jpg">
	    </td></tr>
	<tr><td height="13" bgcolor="red"></td></tr>
	</table>
	</div>
	</body>
	</html>
	``

실행 결과	

○ float와 clear

float 속성은 하위의 블록에 영향을 미치기 때문에 이 float 속성을 없애주는 clear 속성을 같이 사용해야 한다. 가장 기본적인 clear 속성의 사용은 float된 블록이나 이미지가 더 이상 하위에 영향을 미치지 않게 하기 위해서 사용한다.

따라하기

Html 문서	실행결과

`<html>`
`<head><title>Float and Clearing</title>`
`<style type="text/css">`
` body {margin:0;padding:0}`
` #wrapper {width:500px;margin:20px auto;}`
` #wrapper img {width:150px; height:100px;`
`          float:left;margin:0 1em 1em 0;}`
` body {font-size:18px}`
`</style></head>`
`<body>`
`<div id="wrapper">`
`<div>우리집</div>`
`<img src="house.gif">`
`<div>우리집은 빨간 지붕이다.</div>`
`<h2>인형</h2>`
`<img src="doll.jpg">`
`<div>곰 2마리가 한 집에 있어 아빠곰 엄마곰</div>`
`</div>`
`</body></html>`	

 따라하기

Html 문서	실행결과

`<html>`
`<head><title>Float and Clearing</title>`
`<style type="text/css">`
` body {margin:0;padding:0}`
` #wrapper {width:500px;margin:20px auto;}`
` #wrapper img {width:150px; height:100px;`
`          float:left;margin:0 1em 1em 0;}`
` body {font-size:18px}`
`.clear{clear:left}`
`</style></head>`
`<body>`
`<div id ="wrapper">`
`<div>우리집</div>`
`<img src ="house.gif">`
`<div>우리집은 빨간 지붕이다.</div>`
`<h2 class ="clear">인형</h2>`
`<img src ="doll.jpg">`
`<div>곰 2마리가 한 집에 있어 아빠곰 엄마곰</div>`
`</div>`
`</body></html>`	

○ position 속성과 negative margin이용

 따라하기

Html 문서	실행결과

`<html>`
`<head>`
`<title>inline vertical alignment</title>`
`<style type="text/css">`
`#middle{position:absolute;top:75;`
`       left:75;width:150px;height:150px;`
`       margin: -75px 0 0 -75px;`
`       border: 5px solid #f00;`
`}`
`</style></head>`
`<body>`
`<div id="middle">`
`<img src="ost04.jpg"></div>`
`</body></html>`	

○ overflow hidden 연습

 따라하기

Html 문서	실행결과

`<html>`
`<head><title>overflow hidden</title>`
`<style type="text/css">`
`#con-box {position:absolute;top:50;left:50;`
`      margin:0 auto;width:370;height:300;`
`      overflow:hidden;border:solid 1px red}`
`#middle img{width:150px;height:150px;`
`       margin: 15px 0 0 15px;float:left;`
`       border: 5px solid #f00;`
`}`
`</style></head>`
`<body>`
`<div id="con-box">`
`  <div id="middle">`
`  <img src="ost04.jpg"><img src="ost04.jpg">`
`  <img src="ost04.jpg">`
`  </div>`
`</div>`
`</body></html>`	

○ 자유로운 레이아웃 연습

따라하기

Html
문서
	``html
	<html>
	<head><title>자유로운 레이아웃 구성하기</title></head>
	<body leftmargin="0" topmargin="0">
	<div id="Layer1" style="position:absolute; left:10; top:13; width:202px;
	height:246; z-index:1; background-color:red">
	<img src="icemt.jpg" width=200 height=240></div>
	<div id="Layer2" style="position:absolute; left:177px; top:13;
	 width:277px; height:94px;z-index:2; background-color:blue">
	<table border width=200 align=center bgcolor=yellow>
	<tr><td> </td><td> </td></tr>
	<tr><td> </td><td> </td></tr></table></div>
	<div id="Layer3" style="position:absolute; left:474px; top:14px;
	 width:169px; height:235px;z-index:3 ;
	background-color:green;overflow:scroll">
	<img src=ghouse.jpg></div>
	<div id="Layer4" style="position:absolute; left:178px; top:124px;
	 width:285px; height:125px;z-index:4 ;
	 text-align:center;background-color:#00f1cc">
	<a href="http://www.naver.com">네이버</a>
	
	<a href="http://www.daum.net">다음</a>
	
	<a href="http://www.google.com">구글</a>
	
	<a href="http://www.empas.com">엠파스</a></div>
	<div id="Layer5" style="position:absolute; left:393px; top:251px;
	 width:250px; height:61px;z-index:5; background-color:pink">
	<h1 align=center>레이아웃 연습</h1></div>
	</body>
	</html>
	``

실행 결과	

 **레이아웃**

3.2.1 레이아웃

(1) 테이블 레이아웃

초기의 홈페이지는 프레임을 이용 영역 구분을 하여 각 영역에 표현하고자 하는 내용을 순서대로 나열하는 방법을 사용하였다. 지금도 개인 홈페이지를 구성할 때는 많은 사람들이 이 방법을 사용한다. 물론 포털 사이트에서 제공하는 공간을 개인 홈페이지로 활용하는 경우는 사이트에서 구성한 레이아웃을 사용하기 때문에 별 어려움 없이 해결이 된다.

많은 내용을 한 화면에 제공할 목적으로 사용한 레이아웃이 테이블이었다. 테이블이란 행과 열의 셀로 구성된 요소로 그 셀 안에 텍스트, 이미지, 링크, 폼, 또 다른 테이블 등을 넣어서 나타내는 방법을 사용하였다.

사용자들은 아마도 브라우저 창 타이틀 부분에는 웹사이트 제목이 떴는데 하얀 바탕으로 아무것도 나오지 않는 경우를 겪었을 것이다. 요즘이야 워낙에 속도가 빨라지긴 했지만... 그 이유는 테이블의 속도 문제가 있기 때문이다. 각각의 테이블이 하나하나의 요소로 받아들이기 때문에 그 테이블이 다 읽히기 전까지는 화면에 읽히지 않는다. 그 이유 때문에 제목창에는 제목이 뜨는데 화면에는 아무것도 들어오지 않는 것처럼 보이는 것이다. 특히 커다란 포털 사이트에 이런 경우가 많다. 기다림 후에 나타나는 화면은 이미 로딩이 거의 끝난 상태로 나타나게 된다.

테이블은 유지하기가 힘들다. 테이블 안에 수도 없이 이루어진 그 얽히고 얽힌 그 문제를 어떻게 유지를 할 수 있을지. 새 웹마스터가 와서 웹사이트를 유지하려해도 이해할 수 없는 수많은 테이블의 tr, td 들을 그리고 그 안에 들어있는 테이블들을 어떻게 이해를 하고 유지해야 되는지 너무 어렵다.

이런 이유로 전체적인 데이터양이 늘어나고 구조가 복잡해져서 전송 시간과 페이지 랜더링 시간이 길어지며 보수와 유지도 힘들어진다. 테이블은 랜더링시 문제가 있기 때문에 문서 내용의 레이아웃을 정하는 목적으로 사용하지 않는 편이 좋다는 쪽으로 가고 있다.

CSS를 이용하면 데이터양과 구조의 문제에서 해방될 수 있다. 게다가 CSS가 웹 표준으로 받아들여지기 때문에 브라우저들이 표준을 지원할수록 페이지의 랜더링은 최적화되기 마련이다.

(2) CSS 레이아웃

보통의 테이블을 이용한 출판에 익숙한 사람이라면 웹페이지의 디자인을 보고 화면을 그리드로 나누는 것을 처음에 시도할 것이다. 하지만 이러한 접근은 웹페이지를 디자인 결과물로만 바라보는 시각이 강하고 웹의 본연의 목적인 정보 전달의 측면을 간과한 것이다.

웹페이지를 제작할 때에 가장 먼저 생각해야 하는 것은 화면의 분할이 아니라 웹페이지의 구성요소들과 이 구성요소들의 관계를 정립하는 것이다. 이렇게 구성요소와 구성요소들의 그룹을 확실하게 이해해야 의미에 맞는 마크업을 이용하여 웹페이지를 출판할 수 있게 된다.

'〈div〉도 사이트가 클수록 유지하기에 복잡하지 않은가'라는 반문을 한다면 〈div〉를 써보지 않은 사람이다. 각각의 레이아웃 〈div〉에는 이름을 주어서 CSS로 간단히 조절이 가능하기에 각각의 이름들만 알아도 새로운 CSS를 써서 내용은 그대로이되 모든 디자인이 바뀌어버리는 놀라운 일을 할 수가 있다.

레이아웃을 잡을 때는 일단 줄로 덩어리로 나누고, 그 다음에 div 관계설정이나 세부설정으로 들어간다. 즉 줄 만들기 → 줄 높이 정하기 → 칸 만들기 → 칸 넓이 정하기

특히 CSS의 여러 속성 중에 레이아웃에 사용되는 position 속성과 float 속성을 이용하여 레이아웃을 할 수 있다. position 속성은 단어의 뜻이 말해 주듯이 위치를 지정하여 원하는 위치에 요소를 배치하는 속성이며 float 속성은 대상 요소를 현재의 위치에서 좌측이나 우측에 배치하는 속성이다. float 속성은 레이아웃을 위한 속성이라기보다는 주로 텍스트 안에 이미지를 삽입할 때에 사용되지만 다른 속성들과 함께 레이아웃을 작성하는 곳에 요긴하게 사용할 수 있다.

레이아웃을 작성할 때에 position을 이용할 것인지, float을 이용할 것인지 선택하는 문제는 명확한 정답이 있는 것은 아니다. 각 방법들이 장단점을 가지고 있기 때문에 주어진 환경에 맞게 적절한 속성을 선택할 수 있어야 한다.

position은 블록의 크기가 크게 유동적이지 않고 코드 상에서의 위치에 구애 받지 않고 블록을 위치시킬 때 사용한다. position을 사용하면 코드 상에서 제일 하단에 있는 블록을 페이지의 상단으로 이동 시킬 수 있을 정도로 자유로운 블록의 배치가 가능하다. 이에 반해 float은 지정된 위치에서 좌측 또는 우측으로만 배치가 가능하기 때문에 position과 같이 자유로운 블록 배치는 힘들다. 하지만 float된 블록의 높이가 유동적으로 변경되어도 레이아웃 조정이 손쉽기 때문에 보통 컬럼을 사용해야 하는 레이아웃에 사용된다.

전체 페이지 구조를 제작할 때에는 가장 중요한 기준은 화면 구성요소의 의미와 그들 간의

그룹핑이다. 페이지를 구성하고 있는 요소들의 관계와 그룹핑 데이터가 마크업에 반영이 되어야 한다. 기존의 테이블을 이용한 레이아웃에서는 이러한 관계와 그룹핑 정보를 마크 업에 넣는 것이 불가능 하지만 CSS와 div를 이용한 레이아웃에서는 이러한 데이터를 포함 시키는 것이 가능하고 이렇게 함으로써 더욱 의미에 맞는 마크업을 제작할 수 있게 된다.

3.2.2 레이아웃 구성

(1) HTML5의 구조적 레이아웃

HTML5의 구조적 레이아웃은 시맨틱 구조를 사용하여 구성한다.

시맨틱태그	내 용
⟨header⟩	웹 페이지의 헤더를 만들 때 사용한다. (주로 로고영역)
⟨footer⟩	웹 페이지의 하단을 만들 때 사용한다. (주로 카피라이트 영역)
⟨nav⟩	웹 페이지의 메뉴를 만들 때 사용하고 , 일반적으로 내부에는 ⟨ul⟩과 ⟨li⟩를 많이 사용한다.
⟨article⟩	본문을 감싸줄 때 사용한다. 주 내용(컨텐츠) 영역이라고 생각하면 된다.
⟨section⟩	⟨article⟩ 안에 영역을 구분할 때 사용한다. 다시 말해 본문 내용을 덩어리 덩어리로 만든다는 개념
⟨aside⟩	페이지 왼쪽이나 오른쪽에 부가적인 내용의 영역입니다. 보통 퀵 메뉴나 광고영역으로 많이 쓴다.
⟨hgroup⟩	제목⟨h1⟩과 부제목⟨h2⟩으로 나눠 써야할 때 이러한 제목들을 하나로 묶어주는 태그이다.

| ⟨header⟩ |
| ⟨nav⟩ |
| ⟨aside⟩ — ⟨section⟩ ⟨artcle⟩ |
| ⟨footer⟩ |

| ⟨header⟩ |
| ⟨nav⟩ — ⟨section⟩ ⟨artcle⟩ |
| ⟨footer⟩ |

| ⟨header⟩ |
| ⟨nav⟩ |
| ⟨artcle⟩ |
| ⟨footer⟩ |

| ⟨header⟩ |
| ⟨nav⟩ |
| ⟨aside⟩ — ⟨section⟩ ⟨artcle⟩ ⟨footer⟩ |

따라하기

| **Html 문서** | ```html
<html>
<head><title>HTML5 레이아웃 </title>
<style type="text/css">
 body {margin:10 50;font-weight:bold}
 #header {width:500px;height:50px;padding:20;border:solid 1px red}
 #nav    {width:150px;height:100px;margin:0;
          padding:20;float:left;border:solid 1px red}
 #article {width:308px;height:100px;margin:0;
          padding:20;border:solid 1px red;float:left}
 #footer {width:500px;height:50px;padding:20;
          clear:left;border:solid 1px red}
</style></head>
<body>
<header><div id="header">HTML5 레이아웃</div></header>
<nav>
<ul id="nav">
  <li><a href="#">메뉴 1</a></li>
  <li><a href="#">메뉴 2</a></li>
  <li><a href="#">메뉴 3</a></li>
  <li><a href="#">메뉴 4</a></li>
</ul>
</nav>
<section>
<div id="article"> section 영역1
<div> section 영역2</div>
<div> section 영역3</div>
<div> section 영역4</div>
<div> section 영역5</div>
</div>
</section>
<footer><address id="footer">우리대학</address></footer>
</body></html>
``` |
| **실행 결과** | 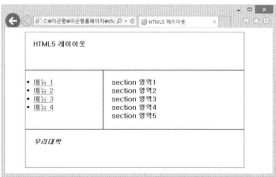 |
```

따라하기

Html
문서
	``html
	<html>
	<head><title>HTML5 레이아웃 </title>
	<style type="text/css">
	 body {margin:10 50;font-weight:bold}
	 #header {width:500px;height:30px;padding:20;border:solid 1px red}
	 #nav {width:520px;height:50px;margin:0;
	          padding:10;float:left;border:solid 1px red}
	 #nav li {float:left;margin:20}
	 #aside {width:150px;height:100px;margin:0;
	          padding:20;float:left;border:solid 1px red}
	 #article {width:308px;height:100px;margin:0;
	          padding:20;float:left;border:solid 1px red;}
	 #footer {width:500px;height:30px;padding:20;
	          clear:left;border:solid 1px red}
	</style></head>
	<body>
	<header><div id="header">HTML5 레이아웃</div></header>
	<nav>
	<ul id="nav">
	  <li><a href="#">메뉴 1</a></li>
	  <li><a href="#">메뉴 2</a></li>
	  <li><a href="#">메뉴 3</a></li>
	  <li><a href="#">메뉴 4</a></li></ul></nav>
	<aside>
	<div id="aside"> aside 영역1
	<div> aside 영역2</div>
	<div> aside 영역3</div>
	<div> aside 영역4</div>
	<div> aside 영역5</div>
	</div></aside>
	<section>
	<div id="article"> section 영역1
	<div> section 영역2</div>
	<div> section 영역3</div>
	<div> section 영역4</div>
	<div> section 영역5</div>
	</div></section>
	<footer><address id="footer">우리대학</address></footer>
	</body></html>
	``

실행 결과	HTML5 레이아웃 • 메뉴 1 • 메뉴 2 • 메뉴 3 • 메뉴 4 aside 영역1 section 영역1 aside 영역2 section 영역2 aside 영역3 section 영역3 aside 영역4 section 영역4 aside 영역5 section 영역5 우리대학

(2) position 이용 레이아웃

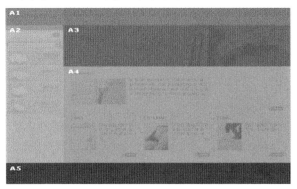

위의 그림과 같이 레이아웃을 잡는다면

 따라하기

Html
문서
	``
	<html>
	<head><title>레이아웃 연습</title>
	<style type="text/css">
	#main-menu {position:absolute;left:0;top:0;width:600;
	          height:50;background-color:red;}
	#sub-menu {position:absolute;left:0;top:50;width:100;
	          height:300;background-color:#00ffff;}
	#main-img {position:absolute;left:100;top:50;width:500;
	          height:100;background-color:#0000ff;}
	#main-content {position:absolute;left:100;top:150;width:500;
	          height:200;background-color:#aaaaaa;}
	#footer {position:absolute;left:0;top:350;width:600;
	          height:50;background-color:#000000;
	          color:yellow;}
	</style>
	</head>
	<body margin=0 padding=0>
	<div id="main-menu"> main-menu</div>
	<div id="sub-menu">sub-menu </div>
	<div id="main-img">main-img </div>
	<div id="main-content">main-content </div>
	<div id="footer">footer </div>
	</body></html>
	``

실행 결과	

따라하기

Html
문서
	``html
	<html>
	<head><title>레이아웃 연습</title>
	<style type="text/css">
	#main-menu {position:absolute;left:0;top:0;width:600;
	            height:50;background-color:red;}
	#sub-menu {position:absolute;left:0;top:50;width:100;
	            height:300;background-color:#00ffff;}
	#main-img {position:absolute;left:100;top:50;width:500;
	            height:150;background-color:pink;}
	#main-content {position:absolute;left:100;top:200;width:500;
	            height:150;background-color:#aaaaaa;}
	#footer {position:absolute;left:0;top:350;width:600;
	            height:50;background-color:#000000;
	            color:#fff;}
	</style>
	</head>
	<body margin=0 padding=0>
	<div id="main-menu"> main-menu</div>
	<div id="sub-menu">
	<ul>
	  <li><a href="#">메뉴 1</a></li>
	  <li><a href="#">메뉴 2</a></li>
	  <li><a href="#">메뉴 3</a></li>
	  <li><a href="#">메뉴 4</a></li>
	</ul>sub-menu </div>
	<div id="main-img">
	<b>내가 좋아하는 음악</b>
	<ul type="circle">
	        <li> 춘향가
	        <li> 수궁가
	        <li> 가야금 병창
	</ul> </div>
	<div id="main-content">main-content </div>
	<div id="footer">footer </div>
	</body></html>
	``

실행 결과	

(3) CSS 이용 레이아웃

 따라하기

Html
문서
	``html
	<html>
	<head> <title>Layout Sample</title>
	<meta http-equiv="Content-Type" content="text/html; charset=utf-8" />
	<link type="text/css" rel="stylesheet" href="layoutSampleCSS-3.css" />
	</head>
	<body>
	<div id="mainContents">
	        <ul id="thumbnails">
	                <li>block1</li> <li>block2</li>
	                <li>block3</li> <li>block4</li>
	        </ul>
	        <ul id="thumbnails-1">
	                <li>block1</li> <li>block2</li>
	                <li>block3</li> <li>block4</li>
	                </ul>
	</div>
	</body>
	</html>
	``

실행 결과	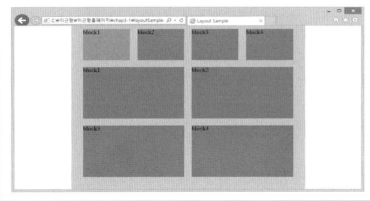

layoutSampleCSS-3.css 파일

```css
html, body {
      margin: 0px;
      padding: 0px;
      height: 100%;
}
#mainContents{
      margin: 0px auto;
      padding: 0px;
      width: 600px;
      min-height: 100%;
      background-color: skyblue;
      position: relative;
}
#thumbnails{
      width: 560px;
      margin: 0px auto;
      padding: 0px;
}
#thumbnails li{
      float:left;
      margin: 10px;
      padding: 0px;
      width: 120px;
      height: 90px;
      list-style-type: none;
      background-color: #4283d2;
}
#thumbnails-1{
      width: 560px;
      margin: 0px auto;
      padding: 0px;
}
#thumbnails-1 li{
      float:left;
      margin: 10px;
      padding: 0px;
      width: 260px;
      height: 150px;
      list-style-type: none;
      background-color: #4283d2;
}
#thumbnails li:first-child{
      background-color: #ff6633;
}
```

따라하기

| **Html 문서** | ```html
<html>
<head>  <title>Layout Sample</title>
<meta http-equiv="Content-Type" content="text/html; charset=utf-8" />
<link type="text/css" rel="stylesheet" href="layoutSampleCSS-4.css" />
</head>
<body>

<div id="mainContents">

        <ul id="thumbnails">
                <li>썸네일1</li>   <li>썸네일2</li>
                <li>썸네일3</li>   <li>썸네일4</li>
                <li>썸네일5</li>   <li>썸네일6</li>
                <li>썸네일7</li>   <li>썸네일8</li>
                </ul>
         <div id="leftAD" class="adBlock">
                <h2>왼쪽광고</h2>
                <div class="ad">
                        <h3>광고1제목</h3>
                        광고1 내용........
                </div>
                <div class="ad">
                        <h3>광고2제목</h3>
                        광고2 내용........
                </div>
        </div>

        <div id="rightAD" class="adBlock">
                <h2>오른쪽광고</h2>
                <div class="ad">
                        <h3>광고3제목</h3>
                        광고3 내용........
                </div>
                <div class="ad">
                        <h3>광고4제목</h3>
                        광고4 내용........
                </div>
                <div class="ad">
                        <h3>광고5제목</h3>
                        광고5 내용........
                </div>

        </div>
</div>
</body>
</html>
``` |
```

layoutSampleCSS-4.css 파일

```css
html, body {
    margin: 0px;padding: 0px;height: 100%;
}


#mainContents{
    margin: 0px auto;    padding: 0px;    width: 600px;
    min-height: 100%;    background-color: skyblue;
    position: relative;
}
#thumbnails{
    width: 560px; margin: 0px auto; padding: 0px;
}
#thumbnails li{
    float:left; margin: 10px;    padding: 0px;
    width: 120px; height: 90px;
    list-style-type: none; background-color: #4283d2;
}
#thumbnails li:first-child{
    background-color: #ff6633;
}

.adBlock{
    width: 100px; min-height: 300px;
    background-color: #ddd; border: 1px solid #999;
}
.adBlock h2 {
    font-size: 13px; font-weight: bold;
    color: #555; text-align: center;
}
.adBlock h3 {
    font-size: 12px; font-weight: bold;
    color: #777; text-align: left;
}
.adBlock div {
    font-size: 11px; font-weight: normal;
    color: #888; text-align: justify;
    line-height: 12px;    padding-bottom: 15px;
}
#leftAD{
    position: absolute; left: -110px;
    top: 10px;
}
#rightAD{
    position: absolute; left: 610px;top: 100px;
}
```

실행 결과	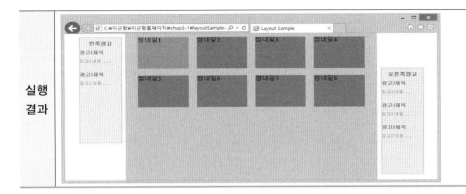

따라하기

| Html 문서 | ```html
<html>
<head><title>Untitled Document</title>
<style type="text/css">
body {
    margin-left: 0px;    margin-top: 0px;   margin-right: 0px;
    margin-bottom: 0px;  background-color: #151515;
}
body,td,th {
    font-size: 12px;
}
.layout_1col {
    margin: 0px;padding: 0px;     width: 400px;float: left;
}

#layoyt_1200 {
    margin: 0px;padding: 0px;float: left;width: 1200px;
}
.box_200 {
    background-color: #e4e4e4;    margin: 0px;padding: 0px;
    float: left;height: 200px;    width: 200px;
}
.box_200_06 {
    height: 50px;width: 180px;background-color: #00ffff;
    padding-top: 140px;  padding-right: 10px;
    padding-bottom: 10px;padding-left: 10px;
    margin: 0px;float: left;color: #F4F4F4;
    font-weight: bold;    text-align: right;
    font-size: x-large;  line-height: 16pt;
}
</style></head>
<body>
<div id="layoyt_1200">
<div class="layout_1col">
``` |
```

| Html 문서 | ```html
    <div class="box_200"><img src="link_01.jpg"
        width="200" height="200" alt=""/></div>
    <div class="box_200_06"><p>우리여자대학</p></div>
    <div class="box_200"><img src="link_04.jpg"
        width="200" height="200" alt=""/></div>
    <div class="box_200"><img src="link_07.jpg"
        width="200" height="200" alt=""/></div>
    <div class="box_200"><img src="link_06.jpg"
        width="200" height="200" alt=""/></div>
</div>
</body></html>
``` |
| 실행 결과 |  |

따라하기

| Html 문서 | ```html
<html>
<head>
<title>Untitled Document</title>
<style type="text/css">
body {
    font-family: "나눔고딕", "돋움", "돋움체";
    font-size: 14px;
    color: #363636;
}

body {
    background-color: #F5F5F5;background-image: url(bg_02.jpg);
    background-repeat: repeat-x;margin-left: 0px;
    margin-top: 0px;margin-right: 0px;margin-bottom: 0px;
}

header {
    height: 150px;width: 950px;margin-top: 0px;
    margin-right: auto;margin-bottom: 0px;
    margin-left: auto;padding-top: 0px;
    padding-right: 10px;padding-bottom: 0px;
    padding-left: 10px;
``` |

```
          }
          header img {
                margin-top: 46px;
          }
          .top_logo {
                margin: 0px;padding: 0px;float: left;
                height: 150px;        width: 300px;
          }
          .nav_top {
                margin: 0px;padding: 0px;
                float: left;height: 150px;width: 640px;
          }
          .sub_nav {
                font-size: 12px;font-weight: bold;
                padding: 0px;float: right;
                margin-top: 24px;margin-right: 10px;
                margin-bottom: 0px;margin-left: 0px;
                width: 600px;
          }
          ul     {
                margin: 0px;
          }
Html      .main_nav {
문서            font-size: 16px;font-weight: bold;        padding: 0px;float: right;
                width: 600px;margin-top: 70px;
                margin-right: 10px;margin-bottom: 0px;margin-left: 0px;
          }

          header .nav_top .sub_nav ul li {
                display: block;        margin: 0px;
                float: right;padding-right: 10px;
                padding-left: 10px;list-style-type: none;
                position: relative;width: auto;text-align: left;
          }

          .main_nav {
                font-size: 16px;font-weight: bold;
                padding: 0px;float: right;        width: 900px;margin-top: 70px;
                margin-right: 10px;margin-bottom: 0px;
                margin-left: 0px;
          }
          header .nav_top .main_nav ul li {
                display: block;        float: right;
                padding-top: 2px;padding-right: 10px;
                padding-bottom: 2px;padding-left: 10px;
                margin: 0px;list-style-type: none;
                width: auto;
```

**Html
문서**

```
        }

        #main_img_center {
                height: 200px;width: 940px;
                margin-top: 0px;margin-right: auto;
                margin-bottom: 0px;margin-left: auto;
                padding-top: 0px;padding-right: 10px;
                padding-bottom: 0px;padding-left: 10px;
        }

        .main_img_left {
                margin: 0px;padding: 0px;float: left;height: 200px;width: 625px;
        }

        .nanumgothic_24pt_white    {
                font-family: "나눔고딕", "돋움", "돋움체";
                font-size: 24px;color: rgba(255,255,255,0.7);
                margin-top: 24px;margin-bottom: 0px;
        }

        .nanumgothic_18pt_black70    {
                font-family: "나눔고딕", "돋움", "돋움체";
                font-size: 18px;line-height: 24px;
                color: rgba(32,32,32,0.7);
                margin-top: 4px;margin-bottom: 0px;
        }

        .main_img_button {
                text-align: center;  padding: 7px;float: left;
                height: 39px;width: 280px;    margin-top: 25px;margin-right: 0px;
                margin-bottom: 0px;margin-left: 0px;
                border-radius: 6px;display: block; border:1px solid red;
        }

        .nanumgothic_18pt_white    {
                font-family: "나눔고딕", "돋움", "돋움체";
                font-size: 18px;font-weight: bold;
                color: #FFFFFF;      margin: 0px;padding: 0px;
        }

        .nanumgothoc_14pt_black {
                font-size: 14px;font-weight: bold;color: #444444;padding: 0px;
                margin-top: 0px;margin-bottom: 0px;
        }

</style>
```

Html
문서

```html
<style type="text/css">
a:link {
      color:#363636;text-decoration: none;
}
a:visited {
      text-decoration: none;color: #363636;
}
a:hover {
      text-decoration: none;color: #ff0000;
}
a:active {
      text-decoration: none;color: #363636;
}
</style>
</head>
<body>
<header>
  <div class="top_logo"><img src="07_007.png"
      width="221" height="49"></div>
  <div class="nav_top">
    <nav class="sub_nav">
      <ul>
        <li><a href="#">Contact US</a></li>
        <li><a href="#">사이트맵</a></li>
        <li><a href="#">메뉴얼</a></li>
        <li><a href="#">마이페이지</a></li>
        <li><a href="#">로그인</a></li>
      </ul>
    </nav>

    <div class="main_nav">
      <ul>
        <li><a href="#">고객지원</a></li>
        <li><a href="#">홈페이지제작</a></li>
        <li><a href="#">보안인증서비스</a></li>
        <li><a href="#">도메인</a></li>
        <li><a href="#">서버호스팅</a></li>
        <li><a href="#">웹호스팅</a></li>
      </ul>
    </div>
  </div>
</header>

<div id="main_img_center">
  <article class="main_img_left">
    <p class="nanumgothic_24pt_white">Everything
        you need to build and host your website</p>
```

Html 문서	```html
	<p class="nanumgothic_18pt_black70">24시간 깨어있는
	    서비스로 다가가는 신뢰의 서비스
	
	    고객의 요구를 위한 서비스의 시작입니다.
	<div class="main_img_button">
	    <span class="nanumgothic_18pt_white">
	        Get Hosting Now</span>
	
	    <span class="nanumgothoc_14pt_black">
	        호스팅 서비스 신청하기</span></div>
	    </p>
	</article>
	
	<img src="local2.jpg" width="315" height="200">
	</div >
	</body>
	</html>
	``

실행 결과	

연습문제

01. 레이어란 무엇인가?

02. position 속성을 설명하시오.

03. z-index를 사용하는 목적을 쓰시오

04. overflow 속성은 언제 사용하는가?

05. 레이아웃이란 무엇인가?

04

CGI

4.1 CGI

- 연습문제

CHAPTER 04 CGI

4.1 CGI

4.1.1 CGI(Common Gateway Interface)란

HTML(Hyper Text Makeup Language)은 정적인 페이지다. 태그로 시작하여 태그로 끝나는 언어인데 정적인 언어이기 때문에 제작함과 동시에 끝이 나버리는 페이지이다. 수정할 때 HTML을 웹에디터나 메모장으로 수정하여 다시 올려야 한다. 이런 HTML로는 지금의 거대한 웹 시장에서 자리를 잡기가 힘들다. 그래서 그 단점을 보완하기 위해 나온 것이 Common Gateway Interface 즉 CGI이다.

간단히 설명하자면 당신이 어떤 웹페이지를 돌아다닐 때 주소창을 보면 ○○○○○.cgi, ○○○○○.php, ○○○○○.asp 등으로 되어있는 페이지를 본 적이 있을 것이다. 주로 이런 페이지들은 게시판, 방명록, 쇼핑몰 등에서 많이 보았을 것이다. 이런 페이지들을 우리는 동적인 페이지라고 부른다. 가끔씩 보면 동영상이 나오는 페이지를 동적인 페이지라고 착각할 수 있는데 그런 페이지는 동적인 페이지가 아니라 멀티미디어 페이지이다.

CGI란 웹 서버의 기능을 확장하기 위해 웹 서버와 다른 프로그램간의 인터페이스 규약을 말한다. 웹 서버는 단순히 요청한 자료를 전달해 주는 역할밖에 하지 못한다. 따라서 모든 처리가 웹 서버에만 의존했기 때문에 좀 더 다양한 처리를 하기 위한 확장성을 위해 CGI라는 표준 인터페이스 규약이 나오게 되었으며 이는 웹 서버가 하지 못하는 기능들에 대해서 별도의 실행 프로그램을 붙여 새로운 기능을 수행하는 웹 서버로 변신시켜 주는 방법이다.

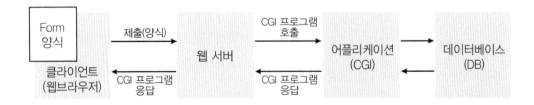

위 그림에 대하여 설명을 하면 웹 브라우저가 어떤 자료의 **URL**을 요청하면 웹 브라우저는 요청헤더를 발생시켜 웹 서버에 전달한다. 이때 웹 서버는 웹 브라우저의 요청을 받아들여

그 요청이 자체 내의 **HTML** 문서인지 **CGI** 프로그램의 실행인지 분석한다. 이때 **CGI** 프로그램 실행이라면 웹 서버는 **CGI** 프로그램 실행을 위해 별도의 프로세스를 생성시켜 실행한다.

CGI 프로그램을 실행하기 전에 요청 헤더의 요청 방법이 GET 또는 POST인가에 따라 CGI 프로그램에 전달되는 인자의 전달 방식이 달라진다. CGI 프로그램은 웹 서버로부터 전달받은 인자 값을 지정된 형식으로 디코딩한 다음 디코딩한 인자를 가지고 실제 원하는 처리를 수행한다.

이때 수행되는 결과 값을 웹 브라우저에 보내야 하는데 웹 브라우저에는 HTTP에 따라 요청 헤더와 마찬가지로 응답헤더를 발생시켜 실제 데이터와 함께 전달해 주어야 한다. 웹 서버는 CGI의 MIME에 따라 적절한 응답헤더를 생성시키게 되는데 이때 응답헤더에 따라 웹 브라우저의 동작 방식이 최종 결정되는 것이다.

CGI는 사용자로부터 응용프로그램으로 전달되고, 다시 사용자에게 전달될 데이터에 대해 일관된 방법을 제공한다. 이것은 응용프로그램을 작성하는 사람 입장에서는, 서버에 어떤 운영체계를 쓰든 상관없이 그 프로그램이 운영될 것이라는 확신을 가질 수 있다는 것을 의미한다. CGI는 사용자의 요청이 웹 서버로부터 응용프로그램으로 전달되고, 다시 되돌아올 정보를 위한 단순하고 기본적인 방법이다. 인터페이스가 일관되기 때문에, 프로그래머는 CGI 응용프로그램을 여러 가지 다른 언어로 작성할 수 있다. CGI 프로그램 작성에 가장 보편적으로 사용되는 언어로는 C, C++, Java, Perl, php 등이 있다.

4.1.2 CGI 개발도구

(1) PERL

펄이라고 불리는 이 프로그래밍 언어는 래리 월(Larry Wall)이라는 사람이 만든 언어이다. 예전에는 모든 CGI 프로그램이 전부 펄로 만들어졌다고 말할 수 있다. 지금은 PHP보다는 좀 밀리는 추세다. 인터프리터 언어이다.

(2) C, C++

C언어는 말할 필요가 없을 정도로 유명한 언어이다. 컴퓨터 프로그램에도 쓰지만 웹 프로그래밍에도 쓴다. 벨 연구소에서 1971년경부터 리치(D.M.Ritchie) 등에 의해서 개발된 시스템 기술용의 프로그래밍 언어이며 컴파일러 언어이다. 미리 컴파일된 언어라 위의 펄보다 훨씬 실행속도가 빠르다.

(3) PHP

1994년 Personal Home Page Tool이라는 형태로 처음 나온 뒤 현재 PHP4까지 나와 있으며 Zend 엔진 탑재로 이전의 3 버전보다 속도가 2배 이상 빠르다. 인터프리터 언어이며 위에 있는 언어들보다 배우기가 상당히 쉽다.

(4) ASP

Active Server Page의 약자로 윈도우-NT(간단한 ASP 소스는 98에서 PWS를 사용하여 구동가능) 계열에서 사용하는 프로그래밍 언어로 구조가 PHP와 유사하다. 그러나 윈도우 NT+SQL 정도의 환경에서 제대로 돌아가므로 돈이 많이 들어간다는 단점이 있다. 인터프리터 언어이다.

(5) JSP

Java Server Page의 약자로 구조는 위의 PHP와 비슷하다. 인터프리터 언어이다.

(6) 기타

UNIX 셸 스크립트, Python 등 여러 가지가 있다.

4.1.3 CGI를 위한 입력 양식

대화형 홈페이지란 CGI를 이용하는 홈페이지라고 할 수 있다. 대화를 하기 위해서 사용자는 자신의 브라우저를 이용하여 전달할 내용을 서버에 올려야 하고 서버 내부에서는 전달된 데이터들을 사용처에 따라서 적절히 처리해야 할 것이다. 여기서 데이터를 전달하는 기능을 갖는 도구로 〈form〉 태그를 사용한다.

(1) form 태그

문서에 데이터(CGI 등)를 불러들일 때에 사용한다. 한 문서 안에 여러 개의 〈form〉 태그를 사용할 수는 있지만, 〈form〉 태그 안에 또 다른 〈form〉 태그를 넣을 수는 없다.

```
<form    method ="get 또는 post"
         action ="주소(URL)"
         enctype = "MIME type">    · · ·      </form>
```

기본적으로 〈form〉 태그에서 method 속성은 CGI 프로그램에 인자 값을 전달할 때, 웹 서버가 어떤 방법으로 전달할 것인지를 결정해 주는 것으로 만약 get이면 QUERY_STRING 이라는 환경변수를 통해 인자 값을 전달하고, post이면 표준 입력 스트링을 통해 인자 값을 전달한다. action 속성은 입력 값을 처리해 주는 CGI 프로그램의 URL을 지정하며 특수한 경우 enctype을 명시해 인코딩 방법을 달리해 줄 수 있다.

〈form〉 태그에는 화면에 표시할 입력 양식들을 포함하는데 사용되는 태그로는 〈input〉, 〈select〉, 〈textarea〉 등이 있다.

〈input〉 태그는 type 이라는 속성을 사용하여 다양한 입력 형태를 나타낼 수 있으며, 〈select〉 태그는 목록 단추를 클릭하면 메뉴가 펼쳐지도록 하며, 〈textarea〉 태그는 한 줄 이상의 글을 입력할 때 사용한다.

(2) input 입력 태그

〈input〉 태그에는 type 이라는 속성이 있는데 값으로는 text, password, checkbox, radio, hidden, submit, reset, image, file 등이 있으며 type의 값에 따라 또 다른 속성을 사용한다.

① 텍스트 입력(type = "text 나 password")

텍스트 입력 양식은 한 줄의 글을 입력할 수 있는 것으로 이름이나 ID, 비밀번호를 입력할 때 사용된다.

```
< input type = "text 나 password"  name = "변수 명(필드 명)"
        value = "초기 값"  size = "숫자"  maxlength = "숫자">
```

따라하기

Html 문서	실행결과
`<html>` `<head><title>CGI 양식 </title>` `<style type="text/css">` ` body { font-size:20px;font-weight:bold}` `</style></head>` `<body>` `<div>텍스트 입력상자</div>` `<hr color="red">` `<div>학번을 입력하세요 :` `<input type="text" name="number">` `  ` ` 이름을 입력하세요 :` `<input type="text" name="username"></div>` `</body></html>`	

별도의 속성을 사용하지 않으면 텍스트 상자에는 많은 글자를 입력할 수 있으며 텍스트 상자의 크기는 보이는 글자 수로 한글은 11자, 알파벳은 18자이다. name 속성은 입력된 데이터가 전달될 때 매개변수로 사용될 변수명(필드명)이다. 만약 보이는 글자 수를 줄이거나 늘리려면 size라는 속성을 사용한다. 여기서 size 옵션은 입력창의 크기를 나타낸다.

따라하기

Html 문서	실행결과
`<html>` `<head><title>CGI 양식 </title>` `<style type="text/css">` ` body { font-size:20px;font-weight:bold}` `</style></head>` `<body>` `<div>텍스트 입력상자</div>` `<hr color="red">` `<div>학번을 입력하세요 :` `<input type="text" size="8" name="num">` `  ` ` 이름을 입력하세요 :` `<input type="text" size="10"` `                name="username"></div>` `</body></html>`	

또한 입력되는 글자 수를 제한하려면 maxlength라는 속성을 사용한다.

maxlength="5"를 사용하면 입력 상자의 크기와는 무관하게 최대 입력 글자 수(한글은 5글자, 기타는 자판을 누른 횟수)를 나타낸다.

 따라하기

Html 문서	실행결과
`<html>` `<head><title>CGI 양식 </title>` `<style type="text/css">` ` body {font-size:20px;font-weight:bold}` `</style></head>` `<body>` `<div>텍스트 입력상자</div>` `<hr color="red">` `<div>ID를 입력하세요 :` `<input  type="text" maxlength="8"` `            name="id">  ` `password를 입력하세요 :` `<input type="password" name="passwd">` `</div>` `</body></html>`	텍스트 입력상자 ID를 입력하세요 : 홍길동홍길동홍길 password를 입력하세요 : ●●●●●●●●●●

type 속성이 password이면 입력된 글자는 •로 표시되어 입력되는 값을 볼 수 없도록 한다. value 라는 속성을 사용할 수는 있으나 사용자로부터 임의의 자료를 받아야 하므로 초기 값이 있을 수가 없어 사용하지 않는다.

② 체크 박스(type = "checkbox")

체크상자 입력 양식은 체크상자가 있는 목록을 나타내주고 목록을 체크하도록 하는 것으로 중복 선택이 가능하다는 것이 특징이다.

```
<input type = "checkbox" name = "변수 명" value = "초기 값">
```

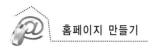

 따라하기

Html 문서	`<html>` `<head><title>CGI 양식 </title>` `<style type="text/css">` ` body {font-size:15px;font-weight:bold}` `</style></head>` `<body>` `<div>체크 입력상자</div><hr color="red">` `<div>다음 중에서 회화가 가능한 언어는 ` `<ol>` `<li><input type="checkbox" name="kor" value="lan1">한국어` `<li><input type="checkbox" name="eng" value="lan2"> 영어` `<li><input type="checkbox" name="jap" value="lan3">일본어` `</ol>` `다음 중에서 좋아하는 색깔은  ` `<ol>` `<li><input type="checkbox" name="red"  value="red" > 빨간색  ` `<li><input type="checkbox" name="yellow"  value="yellow"> 노란색  ` `<li><input type="checkbox" name="pink"  value="pink"> 분홍색  ` `</ol>` `</div>` `</body></html>`

실행 결과	체크 입력상자
	
	다음 중에서 회화가 가능한 언어는
	
	  1. ☐ 한국어
	  2. ☑ 영어
	  3. ☑ 일본어
	
	다음 중에서 좋아하는 색깔은
	
	  1. ☑ 빨간색
	  2. ☑ 노란색
	  3. ☐ 분홍색

type 속성 값으로 "checkbox"를 사용하면 보통 on/off의 속성을 지니며 하나의 〈form〉 태그 안에 여러 개를 두어 동시에 여러 개를 체크할 수 있다. name은 체크를 하였을 때 변수명(필드 명)을 나타내며, value는 체크된 곳에 해당되는 값이 전달된다. 만약 미리 임의의 항목을 처음부터 선택된 값으로 설정하려면 checked 라는 속성을 써주면 된다.

③ 라디오 버튼(type = "radio")

라디오 단추 입력 양식은 체크 상자 입력과 달리 name 속성의 값이 같은 라디오 단추들은 같은 그룹이 되며 하나의 그룹에서는 하나만 선택할 수 있다.

```
<input type = "radio" name = "변수 명" value = "초기 값">
```

 따라하기

Html
문서
	`<html>`
	`<head><title>CGI 양식 </title>`
	`<style type="text/css">`
	` body {font-size:15px;font-weight:bold}`
	`</style></head>`
	`<body>`
	`<div>라디오 버튼 입력상자</div>`
	`<hr color="red">`
	`<div>다음 중에서 자주 보는 채널은 <p>`
	`<ol> <li><input type="radio" name="ch" value="red"> kbs </li>`
	`     <li><input type="radio" name="ch" value="yellow"> mbc</li>`
	`     <li><input type="radio" name="ch" value="pink"> sbs </li>`
	`</ol></div>`
	`</body></html>`

실행 결과	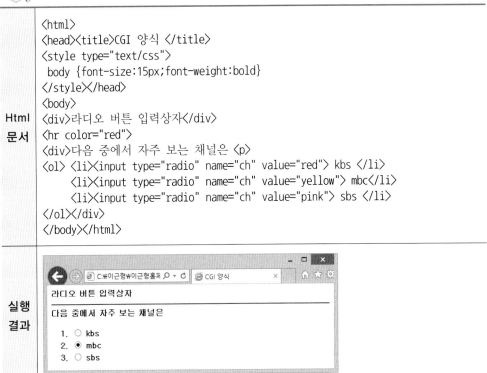

CGI에서 변수명은 대소문자를 명확히 구분해서 사용하여야 한다. 유닉스나 리눅스에서는 대소문자를 서로 다른 글자로 취급되어 다른 변수로 인식한다.

④ 버튼(type="button")

버튼 입력 양식은 특정한 내용을 실행하게 해주는 것으로 보통 버튼 입력 양식에 이벤트 핸들러를 적용시켜 버튼을 클릭하면 자바 스크립트가 실행되도록 설정할 때 많이 사용된다.

```
<input type = "button" value = "단추에 표시될 이름">
```

따라하기

Html 문서	실행결과
`<html>` `<head><title>CGI 양식 </title>` `<style type="text/css">` ` body {font-size:15px;font-weight:bold}` `</style></head>` `<body>` `<div> 버튼 입력상자</div>` `<hr color="red">` `<input type="button" value="버튼 1">` `  ` `<input type="button"` `        value="여기를 누르세요">` `</body></html>`	

단추의 크기는 value 값의 문자열 길이에 따른다. 이벤트 핸들러는 차후 자바 스크립트에서 설명하기로 한다.

⑤ 보내기와 리셋 버튼(type="submit(image)과 reset")

보내기 입력 양식과 리셋 입력 양식은 버튼 입력 양식처럼 버튼을 만들어 주는 입력 양식이다. type의 속성 값이 submit이면 보내기 단추를 만들어 주고 단추를 누르면 action에 지정된 CGI 프로그램으로 입력된 내용을 전달한다. reset이면 리셋 단추를 만들어 주고 단추를 누르면 이미 입력된 내용을 삭제하고 초기 상태로 되돌려 준다. 이미지가 submit 단추를 대신할 수도 있다.

```
<input type = "submit" value = "단추에 표시될 이름">
<input type = "image" src = "이미지 파일명 ">
<input type = "reset"   value = "단추에 표시될 이름">
```

🔍 따라하기

Html 문서	실행결과

`<html>`
`<head><title>CGI 양식</title>`
`<style type="text/css">`
` body {font-size:15px;font-weight:bold}`
`</style></head>`
`<body>`
`<div>submit 과 reset </div>`
`<hr color="red">`
`<form>`
`<div> ID를 입력하세요 :`
`<input type="text" name="username"><p>`
` 패스워드를 입력하세요 :`
`<input type="password" name="pwd"><p>`
`<input type="submit" value="보내기">`
`<input type="reset" value="취소">`
`</div></form>`
`</body></html>`	

🔍 따라하기

Html 문서	실행결과

`<html>`
`<head><title>CGI 양식</title>`
`<style type="text/css">`
` body {font-size:15px;font-weight:bold}`
`</style></head>`
`<body>`
`<div>submit 과 reset </div>`
`<hr color="red">`
`<form>`
`<div> ID를 입력하세요 :`
`<input type="text" name="username"><p>`
`패스워드를 입력하세요 :`
`<input type="password" name="pwd"><p>`
`<input type="image" src="house.gif">`
`<input type="reset" value="취소"></div>`
`</form>`
`</body></html>`	

⑥ 파일 찾아보기(선택) 단추(type="file")

파일 입력 양식은 찾아보기 단추와 텍스트 입력상자를 가지고 있는 입력양식으로 내 컴퓨터에 있는 파일을 특정한 위치로 전송할 때 사용한다. 찾아보기 단추를 누르면 열리는 파일 선택 대화상자에서 선택한 파일이 텍스트 입력상자에 나타난다. 물론 전달할 파일의 위치와 파일명을 안다면 직접 입력을 하여도 된다. 보내기 단추와 같이 사용하여 파일 선택 후 보내기 단추를 누르면 서버로 전달될 것이다.

```
<input type = "file" name = "변수 명">
```

 따라하기

Html 문서	실행결과
`<html>` `<head><title>CGI 양식 </title>` `<style type="text/css">` ` body {font-size:15px;font-weight:bold}` `</style></head>` `<body>` `<div>file 찾기 </div>` `<hr color="red">` `<div>복사할 파일 위치   ` `<input   type="file"   name="file">  ` `<input type="submit" value="보내기">` `</div>` `</body></html>`	

(3) 텍스트 영역 입력 태그

`<textarea>` 태그는 한 줄 이상의 텍스트를 입력할 경우 사용하는 것으로 특히 웹 전자게시판(BBS)에서 어떤 글을 포스팅할 때 많이 사용된다.

 따라하기

Html 문서	실행결과
`<html>` `<head><title>CGI 양식</title>` `<style type="text/css">` ` body {font-size:15px;font-weight:bold}` `</style></head>` `<body>` `<div>텍스트 영역 상자 만들기</div>` `<hr color="red">` `<div> 홈페이지 만드는 법에 대한 ` `        궁금한 점을 적어 주세요. ` `<textarea name="myarea" rows="5"` `        cols="30"> </textarea></div>` `</body></html>`	

기본적으로 rows와 cols 속성을 통해 텍스트 입력 박스의 행과 열의 크기를 지정하게 되고 지정된 크기보다 더 많은 텍스트가 입력될 때에는 별도의 스크롤 바가 생겨 어느 정도 제한 없이 입력받을 수 있도록 해 준다. 이 때 행의 크기만 증가한다. 위에서 언급한 〈input〉, 〈select〉, 〈textarea〉 태그는 〈form〉 태그 안에서 서술하며 통상 〈form〉 태그 안에는 type 속성 값으로 submit이나 reset 값을 갖는 〈input〉 태그가 있게 된다.

(4) 선택 입력 태그

선택 입력 양식은 마치 풀다운 메뉴처럼 선택적으로 고를 수 있는 메뉴를 만들어 준다. 풀다운 목록을 만들려면 〈select〉 태그를 사용해서 선택 입력 양식을 정의하고 〈option〉 태그를 사용하여 목록의 내용들을 나타내 준다.

```
<select name = "변수 명" size = "목록의 개수"  multiple>
<option value = "목록의 내용" selected>
   . . .
<option value = "목록의 내용">
</select>
```

 따라하기

Html 문서	실행결과
`<html>` `<head><title>CGI 양식</title>` `<style type="text/css">` ` body {font-size:15px;font-weight:bold}` `</style></head>` `<body>` `<div>선택 목록 만들기1</div>` `<hr color="red">` `<div>학과 명을 선택해주세요.  ` `<select name="department" >` `<option  value="edp">컴퓨터정보과` `<option  value="ind">산업디자인과` `<option  value="tra">관광과` `<option  value="cer">도예과` `</select></div>` `</body></html>`	

목록을 보여 주는 창의 크기는 목록 내용 중 가장 긴 문자열에 의해 결정된다. 오른쪽 삼각 단추를 누르면 풀다운 형태의 메뉴가 나타난다. 여러 목록 중 맨 처음 목록이 초기 목록으로 나타난다.

따라하기

Html 문서	실행결과
`<html>` `<head><title>CGI 양식</title>` `<style type="text/css">` ` body {font-size:15px;font-weight:bold}` `</style></head>` `<body>` `<div>선택 목록 만들기2</div>` `<hr color="red">` `<div>좋아하는 음악을 선택해주세요.  ` `<select name="department" >` `  <optgroup label="가요">` `    <option>네박자   </option>` `    <option>유행가   </option>` `    <option>남행열차 </option></optgroup>` `  <optgroup label="영화음악">` `    <option>스팅   </option>` `    <option>사운드오브뮤직 </option>` `    <option>황야의무법자 </option></optgroup>` `</select></div>` `</body></html>`	

(5) 그림 넣은 버튼 만들기

 따라하기

Html 문서	실행결과

`<html>`
`<head><title>CGI 양식</title>`
`<style type="text/css">`
` body {font-size:15px;font-weight:bold}`
`</style></head>`
`<body>`
`<div>버튼에 이미지 넣기</div>`
`<hr color="red">`
`<form>`
`<button>`
`  <img src="save.gif"> 저장하기</button>`
`<button disabled>`
`  <img src="save.gif">저장하기 </button>`
`</form>`
`</body></html>`	

(6) 양식을 그룹으로 묶기

```
<fieldset>
  <legend align=left or center or right>  · · ·  </legend>
                    ·
                    ·
  </fieldset>
```

따라하기

Html 문서	`<html>` `<head><title>CGI 양식을 그룹으로 묶기 </title>` `<style type="text/css">` ` body {font-size:15px;font-weight:bold}` `</style></head>` `<body>` `<div>CGI 양식을 그룹으로 묶기</div>` `<hr color="red">` `<fieldset style="border:solid 1px red">` `<legend>개인 정보</legend>` `이름 : <input type="text" name="name" size=20>` `나이 : <input type="text" name="age" size=3><p>` `주소 : <input type="text" name="address" size=40>` `</fieldset><p>` `<fieldset style="border:solid 1px blue">` `<legend>좋아하는 색상</legend>` `<input type="checkbox" name="red"  value="red" > 빨간색` `<input type="checkbox" name="yellow"  value="yellow"> 노란색` `<input type="checkbox" name="pink"  value="pink"> 분홍색` `</fieldset> ` `<input type="submit" value="보내기">` `</body></html>`
실행 결과	

따라하기

| **Html 문서** | ```html
<html>
<head><title> FIELDSET 태그로 글상자 만들기</title>
<style type="text/css">
 body {font-size:15px;font-weight:bold}
</style></head>
<body>
<div>FIELDSET 태그로 글상자 만들기</div>
<hr color="red">
<fieldset style=" border-top-color:yellow;border:2 solid;
                  border-right-color:green; border-left-color:sky;
                  border-bottom-color:red;padding:15;
                  width:400; height:100">
    <legend> <img src="notice.gif"> </legend>
      <div>필드 셋을 이용하면<br> 깔끔한 글상자를 만들 수 있다.</div>
</fieldset><br>
<fieldset style="width:400; height:100; padding:15;
                  border-style: solid;border-width:3;
                  border-color:blue">
    <legend><font color="red"> 공고 1 </font></legend>
      <p>필드 셋을 이용하면<br>깔끔한 글상자를 만들 수 있다.</p>
</fieldset> <br>
<fieldset style="width:400; height:100; padding:15;
                  border-style: double;
                  border-width:3; border-color:blue" >
    <legend align="center">
      <table border="3" width="100">
      <tr><td bgcolor="pink" align="center">공고 3</td></tr>
      </table>
    </legend>
      <p>필드 셋을 이용하면 <br>깔끔한 글상자를 만들 수 있다.</p>
</fieldset>
</body></html>
``` |
| **실행 결과** | |
```

(7) 회원가입 문서 만들기 예

⟨table⟩ 태그를 이용하여 회원 가입 문서를 만들어 보자.

 따라하기

Html 문서	```html <html> <head><title>회원가입</title> <style type="text/css"> span {color:black;font-weight:bold} </style> </head> <body leftmargin="10" topmargin="10" > <table width="650" cellpadding="5" cellspacing="1" bgcolor="gray"> <tr> <td colspan="2"> <div style="color:red">*<span>표시는 반드시 기재</span></div> </tr> <tr> <td colspan="2"><div style="color:#ffffff"><b>◆기본정보</b></div> </tr> <!-- 아이디 --> <tr> <td align ="right" bgcolor="#f1f1f1"> <div style="color:red">*<span>아이디 </span></div> <td bgcolor="#ffffff"> <input type=""text"" maxlength="12" name="userid"> <input type="button" value="중복검사" style="padding-top:3"> <b style="color:red;font-size:10px">(4~12자 영자/숫자 가능)</b> </tr> <!-- 비밀번호 --> <tr> <td align ="right" bgcolor="#f1f1f1"> <div style="color:red">*<span>비밀번호 </span></div> <td bgcolor="#ffffff"> <input type="password" maxlength="8" name="password1"> <b style="color:red;font-size:10px">(4~8자 이내로 만들어 주세요)</b> </tr> <!-- 비밀번호 확인 --> <tr> <td align ="right" bgcolor="#f1f1f1"> <div style="color:red">*<span>비밀번호확인 </span></div> <td bgcolor="#ffffff"> <input type="password" maxlength="8" name="password2"> <b style="color:red;font-size:10px">(위 번호와 같이 입력해 주세요)</b> </td> </tr>```

Html 문서

```
      <!-- 이름 -->
<tr>
      <td align ="right" bgcolor="#f1f1f1">
      <div style="color:red">*<span>이름(한글) </span></div>
      <td bgcolor="#ffffff">
      <input type=""text"" maxlength="30" name="namekor"> 
      <b style="color:red;font-size:10px">(예:홍길동)</b>
      </td>
</tr>
      <!-- 이메일 -->
<tr>
      <td align ="right"  bgcolor="#f1f1f1">
      <div style="color:red">*<span>이메일 </span></div>
      <td bgcolor="#ffffff">
      <input type="text" maxlength="10"  name="email" size="10" >
          <select name="email_address" size="1" style="width:120">
              <option value="">선택하세요</option>
      <option value="nate.com">nate.com</option>
      <option value="hanmail.net">hanmail.net</option>
      <option value="yahoo.co.kr">yahoo.co.kr</option>
      <option value="hotmail.com">hotmail.com</option>
      <option value="naver.com">naver.com</option>
      <option value="hanmir.com">hanmir.com</option>
      <option value="paran.com">paran.com</option>
      <option value="empal.com">empas.com</option>
      <option value="netian.com">netian.com</option>
      <option value="korea.com">korea.com</option>
      <option value="freechal.com">daum.net</option>
      <option value="manual">직접쓰기</option>
        </select>
        <input type="text" maxlength="35"  name="email" size="35" >
</tr>
<!-- 개인 신상정보 -->
<tr>
      <td colspan="2"><div style="color:#ffffff"><b>◈ 개인 신상 정보</b></div>

</tr>
      <!-- 주소 -->
<tr>
     <td align ="right" bgcolor="#f1f1f1">
     <div style="color:red">*<span>주소 </span></div>
     <td bgcolor="#ffffff">
     <b style="color:red;font-size:10px">* <span>찾고자하는 주소의
          동(읍,면)을 입력하세요. (ex, 공평동, 인사동)</span></b><br>
     <input type="text" maxlength="15" name="jobpostno" size="15" > 
     <input type="button" value="우편번호 찾기" style="padding-top:3"><br>
     <select name="addr_type">
```

```
          <option value="0">회사주소</option>
          <option value="H">집주소</option>
          <input type=""text"" maxlength="55"  name="jobaddr" size="55"> 
          </td>
</tr>
      <!-- 전화/휴대폰 -->
<tr>
      <td align ="right"  bgcolor="#f1f1f1">
        <div style="color:red">*<span>전화 </span></div>
      <td bgcolor="#ffffff">
       <input type="text" maxlength="5"  name="hptel1" size="5" > -
       <input type="text" maxlength="5"  name="hptel2" size="5" > -
       <input type="text" maxlength="5" name="hptel3" size="5">
       </tr>
       <tr>
         <td align ="right"  bgcolor="#f1f1f1">
         <div style="color:red">*<span>핸드폰 </span></div>
         <td bgcolor="#ffffff">
           <select name="cell_phone_a" size="1" >
                    <option value="">선택하세요</option>
                    <option value="010">010</option>
                    <option value="011">011</option>
                    <option value="016">016</option>
                    <option value="017">017</option>
                    <option value="018">018</option>
                    <option value="019">019</option></select> -
      <input type="text" maxlength="5"  name="hptel1" size="5" > -
      <input type="text" maxlength="5"  name="hptel2" size="5" > 
      </tr>
  <!-- 직업 -->
      <tr>
      <td align ="right"  bgcolor="#f1f1f1">
            <div style="color:red"><span>직업 </span></div>
      <td bgcolor="#ffffff">
      <select name="job">
        <option value=""selected >직업을 선택하세요
        <option value="0">무직
        <option value="1">학생
        <option value="2">컴퓨터/인터넷
        <option value="3">언론
        <option value="4">공무원
        <option value="5">군인
        <option value="6">서비스업
        <option value="7">교육
        <option value="19">기타
      </select>
        </td>
```

```
      </tr>
      <tr bgcolor="#ffffff">
        <td height="30" colspan=2 align="center">
        <input type="submit" name="regist"
                      value="회원가입" style="padding-top:3">
        <input type="reset" name="cancle"
                      value="취소" style="padding-top:3">
      </tr>
    </table>
  </body>
</html>
```

Html 문서

실행 결과

4.1.4 입력 값 전달 방식

웹 쪽에서 입력 값들을 넘겨주는 〈form〉 태그의 구성은 보통 다음과 같다.

```
<form method="get/post" action="http://www.abc.com/cgi-bin/abc.cgi">
```

물론 이것은 보편적으로 사용하는 경우의 예이고, 이 〈form〉 태그에는 다른 많은 속성들이 있다. 여기서 method는 post와 get 두 개의 방식이 있는데, 이 방식에 대해서 알아보자.

(1) get method

〈form〉 태그에 method="get"으로 하거나 생략하면 사용자의 입력 값들이 환경변수

(Environment Variable)에 저장되어 넘겨진다. 즉 각 입력 값들이 기본 URL에 붙는 인수로서 첨가되어 CGI 프로그램으로 값을 넘겨주게 된다.

물론 이 get method는 〈form〉 태그를 사용하지 않고 바로 URL에 인수를 첨가하여 사용할 수도 있다.

예를 들어, http://www.abc.com/cgi-bin/abc.cgi?First+Name=foo&Last+Name=bar 와 같은 형식으로 사용된다.

이 get method를 이용하면 그 입력 값들이 환경변수의 하나인 QUERY_STRING에 들어가서 전달되는데, CGI 스크립트는 그 QUERY_STRING에 들어 있는 값을 읽는다. 이 때 그 값들은 입력된 그대로 넘어가는 것이 아니라 서버에 의해 여러 가지로 변환(인코딩, encoding)되어 넘어가는데 CGI 스크립트에서는 그 값들을 해독(decoding)해야 한다.

이 get method는 보통 입력 값들이 많지 않는 경우 혹은 그냥 URL에 붙는 파라미터로 넘겨서 CGI 스크립트로 전달할 때에 사용한다.

(2) post method

〈form〉 태그에서 method="post"로 하면, get method가 환경변수 중의 하나인 QUERY_STRING을 통해 전달되는 것과 달리 stdin(standard input:표준입력)을 통해서 전달된다. get method가 인수를 통해서 전달되므로 커맨드라인의 길이에 의한 제한을 받는 반면에, post method는 stdin을 이용하므로 데이터크기의 제한이 없다. 또한 post method에서도 환경변수들은 stdin과 함께 전달된다. 그리고 post 방식도 마찬가지로 입력 값들이 encoding되어 넘어옴으로 CGI에서 그 값들을 해독(decoding)해야 한다.

4.1.5 사용 예

CGI 프로그램 중 windows 운영체제에서 사용되는 ASP를 이용하여 예를 들어보자.

이름과 나이를 입력한 후 보내기를 하면 웹 서버에서 데이터를 받은 후 되돌려 주는 사용 예이다. 이때 자체 웹 서버를 이용하여 실행해 보자.

(1) post 사용 예

따라하기

Html
문서
	``html
	<html>
	<head><title> post 사용 예</title></head>
	<body>
	<form method="post" action="http://localhost/asp-test1.asp">
	학과 : <input type = "text" name="class" size=15>
	
	학년 : <input type = "text" name="grade" size=3>
	
	이름 : <input type = "text" name="name" size=10>
	
	나이 : <input type = "text" name="age" size=10>
	
	<input type="submit" value="보내기">
	<input type="reset" value= "취소">
	</form>
	</body></html>
	``

form 입력 상태	
실행 결과	

ASP
프로
그램
	``
	<%
	strclass = Request.form("class")
	strgrade = Request.form("grade")
	strName = Request.form("name")
	strAge = Request.form("age")
	%>
	<html>
	<head><title>사용 예 결과</title></head>
	<body>
	    나는 <b><% = strclass %>과 <% = strgrade %>학년 </b>이며
	
	    이름은 <b><% = strName %></b> 이고 나이는<b><% = strAge %> </b>살입니다
	</body></html>
	``

위의 ASP 프로그램은 웹 서버의 폴더 c:/inetpub/wwwroot/에 저장되어 있어야 한다.

⟨form⟩ 태그를 이용하여 데이터를 전송하는 웹 문서를 실행할 때는 주소부분에 URL을 정확하게 (즉 웹 문서 전송 규약) 서술하여야 한다.

주소는 다음과 같이 사용한다.

> "http://localhost/가상 디렉터리/html 파일명" 또는
> "http://컴퓨터의 IP 주소/가상 디렉터리/html 파일명"

⟨form⟩ 태그에서 action 속성 값으로 CGI 프로그램의 주소를 나타내야 하는데 경로가 없는 경우는 웹 서버가 지정한 기본 폴더에 해당 프로그램이 있다는 의미이다.

통상 windows 운영체제를 사용하는 경우 웹 서버가 지정한 기본 폴더 위치는 c:\inetpub\wwwroot 이다. wwwroot 폴더 안에 html 문서와 ASP 프로그램이 있다면 파일명만 기재하면 되고 다른 폴더에 있다면 경로를 써주어야 한다.

(2) get 사용 예

 따라하기

Html 문서	``` <html> <head><title>사용 예</title></head> <body> <form method="get" action="http://localhost/asptest2-1.asp"> <b>당신의 성별은</b> <input type = "radio" name="sex" value=남자>남 <input type = "radio" name="sex" value=여자>여 <b>당신의 연령대는 </b> <input type = "radio" name="age" value=20대>20대 <input type = "radio" name="age" value=30대>30대 <input type="submit" value="보내기"> </form> </body> </html> ```
form 입력 상태	 당신의 성별은 ○ 남 ● 여 당신의 연령대는 ● 20대 ○ 30대 [보내기] http://localhost/asptest2-1.asp

실행 결과	
ASP 프로 그램	``` <% strsex = Request.Querystring("sex") strage = Request.Querystring("age") %> <html> <head><title>사용결과</title></head> <body> 당신은 <b><% = strsex %></b> 이고 연령은 <b><% = strage %></b> 이군요
 </body> </html> ```

역시 위의 ASP 프로그램은 웹 서버의 폴더에 저장되어 있어야 한다.

연습문제

01. CGI란 무엇인가?

02. 〈input〉 태그에서 text와 password에 대해서 설명하시오.

03. 〈input〉 태그에서 입력된 값의 전달 방법을 설명하시오.

04. submit 타입을 사용하려면 반드시 무슨 태그 안에 서술해야 하는가?

스크립트

05 스크립트

5.1 스크립트

웹 페이지는 기본적으로 HTML로 작성한다. 그러나 HTML은 동적인 문서를 만들지 못하고 정적인 문서만을 만들 수 있다.

그래서 동적인 문서를 만들기 위해서는 스크립트나 애플릿, DHTML(Dynamic HTML), XML(eXtensible Markup Language), CGI 등을 사용한다.

이 중에서 스크립트는 javaScript나 vbScript와 같이 클라이언트 측에서 수행하는 것과 PHP, JSP, ASP 등과 같이 서버에서 수행하는 것이 있다.

(1) Client Script

사용자들이 사용하는 컴퓨터들의 성능이 강력해짐에 따라, 데이터 검증, 클라이언트 이미지 매핑, 사용자 대화상자와 같은 간단한 처리들을 클라이언트 컴퓨터에서 실행하게 되면, 웹 서버의 부담을 줄이고 네트워크의 트래픽도 줄이는 역할을 하게 된다. 이를 위해 클라이언트 측 스크립트 언어들이 개발되었다.

스크립트 언어는 보통 일반 프로그램 언어에 비해 간단하며, 인터프리터 방식으로 실행된다. 클라이언트 측 스크립트 언어들로는 JavaScript, vbScript, JScript 등이 있다. 현재, 호환성 때문에 JavaScript 언어가 클라이언트 측 스크립트 언어로 가장 많이 사용되고 있으며, 넷스케이프(Netscape)사와 썬(SUN)사에 의해 만들어졌다.

○ javaScript

JAVA 언어처럼 JAVA 언어로 애플릿 프로그램을 만들고 컴파일해 두었다가 브라우저가 요청할 때, 서버에서 가져와서 실행하는 것이 아니라 HTML 문서 안에 JavaScript로 기술된 프로그램을 넣어둠으로써 바로 실행할 수 있게 한다.

○ vbScript

마이크로소프트사도 전 세계적으로 산재해 있는 수천만의 비주얼 베이직 프로그래머들이 쉽게 인터넷 프로그램을 할 수 있도록 비주얼 베이직 언어의 부분 집합으로 vbScript 언어를 개발하였다. 이는 클라이언트 측의 브라우저인 익스플로러에서 실행된다. 또한, 이 회사는 JavaScript 언어를 자사 버전으로 만들었는데 이 언어가 바로 JScript이다.

(2) Server Script

클라이언트 측 스크립트의 상대적인 개념으로 서버 측 스크립트가 있다. 이는 서버 컴퓨터 상의 스크립트 엔진에 의해 해석되고 실행되는 스크립트를 의미한다. 이를 사용하는 언어에 따라 구분하는 것이 아니라, 스크립트 언어가 서버에서 실행되느냐 혹은 클라이언트에서 실행되느냐에 의해 구분된다. 서버 측 스크립트는 서버에서 해석되고 실행되므로 클라이언트의 운영체제나 웹 브라우저와는 독립적이다.

서버 측 스크립트는 PHP, JSP, ASP 등이 대표적인 예이다.

사실, 클라이언트 측 스크립트로 개발된 언어들이 서버 측 스크립트 언어로 사용되고 있다. 예를 들면, vbScript 언어는 클라이언트 측 스크립트 언어로 개발되었으나 ASP와 같은 서버 측 스크립트 언어로도 사용되고 있다.

○ ASP(Active Server Page)

마이크로소프트사가 vbScript 언어를 개발하여 클라이언트 측 스크립트 언어로 제공하였으나 호환성 문제로 많이 사용되지 않았다. 사용자들은 익스플로러와 넷스케이프 브라우저 양쪽에서 실행되는 JavaScript 언어가 가장 많이 사용되어 왔다. 그러나 서버 측 스크립트 언어의 등장으로 vbScript 언어가 다시 주목을 받게 되었다. 이는 서버 측 스크립트 언어로 작성된 웹 페이지는 웹 서버에서 실행되고 결과만을 클라이언트에 전송하기 때문에 브라우저에 의존하는 호환성 문제가 없어졌기 때문이다. 또한, 서버 상에서 실행할 수 있는 서버 측 스크립트 언어가 여러 가지 있으나, vbScript 언어가 ASP의 기본 언어로 사용되기 때문이다.

정적인 웹 페이지를 사용하여 항상 같은 응답을 전송하는 것보다 동적인 웹 페이지를 사용하여 클라이언트가 입력한 데이터에 따라 응답을 전송하면 사용자에게 보다 큰 만족을 제공할 수 있다. 이와 같은 동적인 웹 페이지를 만들기 위해서 지금까지 CGI, ISAPI와 같은 서버 기술들을 사용하여 왔다. 마이크로소프트사는 기존 기술보다 더 쉽게 동적인 웹 페이지를 만들 수 있는 새로운 기술을 발표하였는데, 바로 ASP이다.

○ PHP

PHP는 HTML 문서 내부에 포함 되어 웹서버에서 실행될 수 있는 스크립트 언어이다. PHP 는 1994년 가을 Rasmus Lerdorf가 처음 고안하였다. 처음 비공개판은 그의 홈페이지에 사용되었고, 외부에 사용된 것은 1995년 초부터 사용되어 Personal Home Page Tools라고 불리게 되었다.

PHP는 속도, 개발 편의성, 여러 가지 확장 기능으로 볼 때 기존의 펄(Perl)이나 ASP(Active Server Page)보다 더 좋은 언어이다. 그리고 LINUX나 UNIX 계열뿐만 아니라 WIN32 용 바이너리 파일을 제공해 마이크로소프트 계열의 웹서버에서도 사용이 가능해 운영체제에 독립적인 웹 프로그램 개발이 가능하다.

○ JSP(Java Server Pages)

JSP는 자바를 기반으로 한 동적인 웹 사이트 개발 언어로서, ASP, PHP, CGI와 같은 서버 측(Server Side) 스크립트 언어이다. 웹 사이트를 개발할 때 많이 사용하는 HTML, 자바스 크립트(Javascript)가 클라이언트(사용자의 웹 브라우저) 상에서 실행이 되는 반면에 JSP 는 서버에서 실행되고, 실행된 결과를 클라이언트에 전달해 주게 된다.

클라이언트에서 웹 서버에 JSP 파일을 요청하면 웹 서버는 JSP를 서블릿(Servlet)으로 만 든 다음에 해당 서블릿을 실행하여 그 결과를 클라이언트에 보내주게 되어 있다. 즉 JSP도 결국은 자바 언어로 변환이 된다는 것을 의미한다. 이 말은 JSP 스크립트 내에 자바로 프로 그램을 짤 수 있고, 자바코드나 JavaBean 컴포넌트를 끼워 넣을 수 있다는 것이다. 그래서 JSP는 자바 기반의 플랫폼의 많은 장점을 모두 취할 수 있어서 상당히 강력한 서버 측 스크 립트 언어이다.

5.2 자바스크립트란?

자바스크립트는 넷스케이프사에서 개발된 LiveScript에 기반을 두고 있다. HTML 문서 안 에 탑재가 가능한 객체(object) 지향 스크립트언어이며 이전에는 LiveScript라고 불리었다. 외적으로는 Java 언어나 C, C++언어와 닮은 부분이 있지만 Java와는 다르다.

정적인 HTML 문서에 동적인 요소를 추가하기 위한 방법이 여러 가지가 있는데 그 중에서 가장 많이 사용되는 것이 스크립트 언어이다. 스크립트 언어는 프로그램 적 요소가 있어 사용자가 원하는 방향의 문서 작성이 가능하다. 스크립트 언어를 사용하여 작성된 문서는 상호 대화가 가능하며 이와 같이 작성된 문서를 우리는 동적인 문서라 표현한다.

최근의 웹은 멀티미디어 요소와 서버와 클라이언트가 상호 인터렉티브하게 작동한다. 단순히 HTML만을 사용하여서는 이러한 요구를 충족시킬 수 없어 DHTML, CSS와 자바스크립트, GIF, 각종 플러그인 프로그램, 자바 애플릿, 플래시 등을 사용하여 해결한다.

자바스크립트는 웹 브라우저 상에서 사용할 수 있는 스크립트 언어로 넷스케이프사가 클라이언트 쪽에서 독립적으로 실행되는 프로그램을 작성하기 위해 개발한 플랫폼에 영향을 받지 않는 객체 기반(object-based) 스크립트 언어이다.

자바스크립트의 특징을 요약하면 다음과 같다.

- HTML 문서에 포함되어 실행되는 스크립트 언어이다.
- 컴파일과정 없이 스크립트를 직접 실행하는 인터프리터 언어이다.
- 문법이 복잡하지 않아 사용이 쉬우며 배우기도 쉽다.
- 동적인 웹 페이지를 작성할 수 있도록 해준다.
- 모든 플랫폼에서 인터프리터에 의해 실행이 가능하다.
- 필요한 기능은 사용자가 직접 함수를 작성하여 활용할 수 있다.
- 내장된 객체나 메서드를 이용하여 쉽고 빠르게 프로그램을 작성할 수 있다.
- 개발된 코드가 웹상에 노출된다.

자바스크립트 코드를 해석하고 실행하는 것은 브라우저의 몫이며 자신을 실행시키고 있는 브라우저가 PC, MAC, UNIX 또는 LINUX 등 어디에서 실행되든 상관없이 똑같이 작동한다.

5.2.1 자바스크립트의 구성요소

자바스크립트로 프로그래밍 하는 데는 자바스크립트의 구성요소를 이해하는 게 아마도 도움이 될 것이다.

(1) Client-side JavaScript

웹 브라우저 상에서 사용되는 자바스크립트를 말한다. HTML 문서 내에 자바스크립트를 사용하여 브라우저를 제어하는데 사용한다. 특히 다양한 이벤트를 사용 응답하게 함으로써 HTML 문서를 더욱 능동적으로 만들 수 있도록 한다.

(2) Core JavaScript

변수, 수식, 조건문, 제어문, 함수, 미리 정의된 Object 등으로 구성되어 있다. 객체 기반 스크립트 언어로써 객체의 정의, 생성, 참조에 관한 연산을 제공한다. 클라이언트와 서버 양쪽에서 모두 사용한다.

(3) Server-side JavaScript

HTML 문서가 웹 브라우저로 전송되기 이전에 서버에 의하여 수행되는 스크립트이다. 보통 데이터베이스의 액세스, 응용 프로그램의 수행 등을 하며 일부 서버에서만 지원된다.

서버 쪽에서 수행되어 그 결과만이 브라우저에 반환된다. 따라서 사용자 쪽에서는 스크립트 소스를 보지 못하게 된다. JavaScript 언어를 확장해서 동적 HTML을 생성하는 기능 및 클라이언트와의 통신, 서버의 외부 파일 참조, SQL DATABASE와의 연결 기능을 지원한다.

이 책에서는 클라이언트 측 자바스크립트에 대해 설명하기로 한다.

5.2.2 자바스크립트와 자바의 차이점

자바스크립트가 여러 가지 측면에서 자바와 닮은 것은 사실이지만 동일한 언어는 아니다. 자바스크립트는 자바보다 훨씬 간단하며 프로그래밍하기도 간편하고 누구나 쉽게 배워서 사용할 수 있다.

구분	자바스크립트	자바
제작사	넷스케이프	썬 마이크로시스템
실행방법	클라이언트에 의해 실행 시 해석	서버에서 컴파일 작업 시 해석
객체지향	클래스 정의나 상속을 지원하지 않음	상속할 수 있는 클래스로 코드가 구성
존재형태	html 문서 속에 코드가 직접 삽입	애플릿 형태로 html 문서에 삽입
타입체크	변수의 타입이 선언되지 않아도 됨	변수의 타입이 반드시 선언되어야 함
객체참조	동적 바인딩. 실행 시에 객체 참조	정적 바인딩. 컴파일 시에 객체 참조
보안	소스가 공개된다.	소스가 공개되지 않는다.
작성난이도	쉽다.	어렵다.

5.2.3 자바스크립트 기본과 주석

자바스크립트는 HTML 문서에 직접 삽입되어 브라우저 안에 내장되어 있는 인터프리터에 의해 실행된다. 사용자에 의해 발생하는 사건(event)을 처리하거나 모든 처리를 클라이언트에서 실행됨으로써 서버의 부하를 줄일 수 있다.

기존에는 자바스크립트를 사용할 때 〈script type="text/javascript"〉로 시작했는데 HTML5에서는 〈script〉로 시작해도 된다.

(1) 자바스크립트 기본 구조

① 자바스크립트 소스 공개

```
<script> · · · </script>
```

② 자바스크립트 소스 비공개

자바스크립트의 소스를 비공개 하려면 소스를 js라는 확장자를 가진 파일로 저장한 후 해당 주소를 나타내서 사용한다.

```
<script src = "자바스크립트 파일 (URL).js"> · · ·   </script>
```

자바스크립트는 HTML 문서 내에 〈script〉 태그를 이용 태그 내에 서술한다. 〈script〉 태그는 반드시 마감 태그인 〈/script〉를 서술하여야 한다.

〈script〉 태그는 그 내용에 따라 〈head〉 태그나 〈body〉 태그 내에서 사용하며 〈head〉 태그 내에는 자바스크립트로 정의할 내용을 서술하고 〈body〉 태그 내에는 실행할 내용을 지정할 때 사용한다. 하나의 HTML 문서 내에 여러 개의 〈script〉 태그를 사용해도 된다.

(2) Javascript의 사용 예

① 〈head〉 태그 내

```
<head>
<script>
function love(){
for(i=1;i<=10;i++)
document.write("사랑해-")
}
</script>
</head>
```

또는

```
<script src="test.js"></script>
```

② 〈body〉 태그 내

```
<body>
<script>
    document.write("여기는 body 태그 내 자바스크립트")
</script >
</body>
```

(3) 자바스크립트 사용 방법

자바스크립트는 웹문서 내에서 직접 정의하여 사용할 수 있고, 외부에 정의한 후 사용할
수도 있다. 또한 태그 내에서 정의하여 사용할 수도 있다.

○ 내부 자바스크립트

내부 자바스크립트는 〈head〉 태그나 〈body〉 태그 내에 서술한다. 〈head〉 태그 내에 쓰는
경우는 정의(함수 등)하는 내용을 쓰며 〈body〉 태그 내에 쓰는 경우는 실행 내용을 서술한다.

```
<script>
   document.write("출력할 내용")
</script>
```

따라하기

Html 문서	실행결과

``html
<html>
<head><title>script 넣기</title></head>
<body>
<script>
document.write("자바스크립트 연습 중")
document.write("안녕하세요")
document.write("반갑습니다")
</script >
</body></html>
``
	C:\이근형\이근형홈피 ☰ script 넣기 ×
	
	자바스크립트 연습 중안녕하세요반갑습니다

 따라하기

Html 문서	실행결과

``html
<html>
<head><title>사용자 함수</title>
<script>
function display() {
for(i=1;i<=10;i++)
document.write("<b>script ")
}
</script></head>
<body>
<b> function 문 연습</b>
<hr color="red">
<script>   display() </script>
</body></html>
``
	C:\이근형\이근형홈피 ☰ 사용자 함수 ×
	
	function 문 연습
	<hr>
	script script script script script script script script script script

○ 외부 자바스크립트

 따라하기

	HTML 문서와 자바스크립트

Html
문서
	``html
	<html>
	<head><title> script 태그 넣기 </title>
	<script src = "java.js">
	</script >
	</head>
	<body>
	</body>
	</html>
	``

	자바스크립트의 외부파일(java.js)
	``` document.write("여기는 외부 파일 자바스크립트") document.write("여러분 안녕하세요") ```

| 실행 결과 | ← → ❷ C:₩이근형₩이근형홈피 ₽ ▾ ℂ ❷ script 태그 넣기 ✕   ⌂ ★ ✿

여기는 외부 파일 자바스크립트여러분 안녕하세요 |

외부 자바스크립트는 확장자를 js라고 하여 따로 저장한다. 물론 같은 폴더 안에 있어야한다. 그렇지 않으면 경로를 지정해 주어야 한다.

○ 인라인 스크립트

🔍 따라하기

Html 문서	실행결과

``html
<html>
<head><title>인라인 스크립트</title></head>
<body>
<b>인라인 스크립트</b>
<hr color="red">
<a href="javascript:alert('환영합니다')">
            경고 메시지</a>
</body>
</html>
``
	← → ❷ C:₩이근형₩이근형홈피 ₽ ▾ ℂ 웹 페이지 메시지 ✕ ⌂★✿
	
	인라인 스크립트
	
	경고 메시지 ⚠ 환영합니다
	
	              확인

(4) 자바스크립트에서 주석(comment)

"// 주석 내용"은 자바스크립트 내에서 // 이후에 있는 스크립트는 실행이 되지 않는다. 물론 한 줄만 해당된다.

"/* 주석 내용(한 줄 이상의 연속된 내용) */"은 자바스크립트 내에서 여러 줄을 주석으로 취급한다.

따라하기

Html 문서	

``html
<html>
<head><title>주석 넣기</title>
<script>
function display() {
for(i=1;i<=10;i++) // 10번 반복
document.write("<b>script ")
}
</script>
</head>
<body>
  <script>
  document.write("홈페이지 ")
   // 이 문자열은 나타나지 않는다.
 /* document.write("body 태그에
          자바스크립트 넣기") */
   display() // 함수 부름
  </script>
</body></html>
``
	홈페이지 script script script script script script script script script script

5.2.4 document.write()

HTML 문서에서는 태그를 사용하지 않고도 문서 내에 서술한 문자열을 화면에 나타낼 수 있지만 자바스크립트는 화면에 문자열을 출력하려면 document.write()라는 개체를 사용하여야 한다. 자바스크립트에서 없어서는 안되며 괄호 안에는 출력할 내용을 겹 따옴표나 홑 따옴표로 감싸주어야 한다.

(1) 기본 형태

```
document.write("화면에 출력할 내용")
```

 따라하기

Html 문서	실행결과

``html
<html>
<head><title>document 넣기</title></head>
<body>
<script>
  document.write('여러분')
  document.write("안녕하세요?")
  document.write("document를 실습 중")
</script >
</body></html>
``
	여러분안녕하세요?document를 실습 중

document.write()를 여러 번 사용하여 문자열을 출력한 결과 문자열의 줄 바꿈이 이루어지지 않는데 이것은 마치 HTML 문서에서 줄 바꿈이 이루어지지 않는 것과 같다.

따라서 자바스크립트 내에서도 줄 바꿈을 하려면 〈br〉 태그를 사용한다.

```
document.write("화면에 출력할 내용"+"〈br〉") 또는
document.write("화면에 출력할 내용〈br〉")
document.write("〈br〉")
```

 따라하기

Html 문서	실행결과
`<html>` `<head>` `<title>document와 줄바꾸기</title></head>` `<body>` `  <script>` `      document.write("여러분"+" ")` `  //   document.write("여러분 ")` `      document.write("안녕하세요?")` `      document.write(" ")` `      document.write("document를 실습 중")` `   </script >` `</body></html>`	여러분 안녕하세요? document를 실습 중

(2) document 개체에 태그 접목

 따라하기

	일반적인 HTML 문서에서의 메시지 표현
Html 문서	`<html>` `<head>` `<title>document 개체에 태그 접목 </title>` `</head>` `<body>` `<font color="red" size="5">여러분 안녕하세요.</font> ` `<hr color="red">` `열심히 연습하세요  ` `<img src="house.gif">  ` `<a href = "http://www.daum.net"> 다음사이트</a>` `</body>` `</html>`

	자바스크립트 내에서의 메시지 표현

Html 문서	```html
	\<html\>
	\<head\>\<title\>document 개체에 태그 접목 \</title\>\</head\>
	\<body\>
	\<script\>
	document.write("\<font color='red' size=' 5' \>")
	document.write("여러분 안녕하세요." + "\</font\>\<br\>")
	document.write("\<hr color='red'\>")
	document.write("열심히 연습하세요 \<br\>\<br\>")
	document.write("\<img src='house.gif'\>\<br\>\<br\>")
	document.write('\<a href = "http://www.daum.net"\>')
	document.write(" 다음사이트"+"\</a\>")
	\</script\>
	\</body\>\</html\>
	``

실행 결과	

위에서 보는 바와 같이 HTML의 태그는 모두 document.write() 내에 서술되어야 하며 겹 따옴표나 홑 따옴표로 감싸주어야 한다. 이 때 HTML 태그 내에 겹 따옴표가 있다면 양쪽 중 어느 한 쪽은 홑 따옴표를 사용하면 된다. 만약 짝을 제대로 맞추지 못하면 error가 발생 한다.

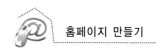
5.3 자바스크립트의 기본 문법

5.3.1 데이터 타입

(1) 식별자(identifier)

식별자는 변수나 함수이름 등에 사용되며 만들 때는 몇 가지 규약이 있다.

- 첫 글자는 반드시 영문자나 "_"(밑줄)로 시작하여야 한다.
- 영문자와 숫자 그리고 특수문자의 조합으로 이루어져야 한다.
- 영문자인 경우 대소문자를 구분하여 사용하여야 한다.
- 자바스크립트의 예약어는 사용할 수 없다.
- 가능한 의미 있는 내용으로 만들어 사용한다.

① 자바스크립트의 예약어

abstract	boolean	break	byte	case	catch
char	class	const	continue	default	
delete	do	double	else	extends	false
final	finally	float	for	function	goto
if	implements	import	in	instanceof	int
interface	long	native	new	null	package
private	protected	public	return	short	static
super	switch	synchronized	this	throw	transient
true	try	var	void	while	with

(2) 변수(variable)

변수란 프로그램 내에서 특정 자료형의 값을 가질 수 있는 저장 장소의 이름이다. 자바스크립트에서는 변수 선언 시 타입을 주지 않으며 변수는 어떤 타입의 값이라도 저장할 수 있다. 자바스크립트에서는 변수를 사용하기만 하여도 변수의 선언이 이루어지므로 특별히 선언을 안 해도 되지만 좀 더 체계적이고 명확한 변수를 사용하고 싶다면 var로 변수를 선언한다.

```
var number
var ic = 10          // 초기 값으로 10 이 저장됨
age = 20             // 직접 프로그램 내에서 사용
```

따라하기

Html 문서	실행결과

`<html>`
`<head><title>데이터 처리 </title></head>`
`<body>`
`<script>`
`var test = 100`
`number = 1234;`
`document.write(test);`
`document.write("<h3>" + number + "</h3>")`
`</script>`
`</body></html>`
	100
	
	1234

변수에 기억된 내용을 출력할 때 변수는 따옴표로 감싸지 않는다.

 따라하기

Html 문서	실행결과
`<html>` `<head><title>데이터 처리</title></head>` `<body>` `<script>` `var  x , y;   x= 4+9; y="4"+9;` `            z="5"+x; p=20` `document.write("<h3>x =" + x +" ")` `document.write("y =" + y +" ")` `document.write("z =" + z +" ")` `document.write("sum =")` `document.write( p+x+"</h3>")` `</script>` `</body></html>`	x =13 y =49 z =513 sum =33

문자열과 수치나 변수와의 더하기는 수치나 변수의 값이 문자열로 취급되어 "+"이 문자열 연결자 역할을 하게 된다. 여러 개의 스크립트 문을 한 줄에 쓰려면 ";"로 구분하여 사용하면 된다. 한 줄에 하나의 문을 쓸 때는 꼭 기재하지 않아도 무방하다.

○ 변수의 종류 및 범위

변수는 어디에서나 선언될 수도 있으며 전역변수와 지역변수가 있다. 전역변수는 프로그램 전체에서 정의하여 사용되는 변수이고, 지역변수는 함수 내부에서 정의되어 사용하는 변수이다. 따라서 전역변수는 함수 외부에서 선언하고 지역변수는 함수 내에서 선언한다.

따라하기

Html 문서	```html
	<html>
	<head><title>전역변수와 지역변수</title></head>
	<body>
	<b>전역변수와 지역변수</b><hr color=red>
	<script>
	  function IncYear(x) {
	      x++;
	      all="전역변수"
	      var local="지역변수" //지역변수
	      document.write("<b>x 값은", x);
	      document.write(" local은 "+ local)
	      document.write(" Value 값은", Value);
	  }
	   // document.write(local) //지역변수로 출력시 에러
	</script>
	<script>
	    var Value = 10; // 전역변수
	    IncYear(Value);
	    document.write("
	
	")
	    document.write("<b>Value 값은", Value);
	// document.write("x 값은", x); //지역변수로 출력시 에러
	    document.write(" all은 "+all+"<b>")
	</script>
	</body></html>
	``

실행 결과	![실행결과] 전역변수와 지역변수 x 값은11 local은 지역변수 Value 값은10 Value 값은10 all은 전역변수

(3) 상수(const)

① 정수 형(Integer)

정수형은 10진수(decimal), 16진수(hexadecimal)나 8진수(octal)의 형식으로 표현할 수 있다.

- 10진수 : 0-9 사이의 값을 갖는다.
- 16진수 : 0-9, A-F(혹은 a-f) 사이의 값을 갖는다.

앞에 0X(혹은 0x)가 붙는다.

- 8진수 : 0~7 사이의 값을 갖는다. 앞에 0이 붙는다.

② 부동소수점 형(Floating Point)

보통 실수 형으로 소수점의 값을 갖는다. 지수 형(exponent)의 형식을 가질 수도 있다. 적어도 하나 이상의 숫자와 소수점이나 지수 형을 가져야 한다.

- 3.1415
- −3.1E12
- 3.1e12
- 2E−12

③ 문자열 형(String)

문자열 형은 null값이나 겹 따옴표(")나 따옴표(')로 둘러싸인 문자들은 가진다.

- "blah"
- 'blah'
- "1234"

 따라하기

Html 문서	실행결과

``html
<html>
<head><title>데이터 처리</title></head>
<body>
<script>
var x,y,z
x="광복절은 " ; y="8월 "; z="15일 입니다."
document.write(x); document.write(y);
document.write(z)
document.write("<p>"+x+y+z)
</script>
</body></html>
``
	광복절은 8월 15일 입니다.
	
	광복절은 8월 15일 입니다.

④ 부울 형(Boolean)

1비트인 자료형으로서, 참(true)과 거짓(false)의 두 가지 값을 가진다. 주로 함수의 리턴 값이나 관계 연산자의 결과 값으로 사용된다. 값으로는 참이면 1로, 거짓이면 0으로 정의된다.

따라하기

Html 문서	실행결과
`<html>` `<head><title>Untitled</title>` `</head>` `<body>` `<script>` `a=false; b=true` `document.write("<b>" + a)` `document.write(" ")` `document.write(b +" ")` `document.write("연산에 사용하면 ")` `document.write((b+3) +" ")` `document.write((a+3) +"</b>")` `</script>` `</body></html>`	false true 연산에 사용하면 4 3

⑤ null

이것은 0이나 space와는 다르다. 정말로 아무 것도 없는 것이다. 예를 들면 변수를 선언하고 변수에 아무 값도 주지 않으면 null이란 값이 지정된다. 그러나 때에 따라서는 메모리의 상황에 따라 아닐 수도 있으므로 확실하게 null을 넣고 싶으면 "변수 = null"로 정의해 주어야 한다.

따라하기

Html 문서	실행결과
`<html>` `<head><title>데이터 처리</title></head>` `<body>` `<script>` `var x , y, z=null` `document.write("<b>"+y +" ")` `document.write(x +" ")` `document.write(z +" ")` `document.write(z+3+" ")` `document.write(x+3+"</b>")` `</script>` `</body></html>`	undefined undefined null 3 NaN

5.3.2 연산자

(1) 산술연산자

연산자	설명
+	두 수를 더한다.
-	앞의 수에서 뒤의 수를 뺀다.
*	두 수를 곱한다.
/	앞의 수를 뒤의 수로 나눈다.
%	앞의 수를 뒤의 수로 나눈 나머지를 구한다.
++	해당 변수를 1 만큼 증가시킨다.
--	해당 변수를 1 만큼 증가시킨다.

따라하기

Html 문서	실행결과

``html
<html>
<head><title>데이터 처리</title></head>
<body>
<b>산술연산자 연습</b>
<hr color="red">
<script>
var a = 5, b = 3;
document.write("<b>a + b = " + (a + b) + "
")
document.write("a - b = " + (a - b) + "
")
document.write("a * b = " + (a * b) + "
")
document.write("a / b = " + (a / b) + "
")
document.write("a % b = " + (a % b) + "
</b>")
</script>
</body></html>
``
	산술연산자 연습
	
	a + b = 8
	a - b = 2
	a * b = 15
	a / b = 1.6666666666666667
	a % b = 2

(2) 관계연산자

관계연산자는 두 개의 데이터 값과의 관계를 대소로 판단하여 참(true), 혹은 거짓(false)으로 반환된다.

연산자	설 명
A > B	A가 B보다 크다
A >= B	A가 B보다 크거나 같다
A < B	A가 B보다 작다
A <= B	A가 B보다 작거나 같다
A == B	A는 B와 같다
A != B	A는 B와 같지 않다

여기에서 중요한 것은 A와 B가 같다는 표현을 할 때는 '='가 아닌 '=='으로 표현한다는 것이다. 자바스크립트에서 '='는 대입연산자로서 A = B라고 하면 A라는 변수에 B 값을 대입한다는 뜻이다. 꼭 알아두자.

 따라하기

| Html 문서 | ```html
<html>
<head><title>데이터 처리</title></head>
<body>
관계연산자 연습<br>
<hr color="blue">
<script>
var x = 5; var y = 3;
document.write("x=5 이고,y=3 일때<br>");
document.write("x > y 연산의 결과는 " + (x > y)+"   ");
document.write("x >= y 연산의 결과는  " + (x >=y) + "<br>");
document.write("x < y 연산의 결과는 " + (x < y)+"   ");
document.write("x <= y 연산의 결과는 " + (x <=y) + "<br>");
document.write("x == y 연산의 결과는 " + (x ==y)+"   ");
document.write("x != y 연산의 결과는 " + (x != y) + "<br>");
</script>
</body>
</html>
``` |
| 실행 결과 | 관계연산자 연습

x=5 이고,y=3 일때
x > y 연산의 결과는 true   x >= y 연산의 결과는 true
x < y 연산의 결과는 false   x <= y 연산의 결과는 false
x == y 연산의 결과는 false   x != y 연산의 결과는 true |
```

(3) 조건연산자

조건연산자는 유일하게 세 개의 피 연산자를 갖는 삼항 연산자로서 조건의 결과가 참 혹은 거짓 중 처리해야 할 내용이 다를 때 사용하는 연산자이다. 이 연산자는 뒤에 언급할 if 문과 같은 효과를 갖는다.

> 형식 : 조건식 ? 구문-1 : 구문-2
>   조건식의 결과가 참(true)이면 구문-1을 실행하고, 거짓(false)이면 구문-2를 실행함

 따라하기

Html 문서	실행결과

`<html>`
`<head><title>데이터 처리</title></head>`
`<body>`
`<b> 조건연산자 연습 </b>`
`<hr color="red">`
`<script>`
`var x = 5; var y = 3;`
`x > y ? z = x + y : z = x - y`
`document.write("<b>결과는   " + z)`
`</script>`
`</body></html>`
	조건연산자 연습
	
	결과는 8

(4) 논리연산자

논리연산자는 각 논리 값들 사이에 사용되는 연산자로 다음과 같은 형태로 사용되며, 결과 값을 "true"나 "false"로 받을 수 있는 연산자이다.

 따라하기

Html 문서	`<html>` `<head><title>데이터 처리</title></head>` `<body>` `<b>논리연산자 연습 (a = 5)일 때</b> <hr color="red">` `<script>` `a = 5;` `document.write("<b>a 는 2보다 작고 6보다 작은 수인가? : " +` `            (a > 2 || a <6) + " ")` `document.write("a 는 2보다 큰 수인가? : " + ( ! a > 2) + " ")` `document.write("a 는 3의 배수이거나 5의 배수인가? : " +` `            (a%3 == 0 || a%5 == 0 ) + " ")` `document.write("a 는 3의 배수이면서 동시에 5의 배수인가? : " +` `            (a%3 == 0 && a%5 == 0 ) + " ")` `document.write("a 는 4가 아닌가? : " + ( ! a != 4) + " </b>")` `</script>` `</body></html>`

실행
결과

논리연산자 연습 (a = 5)일 때
────────────────────────────────
a 는 2보다 작고 6보다 작은 수인가? : true
a 는 2보다 큰 수인가? : false
a 는 3의 배수이거나 5의 배수인가? : true
a 는 3의 배수이면서 동시에 5의 배수인가? : false
a 는 4가 아닌가? : true

연산자	의미	연산적용	결과
!	부정, NOT의 의미	!(참)	
&&	AND의 의미로 두 가지 모두 참일 때만 참이다.	참&&참 참&&거짓 거짓&&참 거짓&&거짓	참(true) 거짓(false) 거짓(false) 참(true)
‖	OR의 의미로 두 가지 중 하나만 참이면 참이 된다.	참‖참 참‖거짓 거짓‖참 거짓‖거짓	참(true) 참(true) 참(true) 거짓(false)

(5) 대입연산자

대입연산자는 변수에 특정 값을 저장하는 연산자로 "="가 있다.

a = 45일 때 =가 대입연산자이다. 즉 오른쪽 값 45를 a라는 왼쪽에 있는 변수에 저장하는 것이다. 대입연산자 중에 누적 대입연산자라는 것도 있는데, "+=", "/="의 형식으로 사용된다.

예를 들면,

    a = 10일 때
    a += 3이면 결과적으로 a의 값은 13이 된다.

따라하기

Html 문서	```html
	<html>
	<head><title>데이터 처리</title></head>
	<body>
	<b>대입연산자 연습</b><hr color="red">
	<script>
	var a = 30; var b = 17;
	    a += b; document.write("<b>a += b에서 a 값은? " + a + "
	");
	    a -= b; document.write("a -= b에서 a 값은? " + a + "
	");
	    a *= b; document.write("a *= b에서 a 값은? " + a + "
	");
	    a /= b; document.write("a /= b에서 a 값은? " + a + "
	");
	    a %= b; document.write("a %= b에서 a 값은? " + a + "
	</b>");
	</script>
	</body></html>
	``

실행 결과	대입연산자 연습 a += b에서 a 값은? 47 a -= b에서 a 값은? 30 a *= b에서 a 값은? 510 a /= b에서 a 값은? 30 a %= b에서 a 값은? 13

(6) 문자열 연산자

수치 연산자 "+"가 문자열 사이에서 사용될 때에는 문자열 결합 연산자로 바뀐다. 즉 "+" 기호 양쪽에 있는 문자열을 결합하여 하나의 문자열로 만들어 주는 것이다.

str = "자바"+ "스크립트"이라면 변수 str에는 "자바스크립트"라는 문자열이 대입된다.

(7) 연산자 우선순위

연산자 우선순위는 다른 프로그램 언어에서와 같다.

우선순위	연산자	내용
1	( ) , [ ]	괄호 / 대괄호
2	!, ~, ++, --	부정 / 증감 연산자
3	*, /, %	곱셈 / 나눗셈 연산자
4	+, -	덧셈 / 뺄셈 연산자
5	<<, >>, >>>	비트단위의 쉬프트 연산자
6	<, <=, >, >=	관계 연산자
7	==, !=	
8	|	비트 단위의 논리연산자
9	&	
10	^	논리곱 연산자
11	&&	논리합 연산자
12	||	
13	? :	대입 / 할당 연산자
14	=, +=, -=, *=, /=, %=, <<=, >>=, &=, ^=, ~=	

5.3.3 제어문(control 문)

자바스크립트 제어문에는 크게 조건 선택문, 반복문, 보조 제어문 등이 있다. 조건 선택문에는 if 문, if~else 문, 다중 if~else 문, switch~case 문 등이 있고, 반복문에는 for 문, while 문, 그리고 do~while 문이 있다. 보조제어문에는 continue 문과 break 문이 있다.

이들을 표로 나타내면 다음과 같다.

제어문 종류	설명	제어문
조건 선택문	조건을 만족시킬 때 실행되는 구문과, 그렇지 않을 때 실행되는 구문을 지정할 때 사용하는 제어문	if 문
		if~else 문
		다중 if~else 문
		switch~case 문
반복문	지정된 범위 내에서 반복해서 실행시키는 제어문	for 문
		while 문
		do~while 문
보조 제어문	반복문 내에서 사용되며 우측 구문을 만나면 건너뛰거나 반복수행을 종료하는 기능을 한다.	continue 문
		break 문

(1) 조건 선택문

① if 문

if 조건 선택문은 정해진 조건을 만족할 경우에만 특정 구문을 수행하도록 하는 제어문이다. 자바스크립트를 프로그램할 때 아주 많이 사용되는 제어문이니 잘 알아둘 필요가 있다.

일반적인 형식은 다음과 같다.

```
if (조건식) {
    조건 결과가 참일 때 처리할 내용 들
}
```

따라하기

Html 문서	`<html>` `<head><title>if문</title></head>` `<body>` `<b>if 문 연습</b><hr color="red">` `<script>` `busy = "바쁨"` `document.write("<b>당신은" + busy + "니까?  ")` `if (busy == "바쁨") document.write(busy + ": 그러면 지하철을 타세요</b>")` `if (busy =="안바쁨") document.write(busy + ": 그러면 버스를 타세요</b>")` `</script>` `</body></html>`
실행 결과	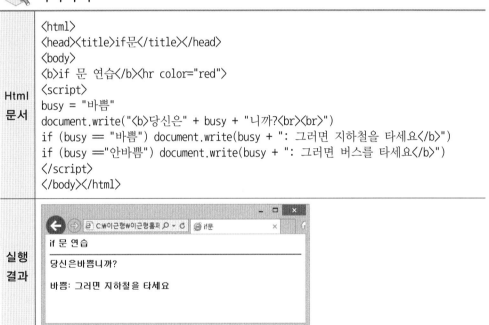

② if~else 문

이 구문은 if 문과 아주 흡사하지만 조건이 참일 때 수행하는 구문과 거짓일 때 수행하는 구문을 별도로 지정해 줄 때 사용하는 조건문이다.

사용형식은 아래와 같다.

```
if(조건식){
    조건의 결과가 참일 때 수행할 내용 들
    }
else{
    조건의 결과가 거짓일 때 처리할 내용 들
    }
```

🔍 따라하기

Html 문서	`<html>`
	`<head><title>if else</title></head>`
	`<body>`
	`<b>if ~ else 문 연습</b><hr color="blue">`
	`<script>`
	`n = 4`
	`if(n % 2 == 0)`
	`    document.write("<b>n=" + n + "  따라서 n 은 짝수</b>")`
	`else`
	`    document.write("<b>n=" + n + "  따라서 n 은 홀수</b>")`
	`</script>`
	`</body></html>`

실행 결과	if ~ else 문 연습 n=4 따라서 n 은 짝수

③ 다중 if~else 문

다중 if~else 문은 조건을 하나 이상으로 설정할 수 있는 기존의 if~else 문에서 진일보한 제어문이다.

형식은 다음과 같다.

```
if(조건-1){
    조건-1의 결과가 참일 때 수행할 내용 들
}
else if(조건-2){
    조건-2의 결과가 참일 때 수행할 내용 들
}
else {
    조건-1과 조건-2의 결과 모두 만족하지 못할 때 수행할 내용 들
}
```

따라하기

Html
문서
	``
	<html>
	<head><title>if - else if</title></head>
	<body>
	<b>다중 if ~ else 문 연습<b>
	<hr color="red">
	<script>
	age = 30
	document.write("<b>")
	if(age < 20) document.write("당신은 미성년자 이군요.</b>")
	else if(age >= 20 & age<30) document.write("당신은 청년기 이군요.</b>")
	else if(age >= 30 & age<40) document.write("당신은 장년기 이군요.</b>")
	else document.write("당신은 노년기 이군요.</b>")
	</script>
	</body>
	</html>
	``

실행 결과	다중 if ~ else 문 연습 당신은 장년기 이군요.

④ switch~case 문

이 조건문은 다중 if~else 문을 좀 더 간편하게 하기 위한 명령어로 다중 if~else 문과 마찬가지로 조건이 여러 개일 때 유용하게 사용할 수 있다. 형식은 다음과 같다.

```
switch(수식) {
case 값1 : 구문-1; break;
case 값2 : 구문-2; break;
case 값3 : 구문-3; break;
  :
  :
default : 구문-n;
  }
```

여기에서 break는 생략이 가능하며, default 문은 case 값에 해당하지 않을 때 수행할 구문이다.

🔍 따라하기

Html
문서
	`<html>`
	`<head><title>switch 문</title></head>`
	`<body>`
	`<b>switch 문 연습</b>`
	`<hr color="green">`
	`<script>`
	`color = 2`
	`switch(color) {`
	`    case 0 : document.write("<b>당신은 빨간색을  좋아하군요</b>"); break;`
	`    case 1 : document.write("<b>당신은 주황색을  좋아하군요</b>"); break;`
	`    case 2 : document.write("<b>당신은 노란색을  좋아하군요</b>"); break;`
	`    case 3 : document.write("<b>당신은 초록색을  좋아하군요</b>"); break;`
	`    default : document.write("<b>당신은 보라색을  좋아하군요</b>"); break;`
	`}`
	`</script>`
	`</body></html>`

실행 결과	switch 문 연습 당신은 노란색을 좋아하군요

(2) 반복문

반복문은 주어진 조건 내에서 반복하여 수행해야 할 일이 있을 때 사용하는 제어문으로 for 문과 while 문이 있다.

① for 문

for 문은 주로 반복횟수가 지정된 경우에 많이 사용되며, 제어변수에 의해 반복을 할 것인
지 아닌지를 결정하여 지정된 반복 횟수만큼 반복되게 된다. 이 구문은 앞으로 자주 보게
될 것이므로 잘 알아두면 좋다.

```
for(초기 값; 조건; 증감 식) {
    반복처리 할 내용 들
}
```

따라하기

Html
문서
	``html
	<html>
	<head><title>for 문</title></head>
	<body>
	<b>for 문 연습</b><hr color="red">
	<script>
	for(i = 1; i <= 10; i ++){ document.write("<b>java </b>")}
	document.write("
	")
	for(i = 1; i <= 10; i ++){ document.write("<b>script </b>")}
	document.write("
	")
	for(i = 1; i <= 10; i ++){ document.write("<b>" + i + "</b>")}
	</script>
	</body></html>
	``

실행 결과	C:\이근형\이근형홈페 ☐ for 문 for 문 연습 ───────────────────── java java java java java java java java java java script script script script script script script script script script 12345678910

따라하기

Html
문서
	``html
	<html>
	<head><title>for 문 연습</title></head>
	<body>
	<script>
	  for(i=1; i<=7; i++){
	     if(i%2==1)
	     document.write("<font size=",i,">어서오세요.</font>
	")
	     else
	     document.write("<font color=red size=",i,">어서오세요.</font>
	")
	}
	</script>
	</body></html>
	``

실행 결과	어서오세요. 어서오세요. 어서오세요. 어서오세요. 어 서 오 세 요. 어 서 오 세 요.

 따라하기

Html
문서
	``html
	<html>
	<head><title> FOR문 연습 </title></head>
	<body>
	<script>
	    dan = 5
	    document.write("<table width='100' align='center'>")
	    document.write("<tr bgcolor='#ffff00'>")
	    document.write("<th>"+ dan +" "+" "+"단"+"</th>")
	    for(i=1 ; i<=9 ; i++) {
	      document.write("<tr bgcolor='#ffffcc'>")
	      document.write("<td align='center'><b>"+
	                       dan +" * "+ i +" = "+ dan*i +"</b></td></tr>")
	    }
	    document.write("</table>")
	</script>
	</body></html>
	``

실행 결과	5 단 5 * 1 = 5 5 * 2 = 10 5 * 3 = 15 5 * 4 = 20 5 * 5 = 25 5 * 6 = 30 5 * 7 = 35 5 * 8 = 40 5 * 9 = 45

② while 문

while 문은 조건을 주어 결과가 참(true)이면 반복을 하고 거짓(false)이면 반복문을 벗어나서 반복수행을 멈추게 된다.

뒤에 나오는 do while 문과 다른 점은 조건이 거짓일 경우 한 번도 구문을 수행하지 않을 수도 있다는 점이다. 그리고 for 문과 다른 점은 초기 값을 제어문 안에 설정할 수 없다는 것이다.

```
while(조건) {
   반복 처리할 내용들
   }
```

 따라하기

Html 문서	실행결과

`<html>`
`<head><title>while 문</title></head>`
`<body>`
`<b>while 문 연습</b>`
`<hr color="red">`
`<script>`
`x=0; total=0`
`while(x < 10) {`
`x++;  total = total + x;`
`document.write("<b>"+ x);`
`if(x != 10)`
`document.write("<b> + ")`
`}`
`document.write("<b> = " + total)`
`</script>`
`</body>`
`</html>`
	while 문 연습
	
	1 + 2 + 3 + 4 + 5 + 6 + 7 + 8 + 9 + 10 = 55

③ do while 문

이 구문 역시 반복 제어문이다. 앞의 while 문과 다른 점은 while 문은 조건에 맞지 않으면 한 번도 수행하지 않을 수 있지만 do while 문에서는 조건에 맞지 않더라도 적어도 한 번은 수행을 하도록 되어 있다.

```
do {
    반복 구문
}
while(조건)
```

④ break 명령문

for나 while 등과 같은 반복문을 강제로 종료 시켜준다. break 문은 반복문 내에서만 사용한다. 먼저 예제를 보면서 알아보도록 하자.

```
a = 0;                          // 초기 a 의 값은 0 이다.
for(i = 1; i < 100; i++) {      // 임의의 변수 i 를 설정하여 그 값이
                                   99가 될 때가지 반복 수행하여 증가
    if(i == 11) break;          // i 의 값이 1씩 증가하여 11이 되면      a = a + i;
                                   루프(반복문)를 중단
}                               // i + a 의 값을 다시 a 에 담는다.
```

⑤ continue 문

break 문은 반복문을 종료시키지만 continue 문은 continue 이후의 구문만 중단하고 다시 반복문을 실행시켜 준다. 즉, 반복문 내에서 예외적 조건을 처리 해 준다. 이 구문 역시 for, while, do while 등 반복문 내에서 사용된다.

```
a = 0;
for(i = 1; i <= 100; i++) {
    if(i == 10) continue;
a = a + i;
}                               // 10을 제외한, 1부터 100 까지의 합을 구한다.
```

5.3.4 함수

함수는 어떤 특정한 기능을 수행하기 위해 미리 정의된 명령들의 집합이다. 자바스크립트에서 함수는 가장 중요한 요소이다. 즉, 함수를 모르면 자바스크립트로는 거의 대부분의 것들은 할 수가 없다. 이러한 함수를 통하여 코딩을 하면 문서의 내용이 훨씬 간결해지며, 유지 보수가 쉬우며 편리하게 사용할 수 있다.

자바스크립트에서 사용하는 함수에는 자바스크립트 내에 정의된 내장함수와 사용자가 정의하여 사용하는 사용자 정의 함수가 있다.

(1) 사용자 정의 함수

사용자 정의 함수는 사용자가 필요에 따라 직접 정의하는 함수로, 함수를 사용하게 되면 한번 정의 해 놓은 함수를 어느 위치에서나 쉽게 호출하여 사용할 수 있다. 어느 곳에서나 호출하여 사용하려면 함수 선언을 〈head〉 태그 부분에서 해 준다.

① 함수의 선언

함수의 선언은 function이라는 키워드로 한다.

```
function 함수이름(매개변수1, 매개변수2, ..., 매개변수n) {
    실행될 내용들;
     return 값;
}
```

간단히 설명한 것을 정리해 보면 함수는 네 가지의 경우가 있다.

▶ 매개변수(Parameter)와 리턴(return) 값이 없는 경우

```
function 함수이름() {
   실행될 내용들;
}
```

예를 들면,

```
function calc() {
    var a = 3;   var b = 7;  var sum = 0;   sum = a + b;
    document.write(sum)
}
```

따라하기

Html 문서	실행결과
| ```html
<html>
<head><title>사용자 함수</title>
<script>
function display() {
for(i=1;i<=10;i++)
document.write("<b>script </b>")
}
</script></head>
<body>
<b> function 문 연습</b>
<hr color="red">
<script>
 display()
</script>
</body></html>
``` | 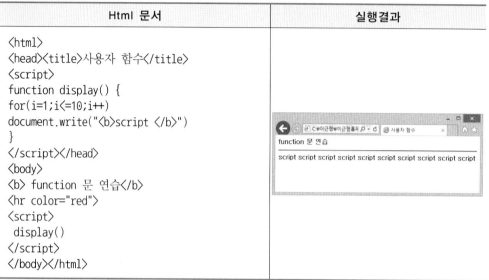 |

▶ 매개변수만 있고 리턴 값이 없는 경우

```
function 함수이름(매개변수1, 매개변수2, ..., 매개변수n) {
   실행될 내용들;
}
```

예를 들면,

```
function calc(a, b) {
    var sum = 0;
    sum = a + b;
}
```
```

따라하기

Html 문서	실행결과

`<html>`
`<head><title>사용자 정의 함수</title>`
`<script>`
`function add(a,b) {`
`var c ;  c = a + b; document.write(c)`
`}`
`</script></head>`
`<body>`
`<b> function 문 연습</b>`
`<hr color="red">`
`<script>`
`x = 13; y = 14;`
`document.write(x + " + " + y + " = ")`
`add(x,y)`
`</script>`
`</body></html>`
	function 문 연습
	
	13 + 14 = 27

▶ 매개변수는 없고 리턴 값만 있는 경우

```
function 함수이름() {
   실행될 내용들;
   return 값;
}
```

예를 들면,

```
function add() {
var a = 3; var b = 7; var sum = 0; sum = a + b;
return sum;
}
```

따라하기

| Html 문서 | ```html
<html>
<head><title>함수 정의와 호출</title>
<script>
function GetSum(){
 total = 0;
 for (var count = 1; count <= 100; count++)
     total += count
 return total
}
</script></head>
<body>
함수 정의와 호출<hr color='red'>
<script>
document.write("1부터100까지의 합은:   ",GetSum())
</script>
</body></html>
``` |
| 실행 결과 | 함수 정의와 호출

1부터100까지의 합은: 5050 |

▶ 매개변수도 있고 리턴 값도 있는 경우

```
function 함수이름(매개변수1, 매개변수2, ..., 매개변수n) {
    실행될 내용들;
    return 값;
}
```

예를 들면,

```
function add(a, b) {
var sum = 0;
sum = a + b;
return sum;
}
```
```

매개변수나 리턴 값이 있고 없고는 상황에 따라 사용하면 된다. 프로그래밍을 계속 하다보면 쉽게 접근할 수 있을 것이다.

 따라하기

Html 문서	실행결과

`<html>`
`<head><title>함수 정의와 호출</title>`
`<script>`
`function GetSum(y) {`
` total = 0;`
` for (var count = 1; count <= y; count++)`
`   total += count`
`  return total`
`}`
`</script></head>`
`<body>`
`<b>함수 정의와 호출</b><hr color='red'>`
`<script>`
`x = 1000`
`document.write("1부터"+ x +"까지의 합은:`
`           ",GetSum(x))`
`</script>`
`</body></html>`
	함수 정의와 호출
	
	1부터1000까지의 합은: 500500

(2) alert(), confirm(), prompt() 메서드

① alert() 메서드

alert() 메서드는 경고 메시지를 나타내는 상자를 웹 화면에 등장시키는 window 객체의 메서드 중 하나이다. 경고 메시지와 확인(또는 OK) 버튼만을 가진 경고 대화상자를 보여주는 함수로 사용자의 요구를 받을 필요가 없는 경우에 사용한다.

alert("보여주고 싶은 정보나 경고 메시지 문자열")

따라하기

Html 문서	실행결과

``html
<html>
<head><title>경고 메시지</title>
</head>
<body>
<b> 경고 메시지 나타내기</b>
<script>
    alert("환영합니다. --주인백--")
</script>
</body></html>
``
	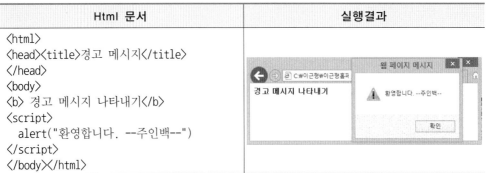

내용이 너무 길어 한 줄에 나타내기가 어려우면 줄 바꿈을 하여 2줄 이상으로 나타낼 수가 있는데 줄을 바꾸고자 하는 곳에서 ₩n을 서술하면 된다. 연속하여 사용한다면 빈 줄이 생기게 된다. 경고 창이 뜨면 확인(또는 OK) 단추를 누르고 해소시켜야만 웹의 내용을 볼 수 있게 된다. alert() 메서드는 어디서든지 사용할 수 있다.

따라하기

Html 문서	실행결과

``html
<html>
<head><title>경고 메시지</title></head>
<body>
<b>경고 메시지 나타내기</b>
<script>
    alert("환영합니다 \n\n--주인백--")
</script>
</body></html>
``	

아직 <body> 태그에 접근하기 전에 alert() 메서드가 실행된 관계로 웹 화면에 "경고 메시지 나타내기"라는 문자열이 나타나지 않은 것이다. 따라서 실행을 위한 스크립트는 <body> 태그 내에 서술하는 것이 좋다.

② confirm() 메서드

confirm() 메서드는 메시지와 확인/취소(또는 OK/Cancel) 버튼을 포함한 확인 대화상자를 보여주는 메서드로, 사용자로부터 응답을 확인하고 싶을 때 사용한다. 경고 대화상자는 메시지를 나타내고 "확인" 단추를 누르면 대화상자가 없어질 뿐이지만 확인 대화상자는 사용자에게 간단한 질문을 하고, 사용자가 확인(또는 OK) 버튼을 누르면 true를, 취소(또는 Cancel) 버튼을 누르면 false를 반환한다. 사용자의 의도와는 무관하게 어떤 단추를 누르냐에 따라 값이 정해진다는 것이다.

```
confirm("묻고자 하는 문자열")
```

 따라하기

Html
문서
	`<html>`
	`<head><title>확인 대화상자 나타내기</title></head>`
	`<body bgcolor="yellow">`
	`<b>확인 대화상자 나타내기</b><hr color="red">`
	`<script>`
	`  var answer=confirm ("지금 확인 대화상자를 배우고 있는지 아시죠?")`
	`  document.write("지금 선택한 것은?      ")`
	`  document.write("<b>"+answer+"</b>")`
	`</script>`
	`</body></html>`

대 화 상 자	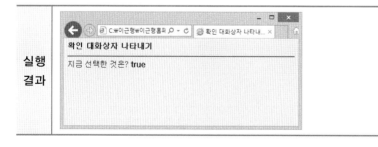

확인 단추를 누르면 true 값을 갖고 취소 단추를 누르면 false 값을 갖는다.

실행 결과	

따라하기

Html 문서	<html>
	<head><title>확인 대화상자 나타내기</title></head>
	<body bgcolor="yellow">
	<b>확인 대화상자 나타내기</b><hr color="red">
	<script>
	var answer=confirm ("지금 확인 대화상자를 배우고 있는지 아시죠?")
	document.write("지금 선택한 것은?
	")
	if (answer == true)
	document.write("<div style='font-size:20px;color:red'>확인 선택</div>")
	else
	document.write("<div style='font-size:20px;color:blue'>확인 선택</div>")
	</script></b>
	</body></html>

대화상자	

확인 단추를 누르면 true 값을 가지므로 true part가 실행되어 해당된 메시지를 나타낸다.

실행 결과	확인 대화상자 나타내기 지금 선택한 것은? 확인 선택

③ prompt() 메서드

메시지와 입력필드를 가진 대화상자를 보여주는 함수로 사용자로부터 직접 숫자나 문자열을 입력받아 할 때 사용하는 메서드이다.

```
prompt("묻고자 하는 메시지 문자열", "초기 값")
```

따라하기

Html 문서	```html
	<html>
	<head><title>prompt 메서드 </title></head>
	<body>
	<script>
	  document.write("<h2 style='color:red'>어서오십시오 </h2>")
	  document.write(prompt("이름을 입력해 주세요", "이름"))
	  document.write(" 님의 방문을 환영합니다. ")
	</script>
	</body>
	</html>
	``

대 화 입 력 상 자	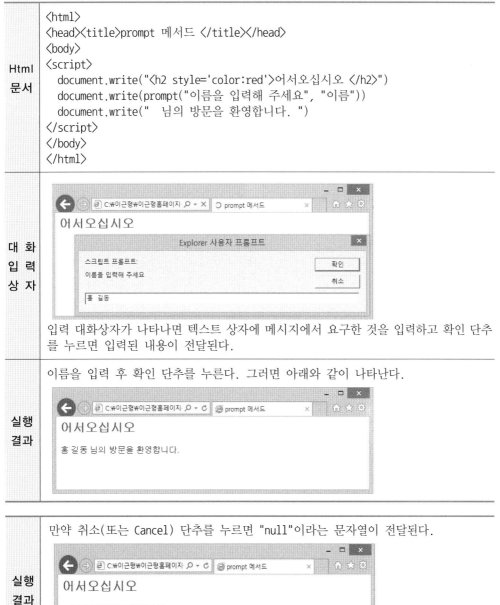 입력 대화상자가 나타나면 텍스트 상자에 메시지에서 요구한 것을 입력하고 확인 단추를 누르면 입력된 내용이 전달된다.
실행 결과	이름을 입력 후 확인 단추를 누른다. 그러면 아래와 같이 나타난다. 어서오십시오 홍 길동 님의 방문을 환영합니다.
실행 결과	만약 취소(또는 Cancel) 단추를 누르면 "null"이라는 문자열이 전달된다. 어서오십시오 null 님의 방문을 환영합니다.

prompt() 메서드에서 입력 메시지 문자열을 주지 않으면 나타나지 않고 초기 값을 주지 않으면 입력 대화상자에 "undefined"라는 메시지가 텍스트 상자에 나타난다.

```
document.write(prompt())                        // 모두 안 쓴 경우
document.write(prompt("이름을 입력"))    // 입력 메시지만 쓴 경우
```

🔍 따라하기

Html
문서
	``html
	<html>
	<head><title>prompt 메서드 </title></head>
	<body>
	<script>
	  document.write("<h2 style='color:red'>어서오십시오 </h2>")
	  document.write(prompt()) // 모두 안 쓴 경우
	 // document.write(prompt("이름을 입력")) 입력 메시지만 쓴 경우
	  document.write(" 님의 방문을 환영합니다. ")
	</script>
	</body></html>
	``

대화 입력 상자	

입력된 값을 변수에 저장하여 다른 용도로 사용할 수도 있다.

🔍 따라하기

Html
문서
	``html
	<html>
	<head><title> prompt 메서드 </title></head>
	<body>
	<b>확인 대화상자 나타내기</b><hr color="red">
	<script>
	    var name = prompt("enter your name :", "name")
	    document.write("<h2> hello,");
	    document.write("my name is </h2>");
	    document.write("<h2 style='color:red'>");
	    document.write(name);
	    document.write("</h2>")
	</script>
	</body></html>
	``

대화 입력 상자	

실행 결과	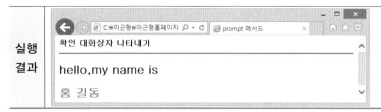

 따라하기

Html
문서
	``html
	<html>
	<head><title>나이를 확인하는 페이지</title>
	<script>
	function Out(Value) {
	 if (Value >=20)
	    document.write("<h2 style='color:red'>환영합니다!</h2>")
	 else
	    document.write("<h2 style='color:red'>죄송합니다. 나가 주세요!</h2>")
	 }
	</script></head>
	<body>
	<b>이 홈페이지는 미성년자 출입금지 입니다.</b>
	<script>
	var age=prompt("당신의 나이는 몇 살입니까?")
	Out(age)
	</script>
	</body></html>
	``

실행 결과	이 홈페이지는 미성년자 출입금지 입니다. Explorer 사용자 프롬프트 스크립트 프롬프트: 당신의 나이는 몇 살입니까? 확인 취소 23	이 홈페이지는 미성년자 출입금지 입니다. 환영합니다!

 따라하기

Html
문서
	``html
	<html>
	<head><title> switch문 예제</title></head>
	<body>
	<b>입력된 숫자에 따라 별을 화면에 출력하는 예제</b><hr>
	<script>
	    cnt=prompt("찍고자 하는 별의 갯수(1-3)를 입력하세요","")
	    switch(cnt) { //cnt에 입력된 값이 판단의 기준이 됨
	        case "1" : document.write("★") ; break
	        case "2" : document.write("★★") ; break
	        case "3" : document.write("★★★") ; break
	        default : document.write("별은 1에서 3까지만 출력가능")
	    }
	</script>
	</body></html>
	``

실행 결과	

 따라하기

Html
문서
	``html
	<html>
	<head><title> for문 예제</title></head>
	<body>
	<b>입력된 숫자에 따라 별을 화면에 출력하는 예제</b>
	<hr color="red">
	<script>
	  cnt=prompt("찍고자 하는 별의 갯수를 입력하세요","")
	  for(i=1; i<=cnt; i++)
	  document.write("★")
	</script>
	</body></html>
	``

실행 결과	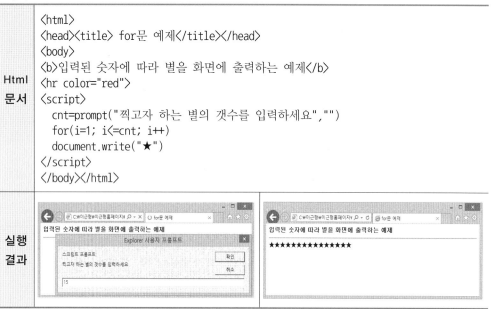

(3) 내장 함수

① eval() 함수

eval() 함수는 수식 형태로 된 문자열을 계산하여 실수로 바꾸어 반환해 주는 자바스크립트 내장함수이다. 예를 들어 "2+3"과 같은 문자열을 eval() 함수의 매개변수로 입력하면 문자열을 수식으로 변환한 후 계산을 하여 "5"라는 정수를 반환해 준다. 이 함수는 입력양식을 통해 입력받은 수식을 처리할 때 유용하게 사용할 수 있다.

```
eval("수식문자열")
```

따라하기

Html 문서	실행결과

``
<html>
<head><title>산술계산</title></head>
<body>
<b>산술계산</b><hr color=red>
<script>
document.write("<h2>");
document.write("1+2+3 = " + eval(1+2+3));
document.write("
")
document.write("2*46+56-78 = "
             + eval(2*46+56-78)+"</h2>");
</script>
</body></html>
``
	산술계산
	
	1+2+3 = 6
	2*46+56-78 = 70

수식을 입력받아 계산을 하는 경우를 보자.

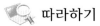 **따라하기**

Html
문서
	``
	<html>
	<head><title>산술계산</title></head>
	<body>
	<b>산술식 입력 계산</b><hr color="red">
	<script>
	a = prompt("수식입력하세요","")
	x=eval(a); y=10; z=30;
	document.write("입력된 수식:" + a + "결과=" + x + y + z +"<p>")
	document.write("입력된 수식:" + a + "결과=" + (x + y + z))
	</script></b>
	</body></html>
	``

실행 결과	산술식 입력 계산 Explorer 사용자 프롬프트 스크립트 프롬프트: 수식입력하세요 [확인] [취소] 1+2+34+5 ‖ 산술식 입력 계산 입력된 수식:1+2+34+5결과=421030 입력된 수식:1+2+34+5결과=82

따라하기

Html
문서
	``
	<html>
	<head><title>산술계산</title></head>
	<body>
	<b>산술계산</b><hr color="red">
	<script>
	p=(prompt("수식입력하세요",""));
	x=eval(p); y=10; z=30;
	document.write("<h2>입력된 수식: " + p + "+" + y + "+" + z + "=");
	document.write(x+y+z+"</h2>");
	</script>
	</body></html>
	``

실행 결과	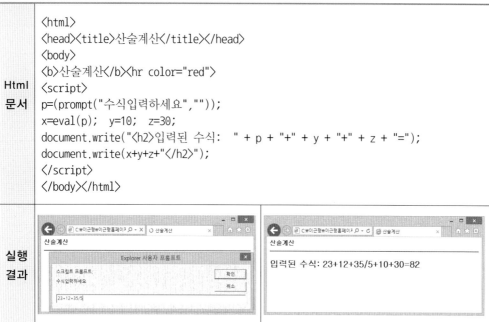

② parseInt() 함수

parseInt() 함수는 문자열을 정수로 변환시켜주는 함수이다. 얼핏 보기에는 eval( ) 함수나 Number( ) 함수와 비슷해 보이지만, parseInt( ) 함수는 매개변수를 이용하여 8진수, 16진수 등의 수로도 변환이 가능하며, 숫자형과 문자형이 혼합된 문자열에서 숫자형 뒤에 오는 문자형은 0을 반환하여 숫자만 출력 시켜 준다. 또, 소수인 경우에는 소숫점 이하를 버리고 정수만 반환한다.

```
parseInt(숫자형 문자열,[진수])
```

위의 형식에서 [진수] 부분을 생략하면 보통의 10진수로 반환된다.

따라하기

Html 문서	실행결과
`<html>` `<head><title>parseInt() 함수</title>` `<style type="text/css">` `div {color:red;font-size:20px}` `</style>` `</head>` `<body>` `<b>parseInt() 함수</b><hr color="red">` `<script>` `document.write("<div>" +(parseInt('16')` `              + parseInt('59')) + " ")` `document.write(parseInt('23',8) + " ")` `document.write(parseInt('33',16) + " ")` `document.write(parseInt('cup2002') + " ")` `document.write(parseInt('2002world')+ " ")` `document.write((parseInt('13')) + "</div>")` `</script></body></html>`	parseInt() 함수 75 19 51 NaN 2002 13

③ isNaN(값)

값이 순수한 문자이면 true (NaN = Not a Number)

isFinite() 함수와는 대조적으로 isNaN() 함수는 괄호 안의 값이 순수한 문자이면 true를, 문자이지만 숫자형태이면 false를 반환해 준다. 인수가 숫자인지 문자인지를 구분하는데 사용한다.

isNaN(문자열)

 따라하기

Html 문서	`<html>` `<head><title>isNaN( ) 함수 </title></head>` `<body>` `<b>isNaN( ) 함수 </b><hr color="red">` `<script>` `document.write("isNaN('12345') ==> " + isNaN('12345') + " ")` `document.write("isNaN(12.345) ==> " + isNaN(12.345) + " ")` `document.write("isNaN('우리학교') ==> " + isNaN('우리학교') + " ")` `document.write("isNaN('12한국') ==> " + isNaN('12한국') + " ")` `</script>` `</body></html>`

<table>
<tr><td rowspan="1">실행
결과</td><td>

isNaN( ) 함수

isNaN('12345') ===> false
isNaN(12.345) ===> false
isNaN('우리학교') ===> true
isNaN('12한국') ===> true

</td></tr>
</table>

④ Number( ) 함수와 String() 함수

Number() 함수는 문자형태의 숫자를 숫자로 바꾸어주고, String() 함수는 숫자를 문자로 바꾸어 return해 준다.

```
Number(문자열)
String(문자열)
```

 따라하기

<table>
<tr><td rowspan="1">Html
문서</td><td>

```
<html>
<head><title>Number & String( ) 함수</title></head>
<body>
<b>Number & String( ) 함수 </b><hr color="red">
<script>
document.write("Number('12') + Number('34') ==> "
              + (Number('12') + Number('34')) + "<br>")
x = Number(prompt("수식입력하세요",""))  //123을 입력했다면
y = 10;   z = 30
document.write("x+y+z =" +(x+y+z) +"<br>")  // 반드시 괄호 필요
document.write("String(12) + String(34) ======> "
              + (String(12) + String(34)) + "<br>")
</script>
</body></html>
```

</td></tr>
<tr><td rowspan="1">실행
결과</td><td>

Number & String( ) 함수

Number('12') + Number('34') ===> 46
x+y+z =163
String(12) + String(34) ========> 1234

</td></tr>
</table>

5.4 자바스크립트 객체

5.4.1 객체란 무엇인가?

보통 자바스크립트도 자바처럼 객체를 사용하고 있는 객체 지향(Object Oriented) 프로그래밍 언어라고 한다. 그러나 정확한 의미에서는 객체 지향 언어가 아니라 객체 기반(Object-Based) 프로그래밍 언어라고 하는 것이 정확할 것이다. 그것은 자바스크립트가 자바에서처럼 클래스 선언이나 상속 등과 같은 객체 지향 언어의 일반적인 특성을 지원하지 못하기 때문이다.

객체란 우리가 일상생활에서 접하는 유형무형의 모든 것을 의미하며 사람, 집, 자동차, 연필, 컴퓨터, 시계와 같이 눈에 보이는 것뿐만 아니라 마음, 사랑과 같이 보이지 않는 것도 객체라 할 수 있다.

예를 들어 자동차라는 객체가 있다고 하자. 이 자동차의 속성에는 '메이커', '모델', '색상' 등이 있을 수 있고, 동작 방식에는 '전진', '후진', '정지' 등이 있을 수 있다.

우리가 다루고자 하는 자바스크립트의 객체도 속성(Property)과 메서드(Method)라는 것이 있다. Property란 사전을 찾아보면 '(사물의) 고유성, 특성, 속성'을 의미하고, Method란 '방법, 방식'을 의미한다. 쉽게 설명해서 속성은 객체가 갖고 있는 특성을 값으로 표현하는 것을 의미하고, 메서드란 그 객체의 속성에 접근하여 값을 참조하거나 바꿀 수 있는 일을 의미한다.

자바스크립트에서 객체(object)란 웹브라우저를 포함한 웹 문서의 모든 구성요소를 말한다. 즉, 웹브라우저의 상태표시줄, 스크롤바, 웹 문서 자체, 레이어, 하이퍼링크, 이미지, 폼 버튼 등등 대부분의 구성요소를 객체라고 한다. 객체들은 또 다른 하위 객체들을 가지고 있을 수 있다. 이런 이유로 자바스크립트의 객체구조를 계층적 구조라고 말할 수 있다.

모든 객체는 속성(Property)을 가진다. window 객체는 frames(프레임), name(윈도우 이름), location(위치) 등의 속성을 가지며 이미지 객체는 가로크기, 세로크기 등의 속성을 가진다. 예를 들어 어떤 웹 문서의 배경색상이 검정색 이라면 이 웹 문서의 배경색은 검정이라는 속성을 가지며 자바스크립트에서는 다음과 같이 표현할 수 있다.

```
document.bgColor="black" (객체.속성="속성값")
```

객체와 속성, 객체와 메서드를 연결할 때에는 period (.)로 연결한다. 자바스크립트에서 open() 메서드는 팝업 윈도우를 열어 주고, write() 메서드는 문자열을 출력하며 alert() 메서드는 경고창을 열어 준다.

5.4.2 객체의 구성

(1) 객체의 구성

프로퍼티(Property) + 메서드(Method)

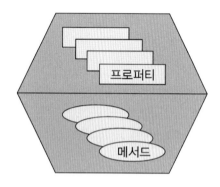

① 객체의 프로퍼티

객체는 임의의 순간 다른 객체와 구별되는 여러 개의 값을 지니며, 이때 각각의 값을 구별되게 표현하는 것

② 객체의 메서드

객체의 프로퍼티를 변경시키는 규칙

(2) 객체의 개념

① 단순한 의미의 객체란?
  • 관련 있는 데이터끼리 모여 있는 장소라 할 수 있음
  • 하나의 사물을 표현하기 위하여 관련 있는 데이터끼리 그룹화된 것
② 객체
  • 데이터/속성과 메서드를 함께 가짐

- 메시지(message)를 통해 객체 간 통신을 수행
- 인간의 사고방식과 매우 유사

즉 객체는 속성(Property/Attribute)과 함수/메서드(Function/Method)를 모두 갖는다. 속성은 객체의 특성을 갖는 데이터이며 메서드는 데이터를 조작하여 외부에 기능 또는 서비스를 제공하는 것이다.

(3) 표현방법

```
객체이름.속성 : Math.PI
객체이름.메서드 : Math.sqrt(25)
```

5.4.3 자바스크립트의 객체들

자바스크립트의 객체는 크게 브라우저 객체와 내장객체 그리고 사용자 정의 객체로 나누어 볼 수 있다. 브라우저객체는 웹브라우저(익스플로러, 넷스케이프 등)와 관련된 객체들이고, 내장객체는 자바스크립트 자체에 내장되어 있는 객체들이다.

브라우저 관련 객체로는 navigator, window, document, frame, history, location, form, image, link, radio, text, checkbox, select, textarea 등이 있으며, 내장객체로는 Date, Array, String, Math 등이 있다.

5.4.4 사용자 정의 객체

자바스크립트에는 내장되어 있는(Built-In) 많은 객체들이 있지만, 경우에 따라서는 사용자가 직접 객체를 정의하여 사용하는 것이 필요할 때도 있다.

사용자 정의객체는 생성자 함수와 new 연산자를 통해 아래의 방식으로 만들어 사용할 수 있다. 생성자 함수란 객체가 정의될 때 자동적으로 호출되는 함수이며, 사용자가 임의로 호출할 수 없다. 이 함수는 그 객체의 속성과 메서드를 정의하기 위해 사용되며 객체를 생성할 때 그 객체의 초기 값을 지정하는 역할을 한다.

(1) 객체 정의(선언)하기

객체는 속성과 동작 방식에 해당하는 메서드(Method)를 가진다.
객체는 생성자 함수(constructor function)로 정의된다.

```
function car(color, power, maker) {
  this.color = color;
  this.power = power;
  this.maker = maker;
}
```

this라는 것은 생성자 함수를 통해서 만들어지는 객체 자기 자신을 가리킨다. "." 연산자는 객체에 속한 특성이나 메서드를 지정하는 역할을 하는 것으로 왼쪽에는 객체가 오고 오른쪽에는 메서드가 나오게 된다.

(2) 객체 만들기

객체로 정의된 생성자 함수를 이용하여 객체를 만드는 방법은 new 라는 연산자를 이용한다.

```
mycar = new car("white", "1500cc", "kia");
yourcar = new car("red", "2000cc", "hyundai");
```

위 객체들을 달리 표현해보면…

```
mycar.color = "white"
mycar.power = "1500cc"
mycar.maker = "kia"
yourcar.color = "red"
yourcar.power = "2000cc"
yourcar.maker = "hyundai"
```

(3) 객체의 메서드 정의하기

메서드가 되는 함수를 먼저 정의해야 한다.

```
function Print() {
document.write("color  : " + this.color + "<br>");
document.write("power  : " + this.power + "<br>");
document.write("maker  : " + this.maker + "<br>");
}
```

출력을 해주는 함수이다. 생성자 함수에 이 함수를 메서드로 첨가시킨다.

```
fucntion car(color, power, maker) {
  this.color = color;
  this.power = power;
  this.maker = maker;
  this.Print = Print;
}
```

이제 일일이 출력함수를 나열할 필요 없이 Print 메서드를 호출하면 된다.

```
mycar.Print();
yourcar.Print();
```

참조 배열을 사용하여 객체의 특성을 알아내는 방법

```
mycar.color = mycar[0] = mycar["cpu"] = "white"
mycar.power = mycar[1] = mycar["power"] = "1500cc"
mycar.maker = mycar[2] = mycar["maker"] = "kia"
```

🔍 따라하기

Html 문서	```html
	<html>
	<head><title>define객체</title>
	<script>
	function car (name,color,power,make,year) { //객체 정의
	        this.name = name;
	        this.color = color;
	        this.power = power;
	        this.make = make;
	        this.year = year;
	}
	</script></head>
	<body>
	<script>
	/* mycar = new car();
	   mycar.name = "소나타"; mycar.color = "은백색";
	   mycar.power = "2000cc";
	   mycar.make = "현대자동차"; mycar.year = "2015년식"; */
	mycar = new car("소나타","은백색","2000cc", "현대자동차", "2015년식")
	document.write("<b>My car 정보<hr color=red>");
	document.write("name:" + mycar.name + "
	")
	document.write("color:" + mycar.color + "
	")
	document.write("power:" + mycar.power + "
	")
	document.write("maker:" + mycar.make + "
	")
	document.write("year:" + mycar.year + "</b>")
	</script>
	</body></html>
	``

실행 결과	My car 정보 ───────────────────── name:소나타 color:은백색 power:2000cc maker:현대자동차 year:2015년식

 따라하기

Html
문서
	``html
	<html>
	<head><title>define객체</title>
	<script>
	 function print() { // 객체의 메서드 정의
	    document.write("name : " + this.name + "
	");
	    document.write("color : " + this.color + "
	");
	    document.write("power : " + this.power + "
	");
	    document.write("maker : " + this.make + "
	");
	    document.write("year : " + this.year + "
	");
	    }
	function car (name,color,power,make,year) {
	        this.name = name;
	        this.color = color;
	        this.power = power;
	        this.make = make;
	        this.year = year;
	        this.print= print; // 객체의 메서드
	}
	</script>
	</head>
	
	<body>
	<script>
	mycar = new car("카니발","은백색","2900cc", "기아", "2015년식")
	document.write("<b>My car 정보<hr color=red>");
	mycar.print() //메서드 정의를 이용한 출력
	</script>
	</body>
	</html>```

실행 결과	My car 정보 ───────────────────── name : 카니발 color : 은백색 power : 2900cc maker : 기아 year : 2015년식

따라하기

Html
문서
	``html
	<html>
	<head><title>객체 만들기 </title>
	<script>
	function friend(name, phone, age) { // 생성자 함수
	            this.name = name;
	            this.phone = phone;
	            this.age = age;
	        }
	</script>
	</head>
	
	<body>
	<b>객체 만들기</b><hr color=red>
	<script>
	 friend1 = new friend("갑돌이", "777-1234", 23);
	 friend2 = new friend("갑순이", "666-9876", 21);
	
	 document.write("<table><tr><td width='300'>")
	 document.write("<b>friend1의 정보</b><p>");
	 document.write("이름 : " + friend1.name + "
	");
	 document.write("전화 : " + friend1.phone + "
	");
	 document.write("나이 : " + friend1.age + "</td>");
	 document.write("<td width='300'><b>friend2의 정보</b><p>");
	 document.write("이름 : " + friend2.name + "
	");
	 document.write("전화 : " + friend2.phone + "
	");
	 document.write("나이 : " + friend2.age + "</td></tr></table>");
	</script>
	</body>
	</html>
	``

실행 결과	**객체 만들기** friend1의 정보 friend2의 정보 이름 : 갑돌이 이름 : 갑순이 전화 : 777-1234 전화 : 666-9876 나이 : 23 나이 : 21

5.4.5 자바스크립트의 내장 객체

자바스크립트의 내장객체에는 Array()객체, Date()객체, Math()객체와 String() 객체 외에 Screen() 객체와 Function(), Number(), Boolean() 객체 등이 있다.

(1) Array() 객체

내장객체를 사용할 때는 변수를 선언해 주듯이 new 연산자를 사용하여 먼저 선언을 해 주어야 한다. 이 new 연산자는 Array(), Date() 객체 및 사용자 정의 객체 등을 생성할 때 사용되는 특수한 연산자이다. 이렇게 선언 해 줌으로써 비로소 객체를 사용할 수가 있게 된다. 객체를 생성하는 형식은 다음과 같다.

```
배열객체명 = new Array()                    // 개수를 지정하지 않음
배열객체명 = new Array(배열의 개수)          // 개수를 미리 지정함
배열객체명 = new Array(배열1,배열2...배열n)   // 모두 열거해 줌
```

따라하기

Html 문서	`<html>` `<head><title>내장객체</title></head>` `<body>` `<b>내장객체(Array)</b> <hr color="red">` `<script>` `myArray = new Array( )` `myArray[0] = "국어"; myArray[1] = "영어";` `myArray[2] = "수학"; myArray[3] = "과학"; myArray[4] = "사회";` `document.write("첫번째 배열값은 ⇒ " + myArray[0] + " ")` `document.write("두번째 배열값은 ⇒ " + myArray[1] + " ")` `document.write("세번째 배열값은 ⇒ " + myArray[2] + " ")` `document.write("네번째 배열값은 ⇒ " + myArray[3] + " ")` `document.write("다섯째 배열값은 ⇒ " + myArray[4])` `</script>` `</body></html>`
실행 결과	**내장객체(Array)** 첫번째 배열값은 ==> 국어 두번째 배열값은 ==> 영어 세번째 배열값은 ==> 수학 네번째 배열값은 ==> 과학 다섯째 배열값은 ==> 사회

위의 스크립트 부분을 다음과 같이 표현하여도 같은 효과를 갖는다.

```
<script>
myArray = new Array("국어","영어","수학","과학","사회")
document.write("첫번째 배열값은 ⟹ " + myArray[0] + "<br>")
document.write("두번째 배열값은 ⟹ " + myArray[1] + "<br>")
document.write("세번째 배열값은 ⟹ " + myArray[2] + "<br>")
document.write("네번째 배열값은 ⟹ " + myArray[3] + "<br>")
document.write("다섯째 배열값은 ⟹ " + myArray[4] + "<br>")
</script>
```

이번에는 배열의 초기 값을 미리 설정하여 배열을 생성하였고 결과는 위의 예문과 같다. 또, Array 객체에는 length라는 속성이 있으며 상당히 자주 사용되고 있다.

예를 들어

> a = new Array(10)이라고 객체를 생성했다면
>
> len = a.length를 실행하면 len에는 10이 저장된다.

이처럼 배열의 길이를 참조할 일이 많이 발생하기 때문에 자주 사용된다.

① Array 객체의 속성과 메서드

속성	length	배열의 길이(개수)에 대한 정보를 담고 있다.
메서드	concat(배열객체명)	두 개의 배열을 합쳐 한 개의 배열로 만들어 준다.
	join(구분자)	각 배열 값들을 결합해서 하나의 문자열로 만들어 준다. 괄호안의 문자들이 구분자의 역할을 하며, 구분자를 생략하였을 때는 ","가 자동으로 사용된다.
	reverse()	배열의 순서를 역순으로 바꾸어 준다.
	sort(비교함수)	비교함수를 지정해 주면 비교함수에서 지정한 대로 정렬이 되고, 지정하지 않을 경우에는 알파벳순으로 정렬한다.
	slice(시작, 끝)	두 값 사이의 원소들로 새로운 배열을 생성 단 끝 원소는 포함되지 않음

따라하기

Html 문서	```html
	<html>
	<head><title>내장객체</title></head>
	<body>
	<b>내장객체(Array)</b> <hr color="pink">
	<script>
	a = new Array()
	a[0] = "국어"; a[1] = "영어"; a[2] = "수학"; a[3] = "과학";
	b = new Array()
	b[0] = "음악"; b[1] = "미술"; b[2] = "체육"; b[3] = "가정";
	len = a.length
	c = a.concat(b);
	d = b.join("/");
	e = b.reverse();
	f =a.slice(1,3);
	g = a.sort() // 첫번째 수는 배열첨자, 두번째 수는 일반 순서
	document.write("길이는 ==> " + len + "
	")
	document.write("합친 결과는 ==> " + c + "
	")
	document.write("join결과는==> " + d + "
	")
	document.write("역순은 ==> " + e + "
	")
	document.write("새배열은 ==> " + f + "
	")
	document.write("순서는 ==> " + g + "
	")
	</script>
	</body></html>
	``

실행 결과	**내장객체(Array)** 길이는 ==> 4 합친 결과는 ==> 국어,영어,수학,과학,음악,미술,체육,가정 join결과는==> 음악/미술/체육/가정 역순은 ==> 가정,체육,미술,음악 새배열은 ==> 영어,수학 순서는 ==> 과학,국어,수학,영어

(2) Date() 객체

Date()객체는 날짜와 시간을 다루는 객체이다. Date() 객체를 사용하면 오늘이나 특정한 날의 날짜와 시간을 기록할 수 있다. 이 객체를 이용하면 홈페이지에 시간이나 날짜를 표기할 수 있다. 자바스크립트에서 시간과 날짜는 사용자 컴퓨터의 시간을 기준으로 하며, 그리니치 표준시(GMT)로 1970년 1월 1일 00:00:00을 기준으로 한다.

이 객체 역시 new 연산자를 통해 객체를 생성하여 사용하면 분리된 내용(년, 월, 일, 시, 분 초, 요일 등)을 사용할 수 있다.

```
객체명 = new Date()                  // 시스템의 현재 날짜를 자동으로 지정
객체명 = new Date(년, 월, 일)          // 특정 날짜를 지정
객체명 = new Date("년, 영문월명, 일")    // 특정 날짜를 지정
객체명 = new Date("영문월명, 일, 년")    // 특정 날짜를 지정
객체명 = new Date(년,월,일,시,분,초,1/1000초) // 특정 날짜와 시간을 지정
   ※ 여기서 월을 표시할 때는 0 - 11 사이의 수임을 주의 할 것
```

❯Date 객체의 메서드

메서드	의미
getYear()	1970년도 이후의 연도
getFullYear()	2000년도 이후의 연도
getMonth()	0에서 11까지의 정수를 반환 (0=1월, 1=2월, ...)
getDate()	0에서 (28,29,30,31 중 하나)까지의 정수를 반환
getDay()	0에서 6까지의 정수를 반환 (0=일요일, 1=월요일, ...)
getHours()	0에서 23까지의 정수를 반환 (시)
getMinutes()	0에서 59까지의 정수를 반환 (분)
getSeconds()	0에서 59까지의 정수를 반환 (초)
getMilliSeconds()	0에서 999까지의 정수를 반환 (밀리초)
getTime()	1970년 1월 1일 이후 시간을 1/1000초로 나타낸 값
toString	요일, 월, 일, 시, 분, 초, UTC, 연도 순으로 표시
toGMTString	요일, 일, 월, 연도, 시, 분, 초, UTC 순으로 표시
toLocaleString	Date 객체의 날짜를 로칼 표현의 스트링으로 반환

① 오늘의 날짜와 시간 디스플레이 1

 따라하기

Html 문서	실행결과

`<html>`
`<head><title>오늘의 시간</title></head>`
`<body>`
`<b>오늘의 날짜와 시간 디스플레이</b>`
`<hr color="green">`
`<script>`
`document.write("<b>"+ Date()+"</b>")`
`</script>`
`</body></html>`
	오늘의 날짜와 시간 디스플레이
	
	Thu Nov 27 2014 21:31:15 GMT+0900 (대한민국 표준시)

② 오늘의 날짜와 시간 디스플레이 2

 따라하기

Html
문서
	`<html>`
	`<head><title>오늘의 날짜와 시간</title>`
	`<style   type="text/css">`
	`h2 {color:red}`
	`</style>`
	`</head>`
	`<body>`
	`<b>오늘의 날짜와 시간 디스플레이</b>`
	`<hr color="green">`
	`<script>`
	`now = new Date(); year = now.getFullYear(); month = (now.getMonth()+1);`
	`date = now.getDate();`
	`today = "오늘은 " + year + " 년 " + month + " 월" + date + " 일 입니다"`
	`document.write("<h2>" + today + "</h2>")`
	`</script>`
	`</body></html>`

실행 결과	오늘의 날짜와 시간 디스플레이 **오늘은 2014 년 11 월27 일 입니다**

③ 오늘의 날짜/요일/시간 디스플레이

 따라하기

Html 문서	```html
	<html>
	<head><title>오늘의 날짜/요일/시간 디스플레이</title>
	<style type="text/css">
	.aa{color:red}
	</style></head>
	<body>
	<b class="aa">오늘의 날짜/요일/시간 디스플레이</b>
	<hr color="green">
	<script>
	    var today=new Date( )
	    document.write("오늘의 날짜는 <b class='aa'>",today.getFullYear( ),"년",
	                    today.getMonth( )+1,"월",today.getDate( ),"일")
	    document.write("</b>이고,<p>")
	
	    day = today.getDay( )
	    dayArray = new Array('일요일', '월요일', '화요일', '수요일',
	                        '목요일', '금요일', '토요일');
	
	    document.write("<b class='aa'>"+ dayArray[day] +"</b>이며,<p>")
	    document.write("지금시간은 <b class=aa>",today.getHours( ),"시",
	                today.getMinutes( ),"분",today.getSeconds( ),"초")
	    document.write("</b>입니다.")
	</script>
	</body></html>
	``

실행 결과	오늘의 날짜/요일/시간 디스플레이 오늘의 날짜는 2014년11월27일이고, 목요일이며, 지금시간은 21시42분31초입니다.

④ 오늘의 날짜와 시간 디스플레이

 따라하기

Html 문서	```html
	<html>
	<head><title>임의의 날짜와 시간 나타내기</title></head>
	<body>
	<b>임의의 날짜와 시간 나타내기</b><hr color="gray">
	<script>
	  putday = new Date(2015, 7, 17) // 요일 월 일 년 순으로 표시
	  puttime = new Date(2015,10,11,12,24,30)
	                          //요일 월 일 년 시 분 초 순으로 표시
	  document.write("<b>"+ putday+"</b>
	
	")
	  document.write("<b>"+ puttime+"</b>")
	</script>
	</body></html>
	``

실행 결과	임의의 날짜와 시간 나타내기 Mon Aug 17 2015 00:00:00 GMT+0900 (대한민국 표준시) Wed Nov 11 2015 12:24:30 GMT+0900 (대한민국 표준시)

⑤ 내 생일 요일

따라하기

Html 문서	```html
	<html><head><title>내 생일의 요일</title></head>
	<body>
	<b>내 생일의 요일</b><hr color="blue">
	<script>
	  var birthday = new Date("2014,nov,21") // 내 생일
	  var day = birthday.getDay()
	      dayArray = new Array('일요일', '월요일', '화요일', '수요일',
	                          '목요일', '금요일', '토요일');
	  document.write("내가 태어난 해의 탄생 요일은 <b>" + dayArray[day]+"</b>")
	</script></body></html>
	``

실행 결과	내 생일의 요일 내가 태어난 해의 탄생 요일은 **금요일**

⑥ 내가 살아온 날짜계산

 따라하기

Html 문서	```html<html><head><title> 살아온 날짜 계산</title><style type="text/css">b.red {color:red;font-size:20px}b.blk {color:black;font-size:20px}</style></head><body><b>살아온 날짜계산</b><hr color="blue"><script> now = new Date() // birthday = new Date("mar, 1, 1995") // birthday = new Date(1995, 2, 1) //월은 하나 작은 수를 표시 birthday = new Date("1998,may,5") // 위 세 표현은 모두 같음 aa = now.getTime() bb = birthday.getTime() day = Math.ceil((aa-bb)/24/60/60/1000)year = now.getFullYear(); month = (now.getMonth()+1);date = now.getDate();today = "오늘은"+ year + " 년" + month + " 월" + date + " 일"document.write(today+"<p>") //오늘 시간 출력document.write("<b class='blk'>")year = birthday.getFullYear(); month = (birthday.getMonth()+1);date = birthday.getDate();today = year + " 년 " + month + " 월" + date + " 일에서 "document.write(today +"<b class='red'>"+ day+ "</b>" + " 일 살았어요.</b>")</script></body></html>```
실행 결과	살아온 날짜계산 오늘은2014 년11 월27 일 **1998 년 5 월5 일에서 6051 일 살았어요.**

⑦ D-day 계산하기

 따라하기

| **Html 문서** | ```html
<html>
<head><title>날짜 계산</title>
<style type="text/css">
b.red {color:red;font-size:20px}
b.blk {color:black;font-size:20px}
</style></head>
<body>
<b>예정일까지의 날짜계산</b><hr color="blue">
<script>
 var now = new Date()
     // var cup = new Date("jan, 1, 2008")
     // var cup = new Date(2008, 0, 1)        //월은 하나 작은 수를 표시
     var cup = new Date("2016,feb, 28")      // 위 세 표현은 모두 가능
     var aa = cup.getTime()
     var bb = now.getTime()
     var day = Math.ceil((aa-bb)/24/60/60/1000)
year = now.getFullYear(); month = (now.getMonth()+1);
date = now.getDate();
today = "오늘은"+ year + " 년" + month + " 월" + date + " 일"
document.write(today+"<p>")
document.write("<b class='blk'>")
year = cup.getFullYear(); month = (cup.getMonth()+1);
date = cup.getDate();
today = year + " 년 " + month + " 월" + date + " 일은 "
document.write(today +"<b class='red'>"+ day+ "</b>" + " 일 남았어요.</b>")
</script>
</body></html>
``` |

실행 결과	**예정일까지의 날짜계산** 오늘은2015 년1 월12 일 2016 년 2 월28 일은 412 일 남았어요.
```

⑧ 현지시간 표현

 따라하기

Html 문서	```html
	<html>
	<head><title>현재의 날짜와 시간</title>
	<style type="text/css">
	div {color:blue;font-size:18px;font-weight:bold}
	</style>
	</head>
	<body>
	<b>현재의 날짜와 시간 디스플레이</b> <hr color="red">
	<script>
	    var today=new Date();
	    document.write("<div>")
	    document.write(today.toLocaleString()+"
	
	") //현지시간 표현
	    document.write(today.toString()+"
	
	")
	    document.write(today.toGMTString()+"
	
	") //그리니치 표현
	    document.write("</div>")
	</script>
	</body></html>
	``

실행 결과	현재의 날짜와 시간 디스플레이 2014년 11월 27일 오후 10:46:01 Thu Nov 27 2014 22:46:01 GMT+0900 (대한민국 표준시) Thu, 27 Nov 2014 13:46:01 GMT

⑨ 월별 달력 만들기1

따라하기

Html 문서

```
<html>
<head>
<title>만년 달력 만들기</title>
</head>
<body>
<script>
setCal()
function getTime() {              // 시간 변수를 초기화 한다.
var now = new Date()
var hour = now.getHours()
var minute = now.getMinutes()
now = null
var ampm = ""            // 오전/오후를 확인한다.
if (hour >= 12) {
hour -= 12
ampm = "PM"
} else
ampm = "AM"
hour = (hour == 0) ? 12 : hour
if (minute < 10)
minute = "0" + minute              // 시간을 return한다.
return hour + ":" + minute + " " + ampm        }
function leapYear(year)    {
if (year % 4 == 0) return true      // 윤년일 경우
return false // 윤년이 아닐 경우
}
function getDays(month, year) {      // 각 월별 일수를 가지고 있는 배열을 만든다.
var ar = new Array(12)  //월별 날자 setting
ar[0] = 31 ;     ar[1] = (leapYear(year)) ? 29 : 28 // 2월
ar[2] = 31 ;     ar[3] = 30;  ar[4] = 31;
ar[5] = 30 ;     ar[6] = 31 ; ar[7] = 31 ;
ar[8] = 30 ;     ar[9] = 31;  ar[10] = 30;  ar[11] = 31;
return ar[month]
}
function getMonthName(month) {      // 각 달의 이름을 가지고 있는 배열 선언
var ar = new Array(12)
ar[0] = "1월" ; ar[1] = "2월"; ar[2] = "3월"; ar[3] = "4월"
ar[4] = "5월" ; ar[5] = "6월"; ar[6] = "7월"; ar[7] = "8월"
ar[8] = "9월" ; ar[9] = "10월"; ar[10] = "11월"; ar[11] = "12월"
return ar[month]
}
function setCal() {
var now = new Date()
```

```
var year = 1900+now.getYear()
var month = now.getMonth()
var monthName = getMonthName(month)
var date = now.getDate()
now = null
var firstDayInstance = new Date(year, month, 1)
var firstDay = firstDayInstance.getDay()
firstDayInstance = null          // 현재 달의 날수를 가지고 있다.
var days = getDays(month, year)   // 달력을 그리는 함수를 호출한다.
drawCal(firstDay + 1, days, date, monthName, year)
}
function drawCal(firstDay, lastDate, date, monthName, year) {  // table을 설정
한다.
var headerHeight = 30 // table의 header 셀의 height
var border = 2 // table의 border의 3D height
var cellspacing = 3 // table border의 width
var headerColor = "midnightblue" // table header의 색
var headerSize = "+3" // header font의 크기
var colWidth = 60 // table에서 columns의 Width
var dayCellHeight = 25
var dayColor = "darkblue"
var cellHeight = 40
var todayColor = "red"
var timeColor = "purple" // 기본적은 table 구조
var text = ""
text += '<center>'
text += '<table border=' + border + ' cellspacing=' + cellspacing + '>'
text += '<th colspan=7 height=' + headerHeight + '>'
text += '<font color="' + headerColor + '" size=' + headerSize + '>'
text += monthName + ' ' + year
text += '</font>'
text += '</th>'
var openCol = '<th width=' + colWidth + ' height=' + dayCellHeight + '>'
openCol += '<font color="' + dayColor + '">'
var closeCol = '</font></Th>'        // 요일 이름
var weekDay = new Array(7)
weekDay[0] = "일요일"; weekDay[1] = "월요일"; weekDay[2] = "화요일";
weekDay[3] = "수요일"; weekDay[4] = "목요일"; weekDay[5] = "금요일";
weekDay[6] = "토요일"
text += '<tr align="center" valign="center">'
for (var dayNum = 0; dayNum < 7; ++dayNum) {
text += openCol + weekDay[dayNum] + closeCol
}
text += '</tr>'
var digit = 1
var curCell = 1
for (var row = 1; row <= Math.ceil((lastDate + firstDay - 1) / 7); ++row) {  //월
별 주수loop
text += '<tr align="right" valign="top">'
```

Html 문서

```
for (var col = 1; col <= 7; ++col) {
if (digit > lastDate)
break
if (curCell < firstDay) {
text += '<td> </td>';   // 주초 빈공간 채우기
curCell++
}
else {
if (digit == date) { // 오늘의 날을 표시한다.
text += '<td height=' + cellHeight + '>'
text += '<font color="' + todayColor + '"><b>'
text += digit
text += '</b></font><br>'
text += '<font color="' + timeColor + '" SIZE=2>'
text += '<center>' + getTime() + '</center>'
text += '</font>'
text += '</td>'
}
 else
text += '<td height=' + cellHeight + '><b>' + digit + '</b></td>'
digit++;
}
}
var chk=col                    //마지막 주 빈공간 채우기
for( var i=1; i<=8-chk; i++){   //마지막 주 빈공간 채우기
text += '<td> </td>';}     //마지막 주 빈공간 채우기
text += '</tr>'
}
text += '</table>'
text += '</center>'
document.write(text)
}     // -->
</script>
</p>
</body></html>
```

실행 결과

```
11월 2014
일요일  월요일  화요일  수요일  목요일  금요일  토요일
                                              1
  2      3      4      5      6      7      8
  9     10     11     12     13     14     15
 16     17     18     19     20     21     22
 23     24     25     26     27     28     29
                           10:50 PM
 30
```

⑩ 월별 달력 만들기2

 따라하기

| Html 문서 | ```
<html>
<head><title>calendar</title>
<script>
function MakeArray(n){
    this.length=n
    return this
}
function getFirstDay(theYear){
   var firstDate = new Date(theYear,this.offset,1)
   return 1 + firstDate.getDay()
}
function aMonth(name,length,offset){
   this.name = name        //used in calendar display
   this.length = length   //used for knowing how many days
   this.offset = offset   //used as an index value
   this.getFirstDay = getFirstDay  // method
}
function getFebLength(theYear){
   theYear = (theYear <1900) ? theYear+1900: theYear
   if ((theYear %4 ==0 && theYear % 100 !=0) || theYear % 400 ==0)
   return 29
else
   return 28
}
theMonths = new MakeArray(12)
theMonths[1] = new aMonth("January",31,0)
theMonths[2] = new aMonth("February",28,1)
theMonths[3] = new aMonth("March",31,2)
theMonths[4] = new aMonth("April",30,3)
theMonths[5] = new aMonth("May",31,4)
theMonths[6] = new aMonth("June",30,5)
theMonths[7] = new aMonth("July",31,6)
theMonths[8] = new aMonth("August",31,7)
theMonths[9] = new aMonth("September",30,8)
theMonths[10] = new aMonth("October",31,9)
theMonths[11] = new aMonth("November",30,10)
theMonths[12] = new aMonth("December",31,11)
</script></head>
<body>calendar<hr color=red>
<script>
var today = new Date()
var monthOffset = today.getMonth() + 1
``` |
```

<table>
<tr><td rowspan="1">Html
문서</td><td>

```
var thisMonth = theMonths[monthOffset].name
if (monthOffset == 2){
    theMonths[2].length = getFebLength(today.getFullYear())
}
var firstDay = theMonths[monthOffset].getFirstDay(today.getFullYear())
var howMany = theMonths[monthOffset].length + firstDay
var content = "<table border height='300' width='500'>"
content += "<tr align=center><th colspan = 7>" + thisMonth + " " +
            (today.getFullYear()) + "</th></tr>"
content +="<tr align=center bordercolor=red><th>일요일</th><th>월요일</th>"
content +="<th>화요일</th><th>수요일</th>"
content +="<th>목요일</th><th>금요일</th><th>토요일</th></tr>"
content +="<tr align=center> "
for (var i= 1; i < howMany; i++){
    if (i < firstDay){                  // 'empty' boxes prior to firat day
        content += "<td> </td>"
}
else {                                  // enter date number
    content += "<td align=center><b>" + (i - firstDay + 1) + "</td>"
}
if (i % 7 == 0 && i !=howMany){
    content +="</tr>"
}
}
content += "</table></center>"
document.write(content)
</script>
</body></html>
```

</td></tr>
</table>

<table>
<tr><td>실행
결과</td><td>

calendar						
November 2014						
일요일	월요일	화요일	수요일	목요일	금요일	토요일
						1
2	3	4	5	6	7	8
9	10	11	12	13	14	15
16	17	18	19	20	21	22
23	24	25	26	27	28	29
30						

</td></tr>
</table>

(3) String 객체

String 객체는 문자의 모양을 지정하거나 문자열을 처리하기 위해 자바스크립트에서 가장 많이 사용하는 객체이다. 일반적으로 문자열은 모두 String 객체라고 할 수 있다. String 객체에서 제공하는 다양한 속성과 메서드를 이용하여 글자의 모양이나 하이퍼링크 등도 설정 할 수 있다.

String 객체를 만드는 방법은 두 가지가 있는데 앞에서 설명한 new 연산자를 사용하는 방법과 new 연산자를 사용하지 않고 문자열을 변수에 할당만 해주고 변수에 dot(.) 연산자를 사용하는 방법이다. 또는 직접 문자열 다음에 dot(.) 연산자를 사용하는 방법이다.

```
객체 명 = new String("문자열")
변수 명 = "문자열"
"문자열".메서드
```

String 객체의 속성으로는 length가 있으며 문자열의 글자 개수를 계산해 준다.

```
객체명 = new String("문자열")      이라면        객체명.length
변수명 = "문자열"                   이라면        변수명.length
또는                                              "문자열".length 로 사용한다.
```

❷ String 객체의 속성과 메서드 그리고 HTML 태그와 비교

구분	연산자	기능	동일한 HTML 태그
속성	length	문자열의 글자 개수	
메서드	anchor("name")	앵커를 설정한다.	\<A NAME="name"\>
	big()	약간 큰 글씨로 설정한다.	\<BIG\>
	bold()	글자를 진하게 한다.	\<B\>
	fixed()	글자를 타자체로 설정한다.	\<TT\>
	fontcolor("color")	글자색을 지정한다.	\<FONT COLOR="color"\>
	fontsize("size")	글자 크기를 지정한다.	\<FONT SIZE="size"\>
	italics()	이탤릭체로 지정한다.	\<I\>
	link("url")	하이퍼링크를 설정한다.	\<A HREF="url"\>
	small()	약간 작은 글씨로 한다.	\<SMALL\>
	strike()	취소선을 긋는다.	\<STRIKE\>
	sub()	아래 첨자로 설정	\<SUB\>
	sup()	위 첨자로 설정	\<SUP\>

● String의 메서드 2

메서드	기능
toLowerCase()	소문자로 변환한다.
toUpperCase()	대문자로 변환한다.
charAt(n)	n번째의 문자열을 반환한다.
charCodeAt(n)	n번째의 문자의 유니코드 번호를 반환한다.
concat(문자열)	두 개의 문자열을 합친다.
fromCharCode(숫자)	유니코드번호를 문자열로 변환한다.
indexOf(문자열)	왼쪽부터 지정된 문자열의 위치 값을 반환한다.
lastIndexOf(문자열)	오른쪽부터 지정된 문자열의 위치 값을 반환한다.
split(분리자)	분리자를 기준으로 문자열을 분리한다.
substring(n1,n2)	n1부터 n2 이전까지의 문자열을 반환한다.

따라하기

Html 문서	실행결과

<pre><html>
<head><title>문자열길이</title></head>
<body>
<script>
message="안녕하세요 환영합니다"
a = new String("또 만납시다")
document.write(message.length +"<br>")
document.write(a.length + "<br>")
document.write(message.big() + "<br>")
document.write(a.bold() + "<br>")
document.write(message.fontcolor('red') +"<br>")
document.write("안녕하세요".fontsize(5) +"<br>")
document.write(a.italics() + "<br>")
document.write("처음으로".link('#top') +"<br>")
document.write("HELLO".toLowerCase() +"<br>")
document.write("hello".toUpperCase() +"<br>")
</script></body></html></pre>	

따라하기

| Html 문서 | ```html
<html>
<head><title> New Document </title></head>
<body>
<script>
document.write("[1]" + ("우리나라 좋은나라".indexOf("은")+1) + "번째<p>")
document.write("[2]"+ ("made in korea".indexOf("a")+1) + "번째<p>")
document.write("[3]"+ ("우리나라 좋은나라".lastIndexOf("나")+1) + "번째<p>")
document.write("[4]"+ ("made in korea".lastIndexOf("a")+1) + "번째")
</script>
</body></html>
``` |
| --- | --- |
| 실행 결과 | [1]7번째

[2]2번째

[3]8번째

[4]13번째 |

(4) Math 객체

수학적 계산을 위한 다양한 메서드를 제공하는 객체로서 수학계산이나 난수 등을 얻기 위하여 사용되는 객체로서 다른 내장객체와 달리 정적 객체이므로 new 연산자 없이 사용한다. 정적 객체란 new 연산자를 사용하여 객체를 생성하지 못하는 객체를 말한다.

```
Math.속성
Math.메서드
```

① Math 객체의 속성

속성	기능
E	자연로그 밑에 사용되는 오일러 상수
LN10	밑이 e인 10의 자연로그
LN2	밑이 e인 2의 자연로그
LOG10E	밑이 10인 E의 로그
PI	원주율
SQRT1_2	1/2의 제곱근
SQRT2	2의 제곱근
```

② Math 객체의 메서드

메서드	기능
random( )	0과 1사이의 난수 반환
ceil(x)	x를 올림한 값(x보다 같거나 큰 가장 작은 정수)
round(x)	x를 반올림한 값
floor(x)	x를 내림한 값(x보다 같거나 작은 가장 큰 정수)
abs(x)	x의 절대 값
cos(x)	x의 코사인 값
sin(x)	x의 사인 값
tan(x)	x의 탄젠트 값
exp(x)	오일러 상수 e를 x승 한 값
log(x)	x의 자연로그 값
max(x,y)	둘 중 큰 수
min(x,y)	둘 중 작은 수
pow(x,y)	x의 y승
sqrt(x)	x의 제곱근

따라하기

Html
문서
	``
	<html>
	<head><title>Math 객체</title></head>
	<body>
	<b> Math 객체의 메서드</b>
	<hr noshade><b>
	<script>
	r=5; radia=r*r*Math.PI;
	document.write(radia,"
	")
	x=5.15;
	document.write("x의절대값은",Math.abs(x),"입니다.","
	")
	document.write("x는",Math.floor(x),"보다 크고",
	          Math.ceil(x),"보다 작은 수입니다.","
	")
	document.write("x와 3 중에는",Math.max(x,3)," 가 더 큽니다.","
	")
	document.write("x의 제곱근은",Math.sqrt(x),"입니다.","
	")
	</script></b>
	</body></html>
	``

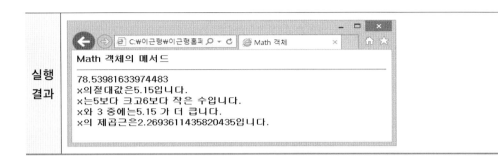

실행 결과	Math 객체의 메서드 78.53981633974483 x의절대값은5.15입니다. x는5보다 크고6보다 작은 수입니다. x와 3 중에는5.15 가 더 큽니다. x의 제곱근은2.2693611435820435입니다.

(5) Screen 객체

화면의 해상도나 색상, 크기 등에 관한 정보를 각종 제공해 주는 Screen 객체는 new 연산자를 사용하지 않고 객체를 직접 사용하여 속성에 접근한다. 보통 방문자의 해상도나 색상 정보를 얻어서 최적의 상태로 내용을 표시할 목적으로 많이 사용한다.

Screen.속성

① Screen 객체의 속성

속성	기능
availHeight	브라우저 화면에서 툴바, 메뉴 바 등을 제외한 순수한 화면의 높이
availWidth	순수한 화면의 너비
height	브라우저의 메뉴 바 등을 포함한 전체화면 높이
width	전체 화면의 너비
colorDepth	사용가능 색 상수

따라하기

Html
문서
	``html
	<html>
	<head><title>Screen객체</title></head>
	<body>
	<b>Screen객체 </b>
	<hr noshade color="pink">
	<script>
	document.write("<b>screen.height ==> " + screen.height + "
	")
	document.write("screen.width ==> " + screen.width + "
	")
	document.write("screen.availHeight ==> " + screen.availHeight +"
	")
	document.write("screen.availWidth ==> " + screen.availWidth + "
	")
	document.write("screen.pixelDepth ==> " + screen.pixelDepth + "
	")
	document.write("screen.colorDepth ==>" + screen.colorDepth + "</b>")
	</script>
	</body></html>
	``

실행 결과	**Screen객체** screen.height ===> 768 screen.width ===> 1366 screen.availHeight ===> 728 screen.availWidth ===> 1366 screen.pixelDepth ===> 24 screen.colorDepth ===>24

(6) Function 객체

이 객체는 객체로서는 그리 많이 사용되지 않지만, 비교적 간단한 문장을 사용할 때는 함수를 사용하지 않고 Function 객체를 선언하여 사용하는 것이 편할 때가 있다. Function 객체의 매개변수에 들어갈 내용은 꼭 문자열로 표시해 주어야 하기 때문에 겹 따옴표를 사용해서 표시해 주어야 한다.

> 객체명 = new Function(매개변수-1,매개변수-2, 처리할 내용)

Function 객체의 속성으로는 매개변수의 개수를 알려주는 length와 arity 등 2가지의 속성이 있는데, arity 속성은 네스케이프에서만 지원된다.

따라하기

Html
문서
	``html
	<html>
	<head><title>Function객체</title>
	<style type="text/css">
	div{font-size:20px; color:red;font-weight:bold}
	</style>
	</head>
	<body>
	<div>Function객체</div>
	<hr color="red">
	<script>
	a = new Function("a","b","c", "d", "return (a * b * c * d)")
	document.write("<div>5 * 6 * 7 * 8 ==> " + a(5,6,7,8) + " 입니다
	
	")
	document.write("매개변수의 갯수는 ==> " , a.length , " 입니다</div>")
	</script>
	</body>
	</html>
	``

실행 결과	Function객체 5 * 6 * 7 * 8 ===> 1680 입니다 매개변수의 갯수는 ===> 4 입니다

 따라하기

Html
문서
	``html
	<html>
	<head><title> Function 객체 </title>
	<style type="text/css">
	div{font-size:20px; color:red;font-weight:bold}
	</style></head>
	<body>
	<div>Function객체</div>
	<hr color="red">
	<script type="text/javascript">
	    abs=new Function("x","return x>0? x: -x")
	    max=new Function("x","y","return x>y? x: y")
	    su1=abs(-10)
	    su2=max(10,20)
	    document.write("<div>절대값은 "+ su1+"
	")
	    document.write("최대값은 "+ su2+"</div>")
	</script>
	</body></html>
	``

실행 결과	

(7) Number 객체

Number 객체는 숫자에 관련된 내용을 제어한다. 숫자 형태로 된 문자열을 숫자 값으로 변환시켜주고, 따로 객체를 선언하지 않고도 메서드처럼 사용할 수 있다. 만약 숫자인 경우는 그대로 수치로 인정한다.

```
변수명 = new Number(문자열 상수)
Number(문자열 상수)
Number.속성
```

속성	기능
MAX_VALUE	자바스크립트에서 표현할 수 있는 가장 큰 숫자
MIN_VALUE	자바스크립트에서 표현할 수 있는 가장 작은 숫자
NaN	숫자가 아닌 값(Not a Number)
NEGATIVE_INFINITY	오버플로우 될 경우 반환되는 음의 무한 값
POSITIVE_INFINITY	오버플로우 될 경우 반환되는 양의 무한 값

 따라하기

Html 문서	```html <html> <head><title>Number객체</title> <style type="text/css"> div{font-size:20px; color:blue;font-weight:bold} </style></head> <body> <div>Number객체</div> <hr noshade color="red"> <script> document.write("<div>가장 큰 수 : ",Number.MAX_VALUE," ") document.write("가장 작은 수 : ",Number.MIN_VALUE," ") document.write("숫자가 아닌 경우 : ",Number.NaN," ") document.write("음의 무한대 : ",Number.NEGATIVE_INFINITY," ") document.write("양의 무한대 : ",Number.POSITIVE_INFINITY,"</div>") </script> </body></html>```

실행 결과	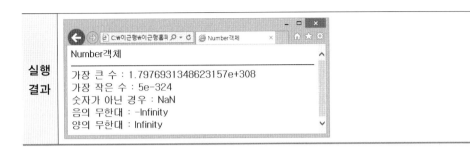Number객체 가장 큰 수 : 1.7976931348623157e+308 가장 작은 수 : 5e-324 숫자가 아닌 경우 : NaN 음의 무한대 : -Infinity 양의 무한대 : Infinity

따라하기

Html
문서
	``html
	<html>
	<head><title>Number객체</title>
	<style type="text/css">
	div{font-size:20px; color:blue;font-weight:bold}
	</style></head>
	<body>
	<div>Number객체 <hr color="blue">
	<script>
	p = Number("c"); document.write(p,"
	")
	z = new Number(); document.write(z,"
	")
	x = new Number("5")
	document.write("숫자형 문자 5 를 변환하면 ==>" + (x+20) + "
	")
	y = new Number("A")
	document.write("알파벳 문자 A 를 변환하면 ==>" + y + "
	")
	</script></div>
	</body></html>
	``

실행 결과	Number객체 NaN 0 숫자형 문자 5 를 변환하면 ==>25 알파벳 문자 A 를 변환하면 ==>NaN

(8) Boolean 객체

Boolean 객체는 new 연산자를 사용해서 객체를 정의하며 Boolean 객체의 매개변수를 입력하지 않거나 false, 0, null, NaN을 입력하면 false 값이, true를 입력하면 true가 초기값으로 설정된다.

객체명 = new Boolean(논리값)

메서드	기능
toString()	Boolean 객체의 값을 문자열로 바꾸어 준다.
valueOf()	객체의 값에 따라 true나 false를 반환

따라하기

| Html 문서 | ```html
<html>
<head><title>Boolean객체</title>
<style type="text/css">
div{font-size:15px; color:red;font-weight:bold}
</style></head>
<body>
Boolean객체 <hr color="red">
<script>
x = 0; a = new Boolean(true);  b = new Boolean(x);
document.write("<div>a는   " + a + "<br>")
document.write("b는   " + b + "<br>")
document.write("a == true   : " + (a == true)   + "<br>")
document.write("b == true   : " + (b == true)   + "<br>")
y = a.toString(); z = b.valueOf()
document.write("y는   " , y ,"<br>")
document.write("z는   " , z ,"</div>")
</script>
</body></html>
``` |
| 실행 결과 | Boolean객체

a는 true
b는 false
a == true : true
b == true : false
y는 true
z는 false |

(9) 객체 제어 명령문

일반적인 명령문들과는 달리 객체를 제어하기 위한 명령으로 for~in 명령문과 with 명령문이 있다. 이들 명령문은 주로 배열이나 객체에서 주로 사용되는데 객체의 모든 속성 값을 참조하거나 객체를 생략하여 사용하고자 할 때 사용된다.
```

① for~in 문

이 명령문은 객체의 속성이나 메서드명 등을 반복적, 순차적으로 대입하면서 찾아준다. 이 명령문에서 임의의 변수를 설정해 주면 지정된 객체의 모든 속성들이 차례대로 변수에 대입된다. 현재 객체 속에 몇 개의 특성이 들어있는지 알 필요가 없다. 객체 속의 특성들을 모두 읽을 때까지 for~in 제어문은 자동으로 반복 실행한다.

```
for (변수명 in 객체변수) {
  .
  .
  .
}
```

객체 속에 들어 있는 모든 특성들을 반복해서 보여주는 기능을 가진다.

 따라하기

| Html<br>문서 | ```html
<html>
<head><title>for ...in</title>
<style type="text/css">
div{font-size:15px; color:red;font-weight:bold}
</style>
<script>
function mycar (a,b,c,d,e) {
    this.name = a;  this.color = b;  this.power = c;
    this.make = d;  this.year= e
}
</script>
</head>
<body>
for ...in연습  <hr color="blue">
<script>
car = new mycar("소나타", "은백색", "1800cc", "hyundai", 1996 );
for(w  in car) {
        document.write("<b>"+ w + "    ");
}
document.write("<hr color='red'>");
for(w in car) {
        document.write("<b>"+ car[w]+"/ ");
}
</script>
</body></html>
``` |
```

| 실행
결과 | for ...in연습

for ...in연습

name   color   power   make   year

소나타/ 은백색/ 1800cc/ hyundai/ 1996/ |

② with 명령문

with 문은 for~in 문과 함께 객체를 제어하는데 사용되는 명령문이다. 이 명령문은 특정 객체를 여러 번 반복하여 사용할 경우 with 문 내에서 생략하여 사용할 수 있는 이점이 있다.

```
with(반복시킬 객체 명) {
    .
    .
    .
}
```

예를 들어 document.write( ) 문을 아주 여러 번 반복해서 써야할 경우가 있다고 하면,

 따라하기

| Html
문서 | ```html
<html>
<head><title>with 연습</title>
<style type="text/css">
div{font-size:20px; color:red;font-weight:bold}
</style></head>
<body>
<div>with 연습</div> <hr color="red">
<div>
<script>
with(document) {
write("낫놓고 기역자도 모른다
");
write("천리길도 한걸음부터
");
write("세살버릇 여든간다.
");
write("바늘도둑 소도둑된다");
}
</script>
</div>
</body></html>
``` |

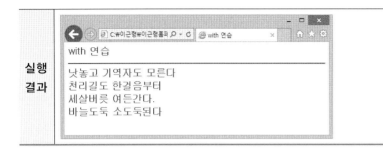

실행 결과	with 연습 낫 놓고 기역자도 모른다 천리길도 한걸음부터 세 살버릇 여든간다. 바늘도둑 소도둑된다

(10) typeof 연산자

typeof는 변수에 설정된 값이 숫자인지, 문자열인지, 아니면 boolean 값인지 판별해 주는 연산자이다. 판별 결과 반환되는 값은 number, string, boolean, object라는 값들이다.

 따라하기

| Html<br>문서 | ```html
<html>
<head><title>typeof</title>
<style type="text/css">
div{font-size:20px; color:red;font-weight:bold}
</style></head>
<body>
typeof 연산자 연습
<hr color="blue">

<script>
a="hello" ; b=1234; c= true; d= null
document.write("hello는 " + (typeof a) ," 입니다.", "<br>")
document.write("1234는   " + (typeof b) ," 입니다.", "<br>")
document.write("True는   " + (typeof c) ," 입니다.", "<br>")
document.write("null은   " + (typeof d) ," 입니다." + "<br>")
</script>

</body></html>
``` |
| --- | --- |
| 실행
결과 | typeof 연산자 연습

hello는 string 입니다.
1234는 number 입니다.
True는 boolean 입니다.
null은 object 입니다. |
```

5.5 이벤트와 이벤트 처리기

이벤트와 이벤트 처리기는 자바스크립트 프로그램에서 매우 중요하다. 이벤트(event)란 사용자로부터 특정 조작이 행해졌을 때 시스템으로부터 발생되는 일종의 신호를 뜻하고, 이벤트 처리기(event handler)란 특정 이벤트와 연결되어 발생한 이벤트와 이에 대한 조치 내용을 담은 코드를 서로 연결해 주는 매개체 역할을 한다. 이러한 이벤트와 이벤트 처리기 간의 상호 작용에 의하여 웹 사용자가 행한 동작에 적절히 대응할 수 있는 스크립트를 만들어 줄 수 있게 된다. 이벤트 처리기는 보통 이벤트 이름 앞에 "on"이라는 접두어를 붙여서 사용한다.

　① 그럼 이벤트란 무엇일까?

이벤트는 사건이다. 이벤트는 방문자에 의해 일어난 특정한 동작이다. 자바스크립트는 이러한 이벤트를 체크한다.

이벤트의 예로 클릭이 발생했을 때(click), 입력양식에 포커스가 왔을 때(focus), 문서가 로딩되었을 때(load), 링크위로 마우스가 왔을 때(mouseover), 입력 양식의 한 필드가 선택되었을 때(select), 페이지를 떠날 때(unload), 입력양식을 서버로 보낼 때(submit) 등등이 있다. 이렇게 방문자가 웹 브라우저 상에서 일으키는 동작이 이벤트이다.

　② 그렇다면 이벤트 처리기(event handler)란 무엇일까?

이벤트 처리기는 이벤트에 대한 자바스크립트의 반응이다. 이벤트 처리기는 자바스크립트에 대한 동작 명령이다. 모든 이벤트 처리기는 각각의 이벤트를 처리한다.

자바스크립트는 기본적으로 이벤트 처리기에 의해 동작을 시작한다. (예외도 있음)

이벤트 처리기의 예로 클릭이 발생했을 때(onclick), 입력양식에 포커스가 왔을 때(onfocus), 문서가 로딩 되었을 때(onload), 링크위로 마우스가 왔을 때(onmouseover), 입력양식의 한 필드가 선택되었을 때(onselect), 페이지를 떠날 때(onunload), 입력양식을 서버로 보낼 때(onsubmit) 등등이 있다.

5.5.1 이벤트

(1) 이벤트 종류

이벤트	발생 시점	이벤트 처리기
abort	이미지를 읽다가 중단시켰을 때	onAbort
blur	Tab 같은 것을 이용해서 Form 요소로부터 커서를 이동시킬 때	onBlur
click	From 요소나 링크를 클릭할 때	onClick
change	text, textarea나 select등의 값을 변경하고 이동하기 위해 탭을 눌렀을 때	onChange
drgadrop	브라우저 윈도우에 개체를 떨어뜨렸을 때	onDragDrop
focus	text나 textarea로 커서를 이동했을 때	onFocus
load	처음으로 웹 페이지를 읽었을 때	onLoad
keydown	이미지, 링크, textarea에 키를 눌렀을 때	onKeyDown
keypress	이미지, 링크, textarea에 키를 누르거나 누르고 있을 때	onKeyPress
keyup	이미지, 링크, textarea에 키를 눌렀다가 놓을 때	onKeyUp
mousedown	버튼이나 링크위에서 마우스 버튼을 누를 때	onMouseDown
mousemove	커서를 옮겨 다닐 때	onMouseMove
mouseout	마우스가 링크나 특정 영역 안에 있다가 나갔을 때	onMouseOut
mouseover	링크나 앵커 위로 마우스를 옮겼을 때	onMouseOver
mouseup	버튼이나 링크 위에서 마우스 버튼을 띨 때	onMouseUp
move	새로운 윈도우로 옮겨갈 때	onMove
select	Form 요소의 입력 필드를 선택했을 때	onSelect
submit	Submit 버튼을 클릭함으로서 Form을 제출할 때	onSubmit
unload	웹 페이지에서 벗어날 때	onUnload
error	문서나 이미지를 읽다가 오류가 발생했을 때	onError
reset	입력양식에서 리셋 시켰을 때	onReset
resize	윈도우의 크기가 변경될 때	onResize

이벤트 처리기 명령어를 보면 대문자와 소문자가 섞여있는데 특별한 의미가 있는 것이 아니고 어떤 이벤트를 사용했는가를 알아보기 편하게 하기 위함이다.

① load 이벤트

이것은 브라우저가 웹 페이지를 읽어 들일 때 발생하는 이벤트이다. 이 이벤트는 HTML 태그의 〈body〉 태그 내에 onload 이벤트 처리기를 추가시킴으로써 load 이벤트에 응답하게 된다.

② unload 이벤트

load 이벤트와는 반대로 사용자가 문서를 닫을 때에 발생한다. onunload 이벤트 처리기를 〈body〉 태그 내에 추가시켜 이벤트에 응답하게 된다.

③ click 이벤트와 dblclick 이벤트

이것은 사용자가 form의 구성 요소나 링크를 마우스로 클릭하였을 때 발생하는 이벤트로 보통 HTML의 폼을 좀 더 대화형으로 개선하기 위하여 사용된다.

그래서 클릭 가능한 객체를 클릭하면 이 이벤트가 발생하는데, 그러한 객체로는 Button (button, submit, reset), Checkbox, Radio, Link 등이 있다. 이러한 객체에 click 이벤트 가 발생하면 onclick 이벤트 처리기가 호출되어 실행된다. onDblclick은 더블 클릭으로 이 벤트 처리기가 실행된다.

④ mouseout / mouseover 이벤트와 mouseup / mousedown 이벤트

mouseout 이벤트는 사용자의 마우스 포인터가 링크나 클릭 가능한 이미지 맵과 같은 객체 를 벗어날 때 발생하고, mouseover 이벤트는 mouseout 이벤트와는 반대 개념으로 마우스 포인터가 링크나 클릭 가능한 객체의 위로 이동하면 발생하는 이벤트이다. 그래서 이 두 이벤트에 대응하는 onMouseout / onMouseover 이벤트 처리기를 사용하여 마우스 포인터 에 대한 기본적인 동작, 예를 들어 마우스 포인터가 버튼 위로 이동하면 버튼의 모양이 변하 고, 버튼 밖으로 이동하면 버튼이 원상태로 돌아온다. onMouseUp 이벤트는 마우스의 왼쪽 단추를 누른 후 놓았을 때, onMouseDown 이벤트는 마우스 단추를 눌렀을 때 이벤트를 일으킨다.

⑤ focus 이벤트

focus 이벤트는 form의 구성 요소나 창에 입력 포커스를 주었을 때 발생하는 것으로, 사용 자가 마우스로 그 객체를 클릭하거나 Tab키를 사용하여 포커스를 이동시킬 때, 혹은 focus() 메서드를 사용할 때 발생한다. 이 이벤트에 반응하는 객체는 위의 change 이벤트 에 반응하는 객체와 같이 text, textarea, select 등이다. 이 이벤트에 대응하는 이벤트 처 리기는 onFocus이다.

※ 입력 포커스란?
  - form의 구성 요소나 필드를 선택하기 위하여 마우스를 클릭하는 것으로, 텍스트 필드를 마우스로 클릭하거나 탭 키를 이용하여 텍스트 필드와 필드 사이를 이동

하는 두 가지 방법 모두에 의하여 입력 포커스를 할당하게 된다.

⑥ blur 이벤트

위의 focus 이벤트와는 반대로 객체가 포커스를 잃었을 때, 다시 말해 form 이외의 부분을 마우스로 클릭하거나 창이 포커스를 잃었을 때 발생하는 이벤트로 이것에 반응하는 객체 역시 text, textarea, select 등이다. 이 이벤트에 대응하는 이벤트 처리기는 onblur이다.

⑦ change 이벤트

위의 submit 이벤트는 폼 전체에 대한 유효성을 검사하기 위한 것이지만, 이 change 이벤트는 필드 단위의 유효성을 검사하기 위한 이벤트이다. 그래서 필드 객체의 값이 변경되거나 포커스를 잃었을 경우에 발생하여 onChange 이벤트 처리기를 호출하게 된다. 이 change 이벤트에 반응하는 객체로는 text, textarea, select 등의 객체가 있다.

⑧ submit 이벤트

자바스크립트를 HTML 폼과 같이 사용하는 것은 클라이언트 측에서 데이터의 유효성을 검사하기 위하여 사용하는 것이다. 이러한 데이터의 유효성을 검사하기 위하여 submit 이벤트를 사용한다. 이 이벤트는 HTML 폼을 submit하기 직전에 발생하여 onSubmit 이벤트 처리기를 호출하여 서버에 데이터를 전송하기 전에 데이터의 유효성을 검사한다.

⑨ select 이벤트

사용자가 textarea 객체 내의 문자열을 선택할 경우에 발생하는 이벤트로 onSelect 이벤트 처리기를 이용하여 사용자가 정의한 이벤트 처리기를 선택하거나 기본 이벤트 처리기를 호출한다.

⑩ error 이벤트

문서나 이미지가 읽혀지는 과정에서 에러가 발생할 때 생기는 이벤트로, onError 이벤트 처리기를 호출하여 이벤트에 응답한다.

⑪ abort 이벤트

브라우저가 읽어 들이는 데 시간이 매우 오래 걸릴 경우에 읽기를 중단하기 위한 이벤트로 다른 페이지로 가는 링크를 클릭하거나 브라우저의 Stop 버튼을 클릭하면 실행된다.

(2) 이벤트 처리기의 작성 방법

이벤트 처리기를 작성하는 방법은 3가지가 있다.

- HTML 태그 내에 이벤트 처리기 코드를 작성
- 객체의 이벤트 처리기 속성에 직접 코드를 대입
- 〈script〉 태그에 직접사용

(3) 이벤트 처리의 특징

이벤트는 이벤트를 받는 객체에서 처리된다. 즉 발생한 이벤트는 이벤트 목적 객체에 우선 전달되어 처리된다.

모든 객체가 모든 이벤트를 받을 수 없다.

(4) 자바스크립트에서 사용할 수 있는 이벤트 처리기

대 상 객 체	사용 가능한 이벤트 처리기
선택목록(Select list)	onBlur, onChange, onFocus
문자필드(Text element)	onBlur, onChange, onFocus, onSelect
문자영역(Textarea element)	onBlur, onChange, onFocus, onSelect
버튼(Button element)	onClick
체크박스(Checkbox)	onClick
라디오 버튼(Radio button)	onClick
하이퍼텍스트 링크(Hypertext link)	onClick, onMouseOver, onMouseOut
리셋 버튼(Reset Button)	onClick
전송 버튼(Submit Button)	onClick
도큐먼트(Document)	onLoad, onUnload
윈도우(Window)	onLoad, onUnload, omError
폼(Form)	onSubmit, onReset
이미지(Image)	onAbort, onError, onLoad

이벤트 핸들러 명령어를 쓸 때 대·소문자가 섞여 있는데 꼭 그렇게 입력해야 되는 것은 아니다. 단어가 시작되는 알파벳을 대문자로 표기하는 이유는 알아보기 편리하게 하기 위함이다.

5.5.2 이벤트 처리기

① onload

onload는 〈body〉 태그에서 사용하는 이벤트 처리기로 문서를 열었을 때 실행된다.

 따라하기

Html 문서	실행결과
〈html〉 〈head〉〈title〉load 연습〈/title〉〈/head〉 〈body onload="alert('안녕하세요.')" 〉 〈script〉 a = new Array(3) a[0] = "우리" a[1] = "여자" a[2] = "대학" document.write(a[0],a[1],a[2]) 〈/script〉 〈/body〉〈/html〉	

 따라하기

Html
문서
	〈html〉
	〈head〉〈title〉자동으로 다른 페이지로 이동하기〈/title〉
	　　〈script〉
	　　 function nextWin() {
	　　　　window.open('http://www.naver.com')
	　　　　}
	　　〈/script〉〈/head〉
	〈body onLoad="setTimeout('nextWin()', 5000)"〉
	　　〈b〉나의 홈 페이지를 찾아 주셔서 감사합니다〈br〉
	　　5초만 기다리시면 네이버 홈페이지에 도착을 합니다.〈/b〉〈p〉
	〈font color="red"〉〈h3〉지금 시간을 재고 있으니 잠시만!〈/h3〉〈/font〉
	〈/body〉〈/html〉

실행 결과	

window.open에 대해서는 추후 설명키로 한다.

② onUnload

onunload는 〈body〉 태그에서 사용하는 이벤트 처리기이며 창을 닫으면 실행된다.

 따라하기

Html 문서	실행결과
| ```html
<html>
<head><title>load 연습</title></head>
<body onUnload="alert('또 오세요.')" >
<script>
a = new Array(3)
a[0] = "우리"
a[1] = "여자"
a[2] = "대학"
document.write(a[0],a[1],a[2])
</script>
</body></html>
``` |  |

③ onClick 이벤트

 따라하기

| Html<br>문서 | ```html
<html>
<head><title>onclick 이벤트</title>
<script>
 function hello() {
     alert("Hello, who are you?")
}
</script></head>
<body>
<b>클릭하세요</b><hr color="red">
<input type="button" onClick="hello()" value="클릭하세요">
</body></html>
``` |
| 실행
결과 | 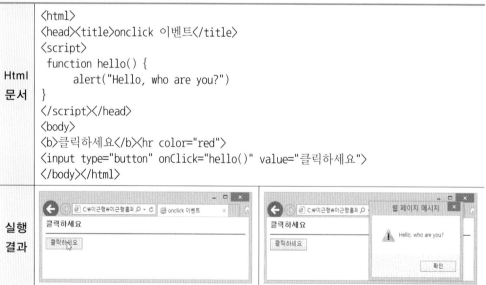 |

onclick은 〈body〉 태그 내부뿐만 아니라 여러 곳에서 사용할 수 있다. onclick이나 onClick
은 같은 명령으로 취급된다.

따라하기

Html 문서	실행결과
`<html>` `<head><title>클릭 이벤트 </title></head>` `<body` `onClick="window.open('http://www.naver.com')">` `<div>창의 아무곳이나 클릭만 하면  ` `네이버 사이트가 나타난다.</div>` `</body></html>`	

 따라하기

Html 문서	`<html>` `<head><title>자바스크립트 테스트</title>` ` <script>` ` function push(str) {` `    alert(str);` ` }` `</script></head>` `<body>` ` <input type="button" value="버튼 1" onClick="push('버튼 1번을 누름')"> ` ` <input type="button" value="버튼 2" onClick="push('버튼 2번을 누름')">` `</body></html>`
실행 결과	

 따라하기

Html 문서	실행결과
`<html>` `<head><title>CGI 양식 </title></head>` `<body>` `<b>이미지 단추 </b> <hr color="gray">` `<form>` `<input type="image" src="play.gif"` `        onclick="alert('안녕하세요')">` `  ` `<input type="submit" value="보내기">` `</form>` `</body></html>`	

따라하기

Html 문서	`<html><head><title> click 이벤트</title>` `<script>` `function compute(f) {` `    var res=eval(f.exp.value);    f.val.value=res` `}` `</script></head>` `<body >` `<b> onClick 예 : 계산기 만들기</b><hr noshade color="red">` `식 난에 계산하고자 하는 수식을   입력하고 계산 버튼을 누르시오.<p>` `<form name="cal">` `식 <input type="text" name="exp" value="" size=30>` `값 <input type="text" name="val" value="" size=10>` `    <input type="button" value=" 계산 " onClick="compute(this.form)">` `</form>` `</body></html>`
실행 결과	**onClick 예 : 계산기 만들기** 식 난에 계산하고자 하는 수식을 입력하고 계산 버튼을 누르시오. 식 `1+5*9+6*3` 값 `33` 계산

 따라하기

Html 문서	`<html>`
	`<head><title>이벤트의 반환값</title></head>`
	`<body>`
	`<b>이벤트의 반환값</b>`
	`<hr color="red">`
	`<a href = "http://www.daum.net"`
	`    onClick="return confirm('다음 사이트로 이동할까요?')">다음 사이트</a>`
	`</body>`
	`</html>`

실행 결과	**이벤트의 반환값** 다음 사이트 http://www.daum.net/	**이벤트의 반환값** 다음 사이트 웹 페이지 메시지 다음 사이트로 이동할까요? 확인 취소

return을 쓰지 않으면 "확인"이나 "취소" 버튼 아무거나 눌러도 다음 사이트로 이동한다.

 따라하기

Html
문서
	``html
	<html>
	<head><title>click 이벤트</title>
	<style type="text/css">
	* {margin:5 10}
	</style></head>
	<body>
	<b>click 이벤트</b><hr color="red">
	<b>click하면 버튼의 라벨 또는 이미지 토글</b>
	<form name="f" onsubmit="return false">
	<input type="button" value="On"
	        onclick="this.value=(value=='On')?'Off':'On'">
	<input type="reset" value="reset"
	        onclick="this.value=(value=='reset')?'리셋':'reset'">
	<input type="submit" value="submit"
	        onclick="this.value=(value=='submit')?'전송':'submit'">
	</form>
	</body></html>
	``

실행 결과	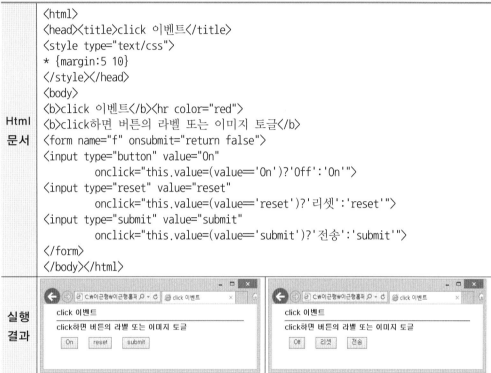

④ onDblclick 이벤트

 따라하기

Html
문서
	``html
	<html>
	<head><title>onclick or ondblclick</title></head>
	<body>
	<b>onclick 이벤트와 ondblclick 이벤트</b><hr color="red">
	<div>버튼을 클릭하면 배경색을 빨간색으로
	
	      더블클릭하면 노란색으로 바뀐다.</div><p>
	<form name="f">
	<input type = "text" name="t" value=""><p>
	<input type="button" name="b" value="클릭"
	   onclick="document.bgColor='red'; this.form.t.value='클릭' ">
	<input type="button" name="a" value="더블클릭"
	   onDblclick="document.bgColor='yellow'; this.form.t.value='더블클릭' ">
	</form>
	</body></html>
	``

실행 결과	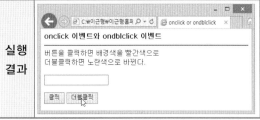 

 따라하기

| Html<br>문서 | ```html
<html>
<head><title>onclick, ondblclick</title>
<style type="text/css">
 .myDiv {
    background-color:yellow; border-width:5;
    border-style:ridge; border-color:cyan
 }
</style>
<script>
function show(obj, visible){
 if(visible)
  obj.style.display = "block";
 else
  obj.style.display = "none";
}
</script></head>

<body >
<div> onclick, ondblclick 예 : 문장 숨기기/보이기 예</div>
<hr color="blue">
<p><span style="color: blue; font-weight:bold" id="sp"
            onClick="show(block, false)"
            ondblClick="show(block, true)">여기</span>
를 클릭하면 아래의 내용이 사라지고 더블클릭하면 나타납니다.</p>
<div id="block" class="myDiv">
시간의 걸음에는 세가지가 있다. 미래는 주저하며 다가오고
현재는 화살처럼 날아가고 과거는 영원히 정지하고 있다.
</div>
</body></html>
``` |
| 실행
결과 | onclick, ondblclick 예 : 문장 숨기기/보이기 예

여기 를 클릭하면 아래의 내용이 사라지고 더블클릭하면 나타납니다.

시간의 걸음에는 세가지가 있다. 미래는 주저하며 다가오고 현재는 화살처럼 날아가고 과거는 영원히 정지하고 있다. |
```

따라하기

Html
문서
	``html
	<html>
	<head><title>onclick, ondblclick</title>
	<style type="text/css">
	 .myDiv {
	    background-color:yellow; border-width:5;
	    border-style:ridge; border-color:cyan
	 }
	</style>
	<script>
	function show(obj, visible){
	 if(visible)
	  obj.style.display = "block";
	 else
	  obj.style.display = "none";
	}
	</script></head>
	
	<body >
	<div> onclick, ondblclick 예 : 문장 숨기기/보이기 예</div>
	<hr color="blue">
	<p><span style="color: blue; font-weight:bold" id="sp"
	            onClick="show(block, false)"
	            ondblClick="show(block, true)">여기</span>
	를 클릭하면 아래의 내용이 사라지고 더블클릭하면 나타납니다.</p>
	<div id="block" class="myDiv">
	시간의 걸음에는 세가지가 있다. 미래는 주저하며 다가오고
	현재는 화살처럼 날아가고 과거는 영원히 정지하고 있다.
	</div>
	</body></html>
	``

실행 결과	onclick, ondblclick 예 : 문장 숨기기/보이기 예 여기 를 클릭하면 아래의 내용이 사라지고 더블클릭하면 나타납니다. 시간의 걸음에는 세가지가 있다. 미래는 주저하며 다가오고 현재는 화 살처럼 날아가고 과거는 영원히 정지하고 있다.

⑤ onMouseOver 이벤트와 onMouseOut 이벤트

따라하기

Html 문서	실행결과

`<html>`
`<head><title>onmouseover & out</title>`
`<style type="text/css">`
　`p {cursor:hand;font-size: 15pt;`
　　`color:green;border:solid 2px}`
`</style>`
`</head>`
`<body>`
`<b>색이 변하는 문자열</b><hr>`
`<p onMouseOver="this.style.color='red'"`
　`onMouseout="this.style.color='blue'">`
　마우스를 올리거나 내려가면 색 변하는 글씨
`</p>`
`</body></html>`
	색이 변하는 문자열
	
	마우스를 올리거나 내려가면 색 변하는 글씨

따라하기

**Html
문서**
	`<html>`
	`<head><title>onMouseOut, Over</title>`
	`<script>`
	`function changeBg(c) {`
	　　`document.bgColor = c`
	`}`
	`</script></head>`
	`<body>`
	`<b>마우스와 관련된 이벤트 핸들러 예</b>`
	`<hr color="red">`
	`<div>마우스를 올리거나 떠나면 배경 색깔이 변합니다.</div><p>`
	`<a href= #  onMouseOver='document.bgColor = "yellow"'`
	　`onMouseOut='document.bgColor = "gray"'> 마우스Over & 마우스Out </a><p>`
	`<input type="button"`
	　　`onMouseover="changeBg('red')"  onMouseout="changeBg('aqua')"`
	　`value="onMouseover &onMouseout">`
	`</body></html>`

실행 결과	마우스와 관련된 이벤트 핸들러 예 마우스를 올리거나 떠나면 배경 색깔이 변합니다. 마우스Over & 마우스Out onMouseover &onMouseout

따라하기

Html
문서
	``html
	<html>
	<head><title>셀의 색상 바꾸기</title>
	<style type="text/css">
	div.align {text-align:center;color:blue;font-size:20pt}
	</style>
	</head>
	<body>
	<div class="align">
	성 적 표</div>
	
	<table cellpadding="5" cellspacing="1" bgcolor="#889999">
	
	<tr align="center" bgcolor="#99eeff">
	 <th width=100> 학번 </th> <th width=100> 이름 </th>
	 <th width=100> 국어 </th> <th width=100> 영어 </th>
	 <th width=100> 수학 </th>
	</tr>
	
	<tr align="center" bgcolor="#ddeeff"
	    onMouseOut="this.style.backgroundColor='#eeffff'"
	    onMouseOver="this.style.backgroundColor='#ddee00'">
	 <td> 211001 </td> <td> 홍길동 </td>
	 <td> 78 </td> <td> 89 </td> <td> 95 </td>
	</tr>
	
	<tr align="center" bgcolor="#ddeeff"
	    onMouseOut="this.style.backgroundColor='#eeffff'"
	    onMouseOver="this.style.backgroundColor='#ddee00'">
	 <td> 211002 </td> <td> 갑순이 </td>
	 <td> 87 </td> <td> 79 </td> <td> 80 </td>
	</tr>
	</table>
	</body></html>
	``

실행 결과	**성 적 표** | 학번	이름	국어	영어	수학
---	---	---	---	---
211001	홍길동	78	89	95
211002	갑순이	87	79	80	

⑥ Blur 이벤트와 focus 이벤트

 따라하기

Html 문서	실행결과

``html
<html>
<head>
<title>onBlur와 onFocus</title></head>
<body onblur="document.bgColor='pink'"
    onFocus="document.bgColor='orange'">
<b> 포커스 받기와 잃기</b><hr color="red">
<h3>포커스를 받으면 빨간색 잃으면
 	
   파란색 배경으로 변합니다</h3>
</body>
</html>
``
	포커스 받기와 잃기
	
	포커스를 받으면 빨간색 잃으면
	파란색 배경으로 변합니다

⑦ onMouseUp 이벤트와 onMouseDown 이벤트

따라하기

Html
문서
	``html
	<html>
	<head><title>onMouseUp, Down</title>
	<script>
	function changeBg(c) { document.bgColor = c }
	function mUp() { document.bgColor = "yellow" }
	function mDown() { document.bgColor = "green" }
	</script></head>
	<body>
	<b>마우스와 관련된 이벤트 핸들러 예</b><hr color="red">
	<div>마우스를 누르거나 놓으면 배경 색깔이 변합니다.</div><p>
	
	<a href= # onMouseUp= "mUp()" onMouseDown="mDown()">
	          마우스Up & 마우스Down</a><p>
	<input type="button" onMouseDown="changeBg('red')"
	   onMouseUp="changeBg('aqua')" value="onMouseDown &onMouseUp">
	</body></html>
	``

실행 결과	마우스와 관련된 이벤트 핸들러 예 마우스를 움직이거나 클릭하면 배경 색깔이 변합니다. 마우스Over & 마우스Out & 마우스Down onMouseDown &onMouseUp

⑧ onChange 이벤트

 따라하기

Html
문서
	``html
	<html>
	<head><title>change</title> </head>
	<body>
	<b>onchange 이벤트</b><hr>
	<select onChange = "document.bgColor=this.options.value">
	<option>색상을 선택하세요</option>
	<option value="blue"> 파란색 </option>
	<option value="red"> 빨강색 </option>
	<option value="gray"> 회색 </option>
	<option value="yellow"> 노란색 </option>
	<option value="gold"> 금색 </option>
	<option value="orange"> 오랜지색 </option>
	<option value="pink"> 핑크색 </option>
	<option value="tomato"> 토마토색 </option>
	<option value="green"> 녹색 </option>
	</select>
	</body> </html>
	``

실행 결과	![실행 결과 화면 - onchange 이벤트, 색상을 선택하세요 드롭다운 메뉴: 파란색, 빨강색, 회색, 노란색, 금색, 오랜지색, 핑크색]

 따라하기

Html
문서
	``html
	<html>
	<head><title>풀다운 메뉴로 이동</title> </head>
	<body>
	<b>onchange 이벤트</b><hr color="red">
	<b>풀다운 메뉴에서 링크 사이트 선택하면 바로 이동</b><p>
	<select name="linker" onChange = "window.location = this.value">
	<option> 사이트를 선택하세요 </option>
	<option value="http://www.lycos.com"> 라이코스사이트 </option>
	<option value="http://www.daum.net"> 다음사이트 </option>
	<option value="http://www.naver.com"> 네이버사이트 </option>
	<option value="http://www.kbs.co.kr"> KBS </option>
	<option value="http://www.donga.com"> 동아일보</option>
	</select>
	</body> </html>
	``

<table>
<tr><td>실행
결과</td><td>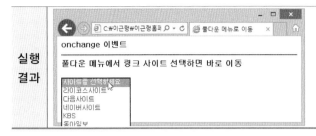</td></tr>
</table>

 따라하기

<table>
<tr><td rowspan="1">Html
문서</td><td>

```
<html>
<head><title>Text박스 숫자 입력 제어 예제 </title>
<style type="text/css">
  div {font-size:13pt;color:blue;font-weight:bold}
</style>
<script>     / / 숫자의 길이를 판단하는 함수
function check(obj, n){
 if(obj.value.length!=6){
  alert(n + "개의 숫자를 입력하세요.");
  obj.value="";
  return false;
 }
 else
  return true;
}
function check1(obj, n){
 if(obj.value.length!=7){
  alert(n + "개의 숫자를 입력하세요.");
  obj.value="";
  return false;
 }
 else
  return true;
}        // 숫자의 길이가 6개가 채워지면 다음 텍스트박스로 이동 함수
function lenCheck(obj){
 if(obj.value.length==6)
   document.f.t2.focus();
}   // 숫자의 길이가 7개가 채워지면 stop
function lenCheck1(obj){
 if(obj.value.length==7)
   document.f.t3.focus();
}
</script></head>

<body >
<div>onchange 핸들러를 이용하여<br> 주민등록 번호를 입력받는 예제</div>
<hr color="red">
<p>주민등록 번호 13자리를 다음과 같이 입력하세요.<br>
```

</td></tr>
</table>

	물론 숫자만을 입력하세요. </p>
	`<form name="f">`
	`<input type="text" name="t1" onChange="return check(this, 6);"`
	                              `onkeyup="lenCheck(this)"> -`
	`<input type="text" name="t2" onChange="return check1(this, 7);"`
	                              `onkeyup="lenCheck1(this)">`
	`<input type="submit" value="전송" name="t3">`
	`</form>`
	`</body></html>`

실행 결과	onchange 핸들러를 이용하여 주민등록 번호를 입력받는 예제 주민등록 번호 13자리를 다음과 같이 입력하세요. 물론 사용자는 숫자만을 입력하세요. 951123 — 2100234 전송

⑨ onError 이벤트

 따라하기

Html 문서	`<html>` `<head><title>onError 이벤트 예제</title>` `<script>` `function Check_Error(image) {` `    alert("["+image.src + '] 가 없습니다.')` `}` `</script>` `</head>` `<body>` `<b>onError 이벤트 예제</b> <hr color="red">` `<P><I> 존재하지 않는 이미지를 불러오면 오류가 발생합니다. ` 오류를 검출하여 없는 이미지파일명을 메시지로 출력합니다.`</I>` `<form>` `<img name="Image1" src="undefine.jpg" align="left" border="6"` `    onError="Check_Error(this)">` `</form>` `</body></html>`
실행 결과	onError ... 웹 페이지 메시지 존재하지... 오류를... ⚠ [file:///C:/이근형/이근형홈페이지/chap5/undefine.jpg] 가 없습니다. 확인

⑩ onSubmit 이벤트

따라하기

Html 문서	```html
	<html>
	<head><title>onSubmit 이벤트 예제</title></head>
	<body>
	<script>
	function Check_Submit(obj) {
	        var temp="";
	    if (obj.name.value =="")
	        window.alert ("아무 것도 입력하지 않으셨군요. 섭섭하네요");
	    else {
	        temp = obj.name.value;
	        window.alert (temp + "\n 라고 입력하여 주셨군요.\n 고맙습니다.");
	
	        }
	}
	</script>
	
	<b>onSubmit 이벤트 예제</b><hr>
	<fieldset style="border:solid 1px blue">
	<legend> <b>Enter your name:</b></legend>
	<form name="form1" onSubmit="Check_Submit(this)">
	이름:<input name = "name" type="text" size="20">
	    <input name = "submit01" type="submit" value="전송">
	</form>
	</fieldset>
	</body></html>
	``

실행 결과	 onSubmit 이벤트 예제 ┌─Enter your name:───────── │ 이름:[홍길동] [전송] └────────────────────── 웹 페이지 메시지 ⚠ 홍길동 라고 입력하여 주셨군요. 고맙습니다. [확인]

⑪ onSelect 이벤트

 따라하기

Html 문서	```html
	<html>
	<head><title>onSelect 이벤트 예제</title>
	<script>
	  function Check_Select() {
	  window.alert ("문자열이 블록으로 선택되었습니다.\n 좋은 하루 되세요");
	      }
	</script>
	</head>
	<body>
	<b>onSelect 이벤트 예제</b> <hr color="red">
	<form name="form1">
	<i>textarea 영역에 포함된 문자열이
	
	선택 되었을 때 발생하는 onSelect 이벤트를 보여준다.
	
	</i>
	<textarea name="textbox" rows="8" cols="30" OnSelect="Check_Select();">
	사용자가 textarea 객체내의 문자열을 선택할 경우에 Select 이벤트가 발생한다.
	</textarea>
	</form>
	</body></html>
	``

실행 결과	

⑫ onKeyDown 이벤트

 따라하기

Html
문서
	``html
	<html>
	<head><title> onKeydown 이벤트</title>
	<style type="text/css">
	div {color:red;font-weight:bold}
	</style>
	<script>
	function evnt() {
	    str=document.frmtext.input1.value
	    str = str.length
	    if(str == 4)
	         document.frmtext.input2.focus()
	    }
	</script>
	</head>
	<body>
	<div>onKeydown 이벤트</div><hr color="red">
	<b>비밀번호는 4자리를 넣으면 자동으로 이름영역으로 넘어감</b>
	
	<form name="frmtext">
	비밀번호 ; <input type="password" name="input1" onKeydown="evnt()">
	이 름 : <input type="text" name="input2"><p>
	<input type="submit" value="보내기">
	<input type="reset" value="취소">
	</form>
	</body></html>
	``

실행 결과	**onKeydown 이벤트** **비밀번호는 4자리를 넣으면 자동으로 이름을 넣음** 비밀번호 : ●●●● 이 름 : 홍길동 × 보내기 취소

연습문제

01. 자바스크립트의 특징을 설명하시오.

02. 자바스크립트와 자바의 차이점을 설명하시오.

03. 자바스크립트의 소스를 비공개하려면 어떻게 하는가?

04. 스크립트는 어떤 태그 안에서 사용하는가? 또 각각의 의미는 어떠한가?

05. 스크립트 안에서 메시지를 나타내려면 사용하는 객체는 무엇이며 예를 들어 설명하시오.

06. 스크립트 안에서 식별자의 규약을 쓰시오.

07. eval() 함수를 설명하고 예를 들어 보시오.

08. isNaN() 함수를 설명하고 예를 들어 보시오.

09. 사용자 객체를 정의하고 예를 들어 설명하시오.

10. 새로운 객체를 만들 때 사용하는 연산자는 무엇인가?

11. 자바스크립트에서 객체 정의 시 this의 역할은 무엇인가?

12. 내가 태어난 해의 내 생일 요일을 나타내도록 웹문서를 만들어 보시오.

13. 자신이 현재 태어나서 몇일을 살아왔는지 계산하시오.

14. 임의의 문서를 열면 방문자의 이름을 입력받아 "***님 환영합니다"라는 메시지가 나타나도록 하시오.

15. 어떤 사이트 방문을 마치고 다른 사이트로 이동하면 "안녕히 가십시오"라는 메시지가 나타나도록 하시오.

16. "배경색 바꾸기"라는 단추를 클릭하면 바탕화면의 색상이 바뀌도록 하시오.

17. 포커스를 받는다는 것과 포커스를 잃는다는 것을 설명하시오.

18. "학교"라는 글자위에 마우스를 위치하면 자신이 좋아하는 그림이 나타나도록 하시오.

19. 다음과 같이 출력되도록 하시오.

20. 구구단을 출력하시오.

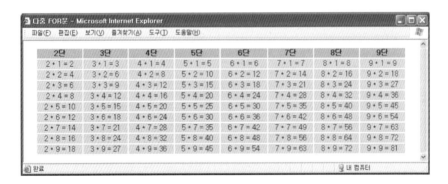

06

브라우저 객체

06 브라우저 객체

브라우저에는 내장된 객체가 있는데 이 객체를 통해 원하는 정보를 즉석에서 얻어낼 수 있으며 자신이 원하는 대로 브라우저가 동작하도록 만든다.

브라우저의 내장객체는 현재 브라우저가 보여주고 있는 문서에 관한 여러 가지 정보, 즉 Window 정보, History 정보, 문서가 존재하고 있는 위치에 관한 정보 등을 포함한다. 브라우저는 자신이 현재 가지고 있는 모든 정보들을 객체로서 제공한다.

자바스크립트에서는 브라우저 관련 객체에 계층적으로 접근할 수가 있으며 그 계층적 구조는 아래 그림과 같다.

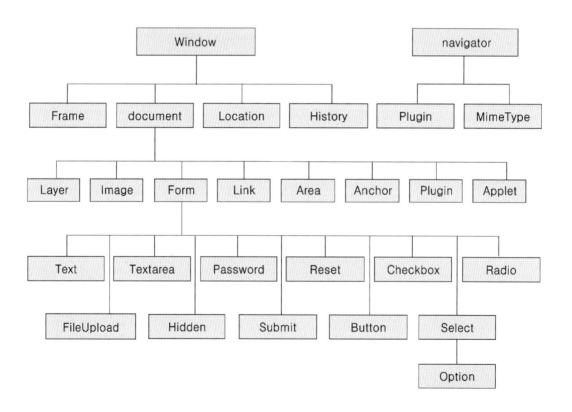

6.1 Window 객체

window 객체는 브라우저 내장객체들의 계층구조 중에서 가장 상위에 있는 객체로서, 우리가 자바스크립트로 하는 모든 작업들이 이 window 객체 안에서 이루어지게 된다.

이 객체는 그 자체적으로도 여러 가지 작업을 수행하지만 대부분 이 객체의 자식들인 하위객체를 이용해 많은 일들을 수행한다. 예를 들어 우리는 경고 창을 띄울 때 alert()라는 메서드를 아무런 생각 없이 사용하고, 문자열이나 내용을 출력할 때 document.write() 메서드를 사용하지만 실제로 이들 메서드는 window.alert(), window.document.write()가 올바른 사용법이다. 하지만, 대부분의 경우 최상위 객체인 window는 자연스럽게 생략하여 사용해도 무방하다.

6.1.1 window 객체

(1) window 객체의 속성

속성	설명
status	Browser의 status bar에 나타날 문자열
defaultStatus	status에 지정된 문자열이 없을 때 나타날 문자열
self	자기 자신 객체
parent	window 객체 간의 계층 구조가 생길 때 상위 객체
top	window 객체 간의 계층 구조가 생길 때 최상위 객체
opener	open() method로 window를 연 문서가 있는 window
length	현재 윈도우의 프레임의 개수
frames[]	현재 윈도우에서 여러 개의 프레임 즉, frames[0], frame[1], …
closed	윈도우의 닫혀 있는 유무에 따라 true/false 값 반환
location	현재 윈도우에 있는 location 객체를 반환한다.
history	현재 윈도우에 있는 history 객체를 반환한다.
document	현재 윈도우에 있는 document 객체를 반환한다.

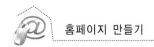
(2) Window 객체의 메서드

메서드	설명
open( )	window 열기
close( )	window 닫기
alert( )	간단한 메시지를 전달하기 위한 대화상자
confirm( )	사용자로부터 확인을 받기 위한 대화상자
prompt( )	사용자로부터 문자열을 입력받기 위한 대화상자
blur( )	focus를 제거한다.
setTimeout( )	지정된 시간동안 기다린 후 지정된 명령 실행
clearTimeout( )	setTimeout 해제
moveBy( )	상대적 좌표로 창을 이동한다.
moveTo( )	절대위치로 창을 이동한다.
navigate( )	브라우저가 지정된 URL로 이동하게 한다.
resizeBy( )	상대적 크기를 이용해서 창의 크기를 변경한다.
resizeTo( )	절대크기로 창 크기를 변경한다.
scroll( )	창을 스크롤 시킨다.
scrollBy( )	상대적 좌표로 창을 스크롤 시킨다.
scrollTo( )	절대적 좌표로 창을 스크롤 시킨다.
setInterval( )	일정시간 간격으로 지정함수를 반복 호출한다.
setTimeout( )	일정시간 후 지정함수를 호출한다.
clearInterval( )	setInterval()메서드에 의해 수행되고 있는 함수를 중지한다.
clearTimeout( )	setTimeout()메서드에 의해 수행되고 있는 함수를 중지한다.

(3) Window 객체의 이벤트 처리기

객체마다 사용할 수 있는 이벤트 처리기가 정해져 있기 때문에 객체에서 지원하지 않는 이벤트 처리기를 사용하면 동작하지 않는다.

이벤트 처리기	설명
onLoad	Browser가 문서를 모두 읽은 후 실행할 명령 지정
onUnload	Browser에 현재 문서를 모두 지운 후 실행할 명령 지정
onError	Browser가 문서를 읽던 중 에러가 발생했을 때
onBlur	Browser가 focus를 잃었을 때
onFocus	Browser가 focus를 얻었을 때

자바스크립트에서는 브라우저 관련 객체의 속성이나 메서드를 사용 시 대소문자를 확실하게 구분하여 사용하여야 한다. 그렇지 않으면 에러가 발생한다.

6.1.2 window 객체의 메서드

(1) open() 메서드

홈페이지에서 문서가 열릴 때 메뉴가 없는 새로운 창이 열리는 것을 흔히 볼 수 있다. 이처럼 새롭게 창을 열 수 있도록 하는 것이 open() 메서드이다.

```
window.open("팝업창으로 보여줄 문서","팝업창의 이름","옵션")
```

세 번째 인자에는 옵션들을 설정한다. 이곳에서 사용할 수 있는 옵션에는 아래와 같은 것들이 있다.

옵션	옵션 값	설명
menubar	yes/no, 1/0	메뉴 바를 보여주거나 숨긴다.
toolbar	yes/no, 1/0	도구막대를 보여주거나 숨긴다.
directories	yes/no, 1/0	디렉터리 바를 보여주거나 숨긴다.
scrollbars	yes/no, 1/0	스크롤바를 보여주거나 숨긴다.
status	yes/no, 1/0	상태표시줄을 보여주거나 숨긴다.
location	yes/no, 1/0	주소표시줄을 보여주거나 숨긴다.
resizable	yes/no 1/0	팝업윈도우의 크기를 사용자가 임의로 수정할 수 있는지 여부를 지정한다.
width	픽셀	팝업 윈도우의 가로크기를 지정한다.
height	픽셀	팝업 윈도우의 높이를 지정한다.
left	픽셀	팝업 윈도우의 x축 위치를 지정한다.
top	픽셀	팝업 윈도우의 y축 위치를 지정한다.
fullscreen		전체화면 모드로 열어준다.
channelmode		채널모드 창으로 열어준다.

따라하기

	Main HTML 문서	aa.html

Html 문서	`<html>`
	`<head><title>main 창</title></head>`
	`<body>`
	`<b>새로운 창 띄우기</b>`
	`<script>`
	`  window.open("aa.html","","")`
	`</script>`
	`</body></html>`
		`<html>`
		`<head><title>새로운 창</title></head>`
		`<body>`
		`<h2>어서 오십시오</h2>`
		`<b>여기는 새로운 창입니다.</b>`
		`</body></html>`

	main html 실행결과
실행 결과	어서 오십시오 여기는 새로운 창입니다.

open() 메서드에 옵션을 사용하지 않으면 새로운 창이 나타나지 않고 기본 창(주된 창)에 목록으로 나타난다. window.open()에는 3가지의 인수를 반드시 서술해 주고 인수 값도 주어야 한다. 특히 마지막 인수는 인수 값이 반드시 있어야 한다. 그렇지 않으면 팝업 창 형태로 창이 열리지 않는다.

따라하기

Html 문서	`<html>`
	`<head><title>new window</title></head>`
	`<body>`
	`<b>여기는 메인 창입니다</b>`
	`<hr color="red"> <b>옵션을 사용</b>`
	`<script>`
	`  window.open("aa.html","newwin", "width=350, height=200")`
	`</script>`
	`</body></html>`

	main html 실행결과	새로운 창(aa.html)
실행 결과	여기는 메인 창입니다 옵션을 사용	어서 오십시오 여기는 새로운 창입니다.

위에서와 같이 옵션을 사용하면 해당 옵션만 실행되며 나머지는 모두 무시된다. 또한 팝업 창이 따로 열린다.

 따라하기

<table>
<tr>
<td rowspan="2" align="center">Html
문서</td>
<td align="center">Main HTML 문서</td>
<td align="center">c.html</td>
</tr>
<tr>
<td>

```
<html>
<head><title>새 윈도우 만들기</title>
<script>
  function openWindow() {
    window.open("c.html", "공지사항",
    "location=yes,width=350,height=150")
  }
</script></head>
<body  onload="openWindow()">
<b>이벤트 처리기를 이용한 창 열기</b>
<hr color="red">
<b>팝업 창에 주소표시줄이 표시됨</b>
</body></html>
```

</td>
<td>

```
<html>
<head>
<title>새로운 창</title>
</head>
<body>
<h2>어서오십시오</h2>
<b> 반갑습니다<br>
 지금 새로운 창을 연습 중 이며<br>
 이번에는 주소표시줄이 나타남</b>
</body>
</html>
```

</td>
</tr>
<tr>
<td rowspan="2" align="center">실행
결과</td>
<td align="center">main html 실행결과</td>
<td align="center">새로운 창</td>
</tr>
<tr>
<td>

이벤트 처리기를 이용한 창 열기

팝업 창에 주소표시줄이 표시됨

</td>
<td>

어서오십시오

반갑습니다
지금 새로운 창을 연습 중 이며
이번에는 주소표시줄이 나타남

</td>
</tr>
</table>

(2) close() 메서드

window.open() 메서드는 새로운 팝업 창을 열어주는 역할을 하고, window.close()메서드는 윈도우를 닫아주는 역할을 한다.

```
window.close()
```

이 window.close() 메서드를 사용하면 팝업 창이 아닌 main 창을 닫을지를 물어보는 경고 메시지가 뜨게 된다.

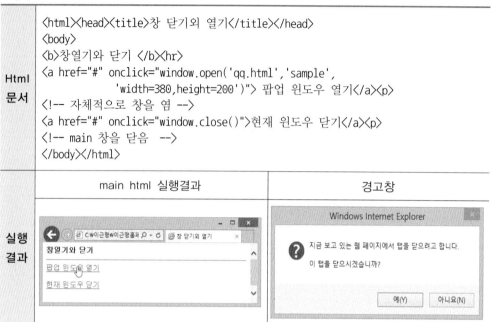

위의 경우는 현재 윈도우 닫기를 누르면 현재의 창을 닫겠느냐는 경고창이 나타난다. 이때 "예"를 클릭하면 현재 열린 창(메인 창)이 닫힌다.

만약 팝업 창을 닫고 싶으면 다음과 같은 처리가 있어야 한다. 팝업 창을 열 때 팝업 창에 식별자를 부여하는 과정이 필요하다.

mywin = window.open("qq.html","", "width=380, height=200")처럼 한다. 여기서 mywin은 팝업 창의 식별자로 팝업 창을 닫으려면 mywin.close()라고 해야 한다.

따라하기

	Main HTML 문서	qq.html

Html 문서	```html
	<html>
	<head><title>창 닫기</title>
	<script>
	function openwin() {
	  mywin = window.open("qq.html","",
	          "toolbar=yes,width=380,
	          height=200")
	}
	function closewin() {
	  mywin.close()
	}
	</script></head>
	<body>
	<b>창열기와 닫기 </b>
	<hr color="red">
	<a href="#" onclick="openwin()">
	            팝업 창 열기</a><p>
	<a href="#" onclick="closewin()">
	            팝업 창 닫기</a>
	</body>
	</html>
	``
		``html
		<html>
		<head>
		<title> 새로운 창 </title>
		</head>
		<body>
		<h2>창 열기를 하였군요</h2>
		<b> 반갑습니다
		
		     팝업 창 닫기를
		     클릭하면 이 창은 닫힙니다. </b>
		</body>
		</html>
		``

실행 결과	main html 실행결과	새로운 창

물론 위와 같은 간단한 코드 사용 시에는 특별히 함수를 사용하지 않고 인라인 자바스크립트를 사용해도 무방하다. 아래처럼 HTML 태그 내에서 사용되는 자바스크립트를 인라인 자바스크립트라고 한다.

```html
<a href="#" onclick="window.open('qq.html','sample','width=320,height=200')">
              팝업 창 열기</a><br>
<a href="#" onclick="window.close()">팝업 창 닫기</a><br>
```

라고 사용하여도 된다.

만약 단추를 만들어 사용하고자 한다면

    〈input type="button" value="창 열 기" onclick="openwin()"〉

    〈input type="button" value="창 닫 기" onclick="closewin()"〉

라고 하면 된다.

🔍 따라하기

Html
문서
	``html
	<html>
	<head><title>창 닫기와 열기</title>
	<script>
	function openwin() {
	   mywin = window.open("qq.html","","toolbar=yes, width=380, height=150")
	}
	function closewin() {
	   mywin.close()
	}
	</script></head>
	<body> <b>창열기와 닫기 </b><hr color="red">
	<input type="button" value="창 열 기" onclick="openwin()">
	<input type="button" value="창 닫 기" onclick="closewin()">
	</body></html>
	``

실행 결과	<table><tr><th>main html 실행결과</th><th>새로운 창</th></tr></table>

창을 열면서 그 창에 이름을 부여하면 새롭게 열린 창을 닫을 수 있다. 이 경우는 물어보지 않고 닫아버린다.

(3) alert(), confirm(), prompt() 메서드

window.alert(), window.confirm(), window.prompt() 메서드는 window 객체의 메서드 인데 window를 생략하여 alert(), confirm(), prompt()로 사용해도 된다.

alert("문자열")	· · ·	메시지 창
confirm("문자열")	· · ·	선택 대화상자
prompt("a","b")	· · ·	입력 대화상자

(4) setTimeout() 메서드

setTimeout() 메서드는 지정된 시간 후 특정 코드를 실행시켜주는 메서드이다. 뒤에서 다룰 setInterval()과는 달리 setTimeout() 메서드를 사용하면 지정된 코드는 한번만 실행된다.

```
setTimeout(func,delay)
     여기서  func : 일정시간 후 실행시킬 자바스크립트 코드를 포함한
                    함수나 메서드
            delay : func 내에 있는 자바스크립트 코드가 실행되기까지
                    걸리는 시간 (1/1000초 단위)
```

 따라하기

| Html 문서 | ```html
<html>
<head><title> settimeout </title>
<script>
function Timer() {
setTimeout("alert(' 안녕하세요, 또 만났군요')",3000)
}
</script>
</head>
<body>
<input type="button" onclick="Timer()" value="3초 후에 경고창">
</body>
</html>
``` |
| 실행 결과 | |

"3초 후에 경고창"이라는 버튼을 클릭하면 3초 후에 경고 창을 띄워준다. 앞에서도 언급했지만 대소문자를 꼭 구분하여 사용하여야 한다.
```

따라하기

Html
문서
	``html
	<html>
	<head> <title>setTimeout 연습 </title>
	<script>
	function Timer() {
	var today = new Date();
	var Y = today.getFullYear();
	var mon = today.getMonth()+1;
	var D = today.getDate();
	var H = today.getHours();
	var M = today.getMinutes();
	var S = today.getSeconds();
	nowtime.timebox.value = Y+"년"+mon+"월"+D+"일"+H+"시"+M+"분"+S+"초";
	setTimeout("Timer()", 1000);
	}
	document.onLoad = setTimeout("Timer()",1000);
	</script> </head>
	<body> <b>현재의 시간은</b><hr color="red">
	<form name = "nowtime">
	<input type="text" name="timebox" size="25" style="text-align:center">
	</form>
	</body></html>
	``

실행 결과	현재의 시간은 ［2014년11월30일20시1분59초］

(5) clearTimeout() 메서드

setTimeout() 메서드로 지정한 것을 해제시키는 역할을 한다. 만약 setTimeout()을 통해 지정된 함수가 재귀적 호출로 계속 동작하게 되면 문제가 발생할 수 있다. 특히 브라우저가 실행되는 동안에는 setTimeout()으로 설정한 것이 유효하기 때문에 다른 페이지로 이동한 후에도 실행될 수가 있다. 그러므로 사용하지 않을 때에는 해제시켜주는 것이 좋다.

```
clearTimeout(setTimeout_id)
                여기서 setTimeout_id : setTimeout() 실행시 리턴된 값(식별자)
```

따라하기

| Html 문서 | ```html
<html>
<head><title> cleartime 예제 </title>
<script>
var time_id
function showTime() {
    var today = new Date()
    var timestr = today.getHours()
    timestr += "시 "+today.getMinutes() +"분 "
    timestr += today.getSeconds() +"초"
    nowtime.timebox.value = timestr
    time_id = setTimeout("showTime()",1000)
}
function stopTime() {
    clearTimeout(time_id)  // time_id는 setTimeout의 식별자
}
</script></head>
<body>
<b> 시계동작시키기와 시계멈추기</b>
<hr color="red">
<form name="nowtime">
<input type="button" value="시계동작시키기" onClick="showTime()">
<input type="button" value="시계멈추기" onClick="stopTime()"><p>
<input type="text" name="timebox" size="25" style="text-align:center">
</form>
</body>
</html>
``` |
|---|---|
| 실행 결과 | **시계동작시키기와 시계멈추기**

[시계동작시키기] [시계멈추기]

[19시 44분 53초] |
```

따라하기

main
문서
	``html
	<html>
	<head><title> cleartime 예제 </title>
	<script>
	var time_id
	function showTime() {
	        var today=new Date()
	        var timestr=today.getHours()
	        timestr+="시 "+today.getMinutes()+"분 "
	        timestr+=today.getSeconds()+"초"
	        mywin.a.timein.value=timestr
	        time_id=setTimeout("showTime()",1000)
	}
	function stopTime() {
	        clearTimeout(time_id) // time_id는 setTimeout의 식별자
	}
	</script></head>
	<body>
	<b>팝업 창에 시각 표시하기</b> <hr color="red">
	<script>
	mywin = window.open("pp.html","","toolbar=yes, width=380, height=200")
	</script>
	<input type="button" value="시계동작시키기" onClick="showTime()">
	<input type="button" value="시계멈추기" onClick="stopTime()">
	</body></html>
	``

팝업
문서
(pp.
html)
	``html
	<html>
	<head><title> 새로운 창 </title></head>
	<body>
	<h2>창 열기를 하였군요</h2>
	<b> 반갑습니다
	 팝업 창 닫기를 클릭하면 이 창은 닫힙니다. </b>
	<form name="a">
	<input type="text" name="timein" value="">
	</form>
	</body></html>
	``

실행 결과	

342

(6) moveTo( ) 메서드

moveTo() 메서드는 지정된 위치로 윈도우의 위치를 이동시켜주는 메서드이다. 즉 절대적인 위치로 이동을 의미한다. 화면의 좌측 상단을 기준으로 설정한 거리만큼 이동하게 한다. 이동할 가로 길이와 세로 길이는 픽셀 값으로 표현한다.

```
moveTo(x,y)
    여기서 x 는 이동할 가로길이 픽셀 수, y 는 이동할 세로 길이 픽셀 수
```

따라하기

| Html 문서 | ```
<html>
<head><title> move to 예제 </title>
<script>
function winMoveTo() {
    window.moveTo(300,250)
}
function wintop() {
    window.moveTo(0,0)
}
</script></head>
<body>
<b> 창 이동시키기 </b><hr color="blue">
<input type="button" onclick="winMoveTo()" value="300x250">
<input type="button" onclick="wintop()" value="좌측상단으로">
<input type="button" onclick="window.moveTo(500,400)" value="500x400">
</body></html>
``` |
|---|---|
| 실행 결과 | |

이동위치는 절대적인 위치임을 주지하여 주기 바란다.

(7) moveBy( ) 메서드

moveBy() 메서드도 지정된 위치로 윈도우의 위치를 이동시켜주는 메서드이다. 즉 상대적인 위치로 이동을 의미한다.
```

moveBy() 메서드는 현재 윈도우 창이 있는 위치에서부터 창의 좌측 상단을 기준으로 설정한 거리만큼 이동하게 한다. 이동할 가로 길이와 세로 길이는 픽셀 값으로 표현한다.

moveBy(x,y)
    여기서 x는 이동할 가로길이 픽셀 수, y는 이동할 세로 길이 픽셀 수

따라하기

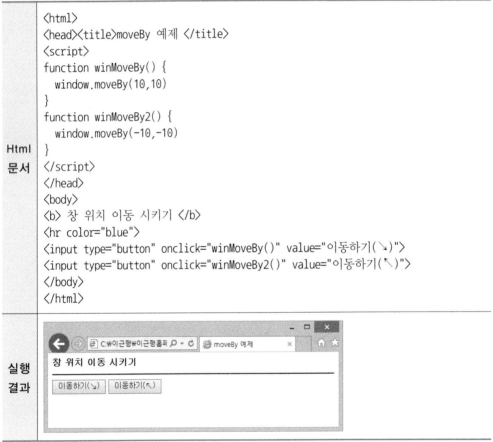

| Html 문서 | ```html
<html>
<head><title>moveBy 예제 </title>
<script>
function winMoveBy() {
  window.moveBy(10,10)
}
function winMoveBy2() {
  window.moveBy(-10,-10)
}
</script>
</head>
<body>
<b> 창 위치 이동 시키기 </b>
<hr color="blue">
<input type="button" onclick="winMoveBy()" value="이동하기(↘)">
<input type="button" onclick="winMoveBy2()" value="이동하기(↖)">
</body>
</html>
``` |
| 실행 결과 | |

창이 날아갔다가 다시 원위치하도록 해보자
```

따라하기

| **Html 문서** | ```html
<html>
<head><title>moveBy 예제 </title>
<script>
function winMoveBy() {
for(i=1; i<=800; i++){
  window.moveBy(i,i)
}
  window.moveTo(0,0)
}
</script></head>
<body>
<b> 창 날아가게 만들기 </b>
<hr color="blue">
<script>
  window.moveTo(0,0)
</script>
<input type="button" onclick="winMoveBy()" value="창날아가기">
</body>
</html>
``` |
| **실행 결과** | C:\이근형\이근형홈페 moveBy 예제
창 날아가게 만들기
━━━━━━━━━━━━━
창날아가기 |

(8) resizeBy()와 resizeTo() 메서드

resizeBy()와 resizeTo() 메서드는 윈도우 창의 크기를 조절해 주는 메서드이다. 윈도우 창에서 좌측상단을 기준으로 오른쪽과 아래 방향으로 크기를 조절한다. 윈도우의 크기를 상대적으로 바꾸고자 한다면 resizeBy() 메서드를 사용하고, 절대적인 크기만큼의 크기로 바꾸고자 한다면 resizeTo() 메서드를 사용한다.

```
resizeBy(x,y)
    현재 창을 기준으로 가로 x, 세로 Y 픽셀 만큼 창의 크기를 조절
resizeTo(x,y)
    가로 x, 세로 Y 픽셀 만큼 창의 크기를 조절
```
```

따라하기

Html 문서	```html
	<html>
	<head><title> 창 크기 변경하기 연습</title>
	<script>
	function winResizeTo() {
	window.resizeTo(550,350)
	}
	function winResizeBy() {
	window.resizeBy(50,50);
	}
	</script></head>
	<body>
	<b>창 크기 변경하기 </b><hr color="blue">
	<input type="button" onclick="winResizeBy()"
	                    value="윈도우 상대적 크기 변경하기">
	<input type="button" onclick="winResizeTo()"
	                    value="윈도우 절대적 크기 변경하기">
	</body></html>
	``

실행 결과	

(9) scrollBy()와 scrollTo() 메서드

scrollBy()와 scrollTo() 메서드는 윈도우 창에 나타난 웹 문서를 스크롤 해주는 메서드이다. scrollBy() 메서드는 현재 창의 좌측 상단을 기준으로, scrollTo() 메서드는 화면 좌측 상단을 기준으로 스크롤 할 방향으로 움직이게 한다. 이 메서드는 웹 문서가 스크롤을 해야할 만큼 충분히 길어야 작동을 느낄 수 있다. 문서가 스크롤되는 속도가 무척 빠르므로 스크롤이 이루어진다기보다는 화면 전환의 효과로 보일 정도이다. 진행되는 동안 문서를 해독한다는 것은 불가능하다. 적절하게 스크롤의 속도를 조절하려면 setTimeout() 메서드를 사용해서 정해진 시간마다 scrollBy() 메서드를 실행시켜 준다면 효과가 있다.

```
scrollBy(x,y)
    여기서 x 는 이동할 가로길이 픽셀 수, y 는 이동할 세로 길이 픽셀 수
scrollTo(x,y)
    여기서 x 는 이동할 가로길이 픽셀 수, y 는 이동할 세로 길이 픽셀 수
```

🔍 따라하기

Html 문서	```html
	<html>
	<head><title>scroll test</title>
	<script>
	function scrfunc() {
	  scrollBy(0,10)
	  setTimeout('scrfunc()',1000)
	} // 재귀적 용법으로 반복 실행
	</script>
	</head>
	<body onload="scrfunc()">
	<pre>
	************
	************
	************
	************
	여기에 수 십여 줄의 내용이 있다면
	
	1초 마다 10 픽셀 씩 스크롤되면서 내용을 보여주게 된다.
	************
	************
	************
	************
	************
	(생략).....
	</pre></body></html>
	``

실행 결과	

만약 위와 같이 만든다면 1초마다 10픽셀씩 문서를 스크롤하게 된다.

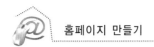

(10) setInterval( ) 메서드

setInterval() 메서드는 지정된 시간 후 특정 자바스크립트 코드가 포함된 문자열을 반복하여 호출하는 메서드이다. setTimeout()이 지정 시간 후 한 번만 호출하는데 비해, 이 메서드는 반복하여 호출된다.

```
setInterval(func,delay)
여기서   func : 일정시간 후 실행시킬 자바스크립트 코드를 포함한
                 함수나 메서드
        delay : 문자열 func 내에 있는 자바스크립트 코드가
                 실행되기까지 걸리는 시간 (1/1000초 단위)
```

 따라하기

Html 문서	```html
	<html>
	<head><title>setInterval test</title>
	<style type="text/css">
	  div {color:red;text-align:center}
	</style>
	<script>
	 function checktime() {
	     var today = new Date()
	     var duck = "현재 시간은 "+ today.getHours()
	     duck += "시 " + today.getMinutes()+ "분 "
	     duck += today.getSeconds()+ "초"
	     nowtime.timebox.value = duck;
	}
	 function timenow() {
	             setInterval("checktime()", 5000)
	}
	</script>
	</head>
	<body onLoad="timenow()">
	<b>일정 시간마다 시간 나타내기</b>
	<hr color="red">
	<div><b> textbox에 시간이 나와요... 매 5초마다 시간이 ...</b> <p>
	<form name="nowtime">
	<input type="text" name="timebox" size="25" style="text-align:center">
	</form>
	</div>
	</body></html>
	``

실행 결과	![실행결과] 일정 시간마다 시간 나타내기 textbox에 시간이 나와요... 매 5초마다 시간이 ... 현재 시간은 21시 44분 49초

(11) blur() 메서드와 focus( ) 메서드

blur() 메서드와 focus() 메서드는 현재 창에 포커스를 주거나 해제하는 기능을 한다.

```
blur()
focus()
```

따라하기

Html
문서
	``html
	<html>
	<head><title>포커스 받기 및 잃기 연습</title>
	<script>
	myWin = window.open("focus.html","sample","width=400,height=200");
	function winFocus() {
	    myWin.focus()
	    }
	function winBlur() {
	    myWin.blur()
	    }
	</script>
	</head>
	<body>
	<b>새로운 창에게 포커스를 주기와 해소</b>
	<hr color="red">
	<input type="button" onclick="winFocus()" value="포커스 받기">
	<input type="button" onclick="winBlur()" value="포커스 잃기">
	</body>
	</html>
	``

실행 결과	

위와 같은 경우라면 포커스 받기 단추를 누르면 팝업 창이 활성화되고 포커스 잃기를 누르면 팝업 창이 비활성화 된다.

 6.2 **Document 객체**

window 객체 바로 아래에 있으며 문서에 관련된 내용을 제어해주는 객체이다. HTML 문서의 〈body〉 ~ 〈/body〉 태그 안에 있는 내용들과 직접적으로 연결 제어한다. 툴바, 상태선, 문서위치 정보 등에는 접근할 수 없다.

(1) Document 객체의 속성

속성	설명
title	HTML문서의 〈title〉~〈/title〉 태그 속에 들어있는 문서의 제목
location	현재 브라우저에 나타나 있는 문서의 URL 주소를 문자열 형태로 포함
lastModified	문서가 가장 최근에 변경된 날짜에 대한 정보를 문자열 형태로 포함 document.write(document.lastModified)
referrer	링크를 통해 다른 문서를 읽어들였을 때 그 링크가 있던 문서의 URL주소 window.location = document.referrer //링크가 있는 문서로 되돌아간다.
anchors[]	HTML 문서에 들어있는 모든 표식(anchor, 〈a name=""〉로 지정)에 대한 정보를 배열로 포함하고 있다. 몇 개의 표식이 있는지 ".length"를 통해 알 수 있다.ocument.write(document.anchors.length)
links[ ]	HTML 문서에 들어있는 모든 링크(link, 〈a href=""〉로 지정)에 대한 정보를 배열로 포함. document.write(document.links.length)
forms[ ]	HTML 문서에 들어있는 모든 입력 양식(〈form〉..〈/form〉)에 관한 정보를 배열로 포함. document.write(document.forms.length)
images[ ]	이미지 객체들로 이루어지는 배열
layers[ ]	문서 안에 포함되어 있는 레이어들에 대한 정보를 배열로 포함
fileSize	문서의 크기 반환(byte)
URL	문서의 URL(location.href와 동일)
bgColor	배경색상
fgColor	문서의 텍스트 색상
linkColor	하이퍼링크 색상
cookie	쿠키 파일의 정보
applets[ ]	애플릿 객체
plugins[ ]	embeds[] 배열의 동의어

(2) Document 객체의 메서드

메서드	설명
open()	지정된 윈도우에 데이터를 보낼 준비를 할 때 사용 window 객체의 open() 메서드와는 다르다.
close()	지정된 윈도우에 데이터를 모두 보냈다는 것을 알림 open()으로 실행한 문서를 닫아준다.
clear()	브라우저에 나타난 문서를 지워주는 역할을 한다.
write()	지정된 문서에 데이터를 출력
writeln()	문자열을 출력할 뿐 아니라 줄도 바꾸어 준다.

(3) Document 객체의 이벤트 처리기

객체마다 사용할 수 있는 이벤트 처리기가 정해져 있기 때문에 객체에서 지원하지 않는 이벤트 처리기를 사용하면 동작하지 않는다.

이벤트 처리기	설명
onBlur	문서가 focus를 잃는 순간 발생
onClick	문서에서 마우스를 클릭하면 발생
onDblClick	문서에서 마우스를 더블클릭하면 발생
onFocus	문서가 focus를 얻으면 발생
onKeyDown	키보드의 키를 눌렀을 경우 발생
onKeyPress	키보드의 키를 누르고 있는 동안 발생
onKeyUp	키보드의 키를 떼었을 경우 발생
onMouseDown	마우스를 눌렀을 때 발생
onMouseUp	마우스를 떼었을 때 발생

6.2.1 Document 객체 속성

(1) title 속성

title 속성은 〈title〉 태그에 입력되어 있는 내용을 표시해 준다.

```
document.title
```

(2) location 속성

location 속성은 단지 현재 문서가 있는 위치정보를 표시해 준다. 추후 location 객체와는 별개의 것이다.

```
document.location
```

(3) lastModified 속성

lastModified 속성은 해당 문서가 최근에 수정된 날짜를 알려주는 역할을 한다. 이 속성을 실행하면 "월/일/년/시 : 분 : 초"로 표시된다.

```
document.lastModified
```

 따라하기

Html
문서
	`<html>`
	`<head><title>document 속성 연습 </title></head>`
	`<body>`
	`<b>타이틀과 위치 변경한 날짜 찍기</b>`
	`<hr color="red">`
	`<script>`
	   `document.write("현재의 html문서의 제목은 ")`
	   `document.write("<b>" + document.title+ "</b>")`
	   `document.write("<p>문서의 위치는 ")`
	   `document.write("<b>" + document.location+ "</b>")`
	   `document.write("<p> 변경된 날짜는 ")`
	   `document.write("<b>" + document.lastModified + "</b>")`
	`</script>`
	`</body></html>`

실행 결과	타이틀과 위치 변경한 날짜 찍기 현재의 html문서의 제목은 **document 속성 연습** 문서의 위치는 **file:///C:/이근형/이근형 홈페이지/chap6/359-document01.html** 변경된 날짜는 **11/30/2014 22:37:00**

(4) bgColor, fgColor 속성

〈body〉 태그에서는 문서의 배경색이나 글자색을 설정할 수 있었다. 자바스크립트에서도 Document 객체의 속성을 사용하여 설정할 수 있다.

자바스크립트의 속성은 〈body〉 태그의 속성보다 우선한다. document.bgColor에서 C자는 대문자로 써주어야 한다.

```
document.bgColor = "색상 값"
document.fgColor = "색상 값"
```

 따라하기

Html 문서	```html
	<html>
	<head><title> bgcolor & fgcolor 연습</title>
	<script>
	function loadcolor(){
	    document.bgColor="gray"; document.fgColor="blue"
	        }
	function setdefault() {
	    document.bgColor="green"; document.fgColor="yellow"
	        }
	function changecolor() {
	    document.bgColor="yellow"; document.fgColor="red"
	        }
	</script>
	</head>
	<body onload="loadcolor()">
	<h2>document 객체의 기본 특성 바꾸기</h2>
	<input type="button" value="노란색으로 바꾸기" onclick="changecolor()">
	<input type="button" value="초록색으로 바꾸기" onclick="setdefault()">
	</body>
	</html>
	``

실행 결과	**document 객체의 기본 특성 바꾸기** [노란색으로 바꾸기] [초록색으로 바꾸기]

(5) anchor, links, forms 속성들

anchor 속성은 문서에 책갈피를, links 속성은 문서에 하이퍼링크를, forms 속성은 문서에 폼 형식들의 정보를 정의해 주는 속성들이다. 이 속성들은 문서에 여러 개를 사용하였다면 차례로 첨자를 사용(마치 배열을 연상하면서) 순서를 나타낸다. 즉 document.anchor[0], document.anchor[1], document.anchor[2] … 로 사용할 수 있다. 물론 하나만 사용했다면 첨자 없이 사용해도 된다.

```
document.anchor, document.links , document.forms
```

따라하기

Html 문서	```html
	<html>
	<head><title>anchors 연습</title></head>
	<body>
	<pre>
	   <a name="#top"></a>
	   <a href="#chap1"> 제1장</a>
	   <a href="#chap2"> 제2장</a><p>
	<ul>
	 <li> <a href="http://www.daum.net">다음 서비스</a>
	  <li> <a href="http://www.lycos.com">라이코스 서비스</a>
	</ul>
	<!-- 많은 메시지를 넣고 실행하세요 -->
	     <!--
	 태그를 많이 넣고 해보는 것도 하나의 방법 -->
	       <a name = "chap1">제1장window 객체</a>
	       <a href = "#top">top으로</a><p>
	<!-- 많은 메시지를 넣고 실행하세요 -->
	     <!--
	 태그를 많이 넣고 해보는 것도 하나의 방법 -->
	       <a name = "chap2">제2장 document 객체</a>
	       <a href = "#top">top으로</a><p>
	<script>
	 document.write("anchor의 수 : " + document.anchors.length + "
	")
	 document.write("anchors[1]:" + document.anchors[1].name + "
	")
	 document.write(" 링크의 수 : " + document.links.length + "
	")
	    for(i=0; i<document.links.length; i++) {
	       document.write(i + " : " + document.links[i] + "
	")
	    }
	</script>
	</pre>
	</body>
	</html>
	``

실행 결과	제1장 제2장 • 다음 서비스 • 라이코스 서비스
	제2장 document 객체 top으로 anchor의 수 : 3 anchors[1]:chap1 링크의 수 : 6 0 : file:///C:/이근형/이근형홈페이지/chap6/361-document03.html#chap1 1 : file:///C:/이근형/이근형홈페이지/chap6/361-document03.html#chap2 2 : http://www.daum.net/ 3 : http://www.lycos.com/ 4 : file:///C:/이근형/이근형홈페이지/chap6/361-document03.html#top 5 : file:///C:/이근형/이근형홈페이지/chap6/361-document03.html#top

따라하기

Html 문서	```html
	<html>
	<head><title>anchors 연습</title></head>
	<body>
	<script>
	function linkShow(){
	    str="현재 문서에 사용된 링크의 갯수:"+ document.links.length+"\n"
	    for(i=0 ; i<document.links.length ; i++)
	      str+=(i+1)+"번째 링크 : "+document.links[i]+"\n"
	      alert(str)
	  }
	function imgShow(){
	    str="현재 문서에 사용된 이미지의 갯수:"+ document.images.length+"\n"
	    for(i=0;i<document.images.length;i++)
	      str+=(i+1)+"번째 이미지 : "+document.images[i].src+"\n"
	      alert(str)
	  }
	</script>
	</head>
	<body>
	    ▣ 링크된 사이트 :
	    <a href="http://www.daum.net">DAUM</A>
	      <a href="http://www.naver.com">NAVER</A>
	      <a href="http://www.google.com">GOOGLE</A> <p>
	    ▣ 이미지 <p>
	    <img src="ball1.gif">
	    <img src="ball2.gif"><p>
	    <input type="button" value="링크정보 보기"
	                   OnClick="linkShow()">
	    <input type="button" value="이미지정보 보기"
	                   OnClick="imgShow()">
	</body></html>
	``

실행 결과

▣ 링크된 사이트 : DAUM NAVER GOOGLE ▣ 이미지 [링크정보 보기] [이미지정보 보기]

웹 페이지 메시지

현재 문서에 사용된 링크의 갯수:3
1번째 링크 : http://www.daum.net/
2번째 링크 : http://www.naver.com/
3번째 링크 : http://www.google.com/

[확인]

웹 페이지 메시지

현재 문서에 사용된 이미지의 갯수:2
1번째 이미지 : file:///C:/이근형/이근형홈페이지/chap6/ball1.gif
2번째 이미지 : file:///C:/이근형/이근형홈페이지/chap6/ball2.gif

[확인]

(5) images 속성들

images 속성은 이미지 정보를 정의해 주는 속성이다. 이 속성 문서에 여러 개를 사용하였다면 차례로 첨자를 사용(마치 배열을 연상하면서) 순서를 나타낸다.

즉 document.images[0], document.images[1], document.images[2] … 로 사용할 수 있다. 물론 하나만 사용했다면 첨자 없이 사용해도 된다.

```
document.images[n]
```

 따라하기

Html 문서	실행결과

`<html>`
`<head><title>` 이미지 변환하기 `</title>`
`<style type="text/css">`
` * {text-align:center}`
`</style>`
`</head>`
`<body>`
`    <b>` 이미지 변환하기 `</b>`
`    <hr color="red">`
`    <a onMouseOver="document.images[0].src='r2.jpg'"`
`       onMouseOut='document.images[0].src="r1.jpg"'>`
`                    <img src='r1.jpg'></a>`
`    <a onMouseOver='document.images[1].src="g2.jpg"'`
`       onMouseOut='document.images[1].src="g1.jpg"'>`
`                    <img src='g1.jpg'></a>`
`</body></html>`
	이미지 변환하기

6.2.2 document 객체의 메서드

(1) open( ) 메서드와 close()메서드

open()과 close() 메서드는 새로운 창에 내용이 나타나도록 해준다. window 객체에서처럼 새로운 창을 열거나 닫는 것은 아니다. open() 메서드는 새로운 창에 나타내야할 내용이 있다는 것을 알리는 것이고 close() 메서드는 나타낼 내용이 끝났다는 것을 알리는 역할을 한다.

```
a = window.open("", "", "")이라면
a.document.open()
a.document.close()          여기서 a는 새로운 창의 식별자
```

따라하기

Html 문서	```html<html><head><title>새로운 창 띄우기</title><script> function makewin() { a = window.open("", "", "resizable=yes, width=600,height=150") } function closewin() { a.close() }function clearwin() { a.document.open(); a.document.write(""); a.document.close();}function writewin() { a.document.open() a.document.write("<html><head><title>new window</title>") a.document.write("</head><body>") a.document.write("<h2>새로 만든 윈도우</h2><hr>") a.document.write("<h3>This is new Window</h3>") a.document.write("</body></html>") a.document.close() }</script></head><body bgcolor="#ffffff" ><b>새로운 창 열기 </b><hr color=red> <input type="button" value="새 창 열기" onClick="makewin()"> <input type="button" value="새 창 닫기" onClick="closewin()"><p> <input type="button" value="새 창에 쓰기" onClick="writewin()"> <input type="button" value="새 창 내용 지우기" onClick="clearwin()"></body></html>```
실행 결과	

(2) write( ) 메서드와 writeln( ) 메서드

write() 메서드는 지금까지 스크립트 안에서 문자열을 출력하기 위하여 사용했던 메서드이다. 화면에 출력할 문자열을 write() 메서드의 매개변수로 입력을 하고, 식별자나 함수 숫자 등은 " "을 하지 않고 사용하며 태그를 입력하여 효과를 보려면 " "로 감싸주어야 한다. writeln() 메서드는 write() 메서드의 역할도 하며 〈pre〉 태그 안에서는 줄 바꿈의 역할을 한다.

```
document.write("문자열")
document.writeln("문자열")
```

따라하기

Html
문서
	``
	<html>
	<head><title> document.write 연습 </title>
	<script>
	 function myFunc1() {
	 a = window.open("","popwindow1", "width=350, height=150")
	 a.document.open()
	 a.document.write("<html><head><title>새로운 창 1</title></head>")
	 a.document.write("<body bgColor='gold'>")
	 a.document.writeln("<b><font size='5'>안녕하세요1?</b>")
	 a.document.writeln("<b>안녕하세요2?</b></body></html>")
	 a.document.close()
	 }
	 function myFunc2() {
	 b = window.open("","popwindow2", "width=350, height=150")
	 b.document.open()
	 b.document.write("<html><head><title>새로운 창 2</title></head>")
	 b.document.write("<body bgColor='gold'><pre>")
	 b.document.writeln("<b><font size='5'>안녕하세요1?</b>")
	 b.document.writeln("<b>안녕하세요2?</b></pre></body></html>")
	 b.document.close()
	 }
	</script></head>
	<body>
	<b>새로운 창 열기 </b>
	<hr color="red">
	<input type="button" onClick="myFunc1()" value="새로운 창 열기1">
	<input type="button" onClick="myFunc2()" value="새로운 창 열기2">
	</body></html>
	``

실행 결과	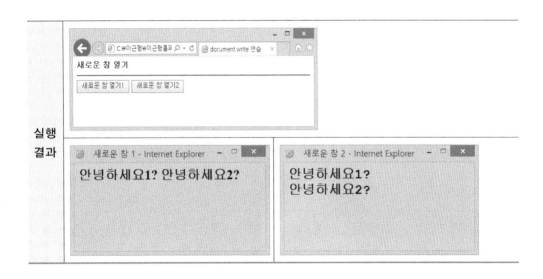

🔍 따라하기

Html
문서
	``html
	<html>
	<head><title>그림 바꾸어 나타내기</title>
	<script>
	var num = 2;
	function timer () {
	    if(document.shot.complete) {
	        document.shot.src = "ost0" + num + ".jpg";
	        num++; if(num > 8) num = 1;
	    }
	    setTimeout("timer()", 2000);
	}
	</script>
	</head>
	<body bgcolor="#E89828" onLoad="setTimeout('timer()', 2000)">
	<p align = "center"><img src="ost01.jpg" name="shot" border="1"></p>
	</body>
	</html>
	``

실행 결과	

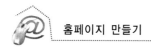

6.3 History 객체

window 객체 바로 아래에 있으며 웹 브라우저가 최근에 방문한 주소를 기억해 두는 history를 관할하는 객체이다. 이렇게 history에 기록된 목록들을 제어하여 원하는 사이트로 이동하게 한다.

(1) History 객체의 속성

속성	설명
length	목록에 저장된 URL의 개수를 표시한다.

(2) History 객체의 메서드

메서드	설명
back( )	현재 화면에서 이전 화면으로 이동
forward( )	현재 화면에서 다음 화면으로 이동
go( )	현재 화면에서 단계별로 이동

6.3.1 history 객체 속성

(1) length 속성

length 속성은 history에 저장되어 있는 주소의 개수를 표시해 준다.

```
history.length
```

 따라하기

Html 문서	실행결과

`<html>`
`<head><title>history 연습</title></head>`
`<body>`
`<b>열어 본 사이트의 수는 </b><hr>`
`<script>`
`document.write(history.length)`
`</script>`
`</body></html>`
	열어 본 사이트의 수는
	
	7

처음 웹브라우저를 실행할 경우 history에는 아무것도 저장되어 있지 않기 때문에 개수는 "0"으로 나타난다. 이 상태에서 여러 번 웹사이트들을 방문하게 되면 방문한 홈페이지 주소가 history에 기록된다. 창의 뒤로 단추를 마우스 오른쪽 버튼을 누르면 history에 기록되어 있는 목록의 개수가 표시된다.

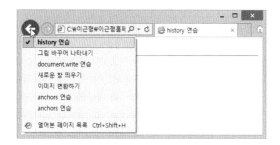

웹브라우저의 표준 단추에서 뒤로 단추 옆의 목록보기 단추를 클릭하면 history에 기록된 내용을 확인할 수 있다.

6.3.2 history 객체의 메서드

(1) back() 메서드와 forward() 메서드

back() 메서드는 바로 이전에 열었던 페이지로 이동하게 해주는 메서드이고 즉 뒤로를 의미하고, forward() 메서드는 이전에 열었던 페이지에서 다시 앞으로 이동하게 해 준다. 이 메서드들은 웹브라우저에서 앞으로, 뒤로의 단추를 누르는 것과 같다.

```
history.back()
history.forward()
```

 따라하기

Html 문서	실행결과

`<html>`
`<head><title>history 연습</title></head>`
`<body>`
`<b>history 연습</b><hr color="red">`
`<input type="button" value="앞으로`
`        onClick="history.forward()">`
`<input type="button" value="뒤로`
`        onClick="history.back()">`
`</body></html>`	

(2) go() 메서드

go() 메서드는 history에 기록된 목록 중에서 특정한 위치로 이동할 수 있게 한다. 현재 열려있는 웹사이트에서 몇 단계 뒤에 있는 위치로 이동하게 하거나 history에 등록된 특정한 주소를 찾아주는 역할을 한다. 단계별로 이동할 때에는 숫자를 쓰는데 양수이면 앞으로, 음수이면 뒤로 이동된다. 기억된 목록보다 많은 값을 사용하면 무시된다.

> history.go(a)　　여기서 a는 이동할 단계를 숫자로 표시 또는
> 　　　　　　　　　이동할 홈페이지 주소나 제목을 문자열로 표시

따라하기

Html 문서	```html
	<html>
	<head><title>history 연습</title></head>
	<body>
	<b> history 연습 </b> <hr color="red">
	  <a href="javascript:history.back()">이전 URL 로드</a>
	
	  <a href="javascript:history.forward()"> 다음 URL 로드</a>
	
	  <input type="button" value="뒤로" onClick="history.go(-2)">
	  <input type="button" value="앞으로" onClick="history.go(1)">
	  <input type="button" value="앞으로1" onClick="history.go(-4)">
	</body></html>
	``

실행 결과	

Location 객체

window 객체 바로 아래에 있으며 웹 브라우저에 열려있는 홈페이지 문서의 주소 정보를 관리해 주는 객체이다. location 객체는 웹 브라우저의 주소 표시줄에 표시된 주소 정보를 사용한다. 프레임이 사용된 경우 계층구조의 최상단에 있는 문서의 URL 주소만을 포함하게 되어 있고 하위 문서들은 frames 객체를 이용하여 파악한다.

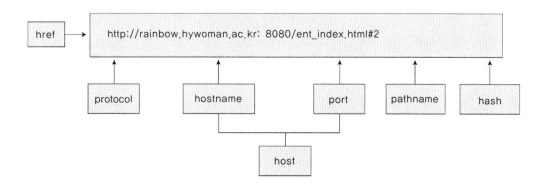

6.4.1 location 객체

(1) location 객체의 속성

속성	설명
href	html 문서의 URL 정보
host	html 문서의 URL 정보와 Port 번호
hostname	html 문서의 URL 주소의 host 이름
protocol	protocol의 종류
pathname	html 문서의 디렉터리 위치
port	사용된 port 번호
hash	내부링크 사용 시 표식 이름
search	검색을 할 경우 사용하는 형식

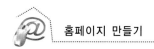

(2) location 객체의 메서드

메서드	설명
reload( )	문서를 새로 고친다.
replace( )	현재의 URL을 새로운 URL로 고친다.

6.4.2 location 객체 속성

(1) href 속성

href 속성은 현재 열려있는 홈페이지 주소를 표시해주거나 원하는 홈페이지로 이동하게 해준다.

```
location.href              · · ·     현재 홈페이지 주소를 표시
location.href("URL")       · · ·     입력된 홈페이지를 열어준다.
```

따라하기

Html 문서	`<html>`
	`<head><title>location</title></head>`
	`<body>`
	`<b>홈페이지의 주소(URL)로 이동해 주는 속성</b>`
	`<hr color="red">`
	`<script>`
	`document.write("현재 웹문서의 주소는",location.href)`
	`</script><p>`
	`<input type="button" value="다음사이트로 이동"`
	`        onclick="location.href('http://www.daum.net')">`
	`</body></html>`

실행 결과	**홈페이지의 주소(URL)로 이동해 주는 속성** 현재 웹문서의 주소는file:///C:/이근형/이근형 홈페이지/chap6/370-location01.html 다음사이트로 이동

6.4.3 location 객체 메서드

(1) reload() 메서드

reload() 메서드는 웹 브라우저의 "새로 고침" 단추와 같은 역할을 하는 기능으로 현재 열려 있는 홈페이지 문서를 다시 불러온다. 매개변수에 아무 것도 입력하지 않으면 현재 문서를 다시 읽어 들인다. 매개변수에 URL 주소를 입력하면 해당 사이트의 웹 문서(홈페이지)를 로드한다.

```
location.reload() 또는  location.reload("URL")
```

 따라하기

Html 문서	```html
	<html>
	<head><title>location 연습</title></head>
	<body>
	<b> reload 연습 </b>
	<hr color="blue">
	<script>
	x=prompt("수식입력하세요","")
	cal=eval(x) // cal=eval(prompt("수식입력하세요",""))
	y=10; z=30;
	document.write("<b>입력된 수식 ==> " + x + "=");
	document.write(cal +"</b><p>");
	</script>
	<b>새로 고치려면: </b>
	<input type="button" value="reload" onclick="location.reload()"><p>
	<b> 다음사이트로 가려면: </b>
	<input type="button" value="reload1"
	        onclick="location.reload('http://www.daum.net')">
	</body>
	</html>
	``

실행 결과	**Explorer 사용자 프롬프트** 스크립트 프롬프트: 수식입력하세요 3+56*8/2*42 [확인] [취소] C:\이근행\이근행홈페이지 location 연습 reload 연습 입력된 수식 ==> 3+56*8/2*42=9411 새로 고치려면: [reload] 다음사이트로 가려면: [reload1]

(2) replace() 메서드

replace() 메서드는 history 목록에 저장되어 있는 홈페이지 주소를 새로운 주소로 갱신해 주는 역할을 한다.

```
location.replace("URL")
```

🔍 따라하기

Html
문서
	``html
	<html>
	<head><title>Location 객체의 특성</title>
	<script>
	    function movingURL() {
	        location.replace(movForm.movingAdd.value);
	}
	</script>
	</head>
	<body>
	<b>이동할 주소를 입력하고 버튼을 클릭하세요!</b>
	<hr color="green">
	<form name="movForm">
	    주소 : <input type="text" name="movingAdd" value="http://">
	    <input type="button" value="어디루 갈까?" onClick="movingURL()">
	</form>
	</body></html>
	``

실행 결과	이동할 주소를 입력하고 버튼을 클릭하세요! 주소 : tp://www.never.com ✕ [어디루 갈까?]

6.5 Frame 객체

웹 브라우저에 나타나는 웹 문서는 여러 개의 프레임으로 구성될 수 있으며 각 프레임은 각기 한 개의 문서를 나타내는 윈도우라고 할 수 있다. 여러 개의 프레임으로 구성된 홈페이지는 여러 개의 문서가 존재하기 때문에 위치를 설정해 주는 방법이 필요하다. 그래서 하이퍼링크를 사용할 때 링크를 실행할 문서가 나타나야 할 프레임을 지정하기 위하여 우리는 target이라는 속성을 사용하였다.

자바스크립트에서도 이처럼 프레임의 위치를 설정해 주는 방법으로 frame 객체를 사용한다. frame 객체는 위치를 선택하여 주는 역할만 할 뿐 기타사항은 window 객체와 같다. 따라서 frame 객체에서 사용하는 속성이나 메서드는 window 객체와 같다. 웹 문서에서 〈frame〉 태그를 발견하면 각각의 프레임 객체를 frames 배열로 저장한다. 최근에는 frame 나누기를 사용하지 않고 있다.

6.5.1 frame 객체 속성

(1) frames 속성

frames 속성은 문서에 삽입되어 있는 프레임에 배열 번호를 매겨 그 위치를 나타내 준다.

프레임의 배열 번호는 프레임을 위에서 아래로, 좌측에서 우측으로 0부터 순차적으로 매겨진다. 그러므로 특정한 프레임의 문서를 제어할 경우는 해당 배열번호를 frame 속성으로 사용한다.

```
frames[배열번호]
```

예를 들어 보면

frames[0]		
frames[1]	frames[2]	frames[3]
frames[4]		

frames[0]	frames[1]	
	frames[2]	frames[3]

(2) 다른 프레임 문서 배경색 바꾸기

 따라하기

	frame 문서	test01.html

Html 문서	`<html>`
	`<head><title>frame 객체</title>`
	`</head>`
	`<frameset rows="100,*" border="0">`
	`    <frame src="test01.html">`
	`    <frame src="test02.html" >`
	`</frameset>`
	`</html>`
		`<html>`
		`<head>`
		`<title>frame 객체 연습</title></head>`
		`<body bgcolor="red">`
		`<h2>여기는 test 1`
		`</body>`
		`</html>`

test02.html

`<html>`
`<head><title>frame 객체 연습</title></head>`
`<body>`
`<h2>여기는 test 2</h2>`
`<input type="button" value="yellow" onclick="window.parent.frames[0].`
`                document.bgColor='yellow'">`
`</body></html>`

실행 결과	![실행 결과 화면] 여기는 test 1 / 여기는 test 2 / yellow

yellow라는 단추를 누르면 상위 프레임의 배경색이 바뀌는 것을 볼 수 있다.

6.5.2 frame 객체의 참조

한 개의 브라우저 윈도우에는 여러 개의 프레임이 있을 수 있으며 각 프레임에는 이름이
있을 수도 있고 없을 수도 있다.

(1) 배열 속성을 이용한 참조

```
window.top.frames[배열번호].실행할 내용
window.parent.frames[배열번호].실행할 내용
```

frame 객체를 사용하려면 상위 계층부터 차례로 나타내야 한다. 최상위는 window 객체를
사용하며, 그 다음은 프레임의 최상위인 top이나 parent를 쓰고, 그런 다음 선택할 프레임
객체를 나타내고 실행할 내용을 서술하면 된다. 통상 window 객체는 서술하지 않아도 무방
하다.

```
window.top.frames[1].document.write()
window.parent.frames[0].document.bgcolor="red"
parent.frames[0].document.bgcolor="red"
window.parent.frames[2].location.href="http://www.daum.net"
```

(2) 프레임 이름을 이용한 참조

```
window.top.프레임이름.실행할 내용
window.parent.프레임이름.실행할 내용
```

만약 웹 브라우저의 윈도우가 다음과 같은 프레임으로 구성되어 있다면

```
<frameset cols=100,*>
<frame name="left" src="a.html">
<frame name="right" src="b.html">
</frameset> 으로 되어 있으면
window.top.right.document.write()
window.parent.left.document.bgcolor="red"
parent.right.document.bgcolor="yellow"
window.parent.right.location.href="http://www.daum.net"
```

라고 사용하면 된다.

(3) 프레임 이름 참조

 따라하기

프레임을 나눈 문서

```
<html>
<head><title>프레임셋 예</title></head>
<frameset cols="60%,*">
  <frame name="left" src="left.html">
  <frameset rows="50%,*">
    <frame name="up" src="up.html">
    <frame name="down" src="down.html" >
  </frameset>
</frameset>
</html>
```

left.html

```
<html>
<head><title>left window</title>
<script>
function f1() {
    with(parent.up.document) {
        open();  //parent.up.document.open()
        write("안녕하세요"); //parent.up.document.write("안녕하세요")
        close() }  //parent.up.document.close()
}
function f2(color){
        top.up.document.bgColor=color;
}
function f3(color){
        parent.down.document.bgColor=color;
}
</script></head>
<body>
<b>left 윈도우 입니다</b><hr color="red">
<a href="javascript: f1()"> up 윈도우에 "안녕하세요" 출력</a><p>
<a href="javascript: f2('red')"> up 윈도우의 배경 색을 빨강색으로 변경</a><p>
<a href="javascript: f3('blue')"> down 윈도우에 배경 색을 파란색으로 변경</a>
</body></html>
```

up.html	down.html

`<html>`
`<head><title>up window</title>`
`</head>`
`<body>`
`<b>up 윈도우입니다.</b>`
`<hr color="red">`
`</body></html>`
	`<html>`
	`<head><title>down window</title>`
	`</head>`
	`<body>`
	`<b>down 윈도우입니다.</b>`
	`<hr color="blue">`
	`</body></html>`

Html
문서

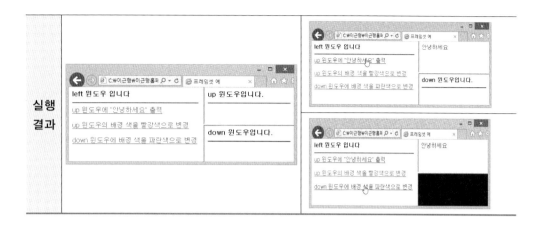

(4) 프레임 배열번호 참조 예

 따라하기

Html
문서
	``html
	<html>
	<head><title>프레임 객체 배열 참조</title>
	<script>
	function Count(){
	 var temp="";
	  for (var count = 0;
	        count <window.frames.length; count++)
	  temp += ("["+(count+1)+"]번째 프레임명 = "
	       +window.parent.frames[count].name+"\n")
	  window.alert(temp)
	}
	</script>
	<frameset cols="50%,*" onload = "Count()">
	  <frame name="left" src="left.html">
	  <frameset rows="50%,*">
	    <frame name="up" src="up.html">
	    <frame name="down" src="down.html" >
	  </frameset>
	</frameset>
	</head></html>
	``
		웹 페이지 메시지 ✕
		
		⚠ [1]번째 프레임명 = left
		　[2]번째 프레임명 = up
		　[3]번째 프레임명 = down
		
		확인

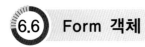

6.6 Form 객체

form 객체는 document 객체 아래에 위치하는 객체로서 문서에 삽입되어 있는 〈form〉 태그를 자바스크립트에서 정의하여 사용할 수 있는 객체이다. 〈form〉 태그의 폼 형식의 내용을 가져오거나 입력된 정보를 활용하는 역할을 한다.

6.6.1 form 객체

(1) form 객체의 속성

속성	설명
action	폼이 제출될 URL을 지정하는 읽기/쓰기 문자열. action 속성에 의해 지정된다.
button	버튼 객체
checkbox	체크박스 객체
elements[]	폼의 하위 객체로 폼에 나타나는 입력 요소들의 배열
elements.length	element[] 배열에 있는 항목들의 개수
encoding	폼 데이터에 사용될 인코딩 메서드를 지정하는 읽기/쓰기 문자열. ENCTYPE 속성을 통해 지정되며 가장 자주 사용되는 디폴트 인코딩으로 "application/x-www-form-urlencoded"이 있다.
fileupload	fileupload 객체
length	폼에 있는 요소(엘리먼트)의 개수. elements.length와 같다.
hidden	hidden 객체
reset	reset 객체
password	password 객체
radio	radio 객체
select	select 객체
submit	submit 객체
method	폼을 제출하는 방법을 지정하는 읽기/쓰기 문자열. get 또는 post 값을 가지며 method 속성에 의해 초기에 지정된다.
name	form의 이름
target	폼의 제출결과를 출력할 프레임이나 창의 이름을 지정하는 읽기/쓰기 문자열이다. _top _self _blank 같은 특별한 이름들을 target 프로퍼티와 TARGET 속성에 의해 지정한다.
text	text box 객체
textarea	textarea 객체

(2) form 객체의 메서드

메서드	설명
submit()	폼 양식을 전송한다.
reset()	폼 양식을 초기화 한다.

6.6.2 form 객체 속성

(1) forms 속성

forms 속성은 여러 개의 〈form〉 태그를 사용했을 경우 〈form〉 태그를 선택할 때 사용한다.

```
document.forms[n]        · · · n+1번째 폼 선택
document.폼태그이름[n] · · · 해당 폼 선택
```

 따라하기

Html 문서	`<html>` `<head><title>폼(Form) 객체의 활용</title>` `<script>` `function setCase (caseSpec){` `if (caseSpec == "upp") {` `document.forms[1].name.value=document.Form1.name.value.toUpperCase()` `document.forms[1].addr.value=document.Form1.addr.value.toUpperCase()` `}` `  else {` `document.Form2.name.value=document.Form1.name.value.toLowerCase()` `document.Form2.addr.value=document.Form1.addr.value.toLowerCase()` `}` `}` `</script></head>` `<body>` `<b>폼(Form) 객체의 활용</b> <hr color="red">` `<form name="Form1">` `<b>이름 : </b><input type="text" name="name" size=20> ` `<b>주소 : </b><input type="text" name="addr" size=50><P>` `<input type="button" value="대문자로 변환" name="U_Button"` `                   onClick="setCase('upp')">` `<input type="button" value="소문자로 변환" name="L_Button"` `                   onClick="setCase('low')">` `</form>` `<form name="Form2"><p>` `<b>다른 이름 : </b><input type="text" name="name" size=20> ` `<b>다른 주소 : </b><input type="text" name="addr" size=50><P>` `</form>` `</body></html>`

실행
결과

```
폼(Form) 객체의 활용
이름 :
주소 :

[대문자로 변환] [소문자로 변환]

다른 이름 :
다른 주소 :
```

(2) elements 속성

elements 속성은 〈form〉 태그에 글상자, 버튼, 체크 상자 등 입력양식이 여러 개 삽입되었을 경우에 특정한 입력 양식들에 배열 번호를 사용하여 선택하여 사용할 수 있도록 한다.

```
document.폼이름.elements[n]    · · · n+1번째 입력양식 선택
```

따라하기

| Html 문서 | ```html
<html>
<head><title>폼 객체의 Elements 속성</title></head>
<body>
폼 객체의 Elements 속성<hr color="blue">
<form  name="Form1">
<input type="button"  name="Button1" value="버 튼"><br>
<input type="checkbox" name="Html"  value="HTML">HTML<br>
<input type="checkbox" name="Perl " value="PERL">PERL<br>
<input type="checkbox"  name="Java" value="JAVA">JavaScript<br>
</form>
폼 객체 배열에 포함된 요소들을 Elements 속성을 이용하여 출력
<hr color="red">

<script>
 for( var count=0; count<document.forms[0].elements.length; count++ )
  document.write("["+count+"]번째 요소명 = "
+ document.forms[0].elements[count].name,"   [ 값 = ]",
  document.forms[0].elements[count].value, "<br>" );
</script>
</body>
</html>
``` |
```

실행 결과	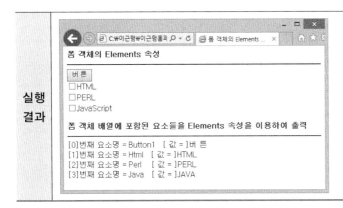 **폼 객체의 Elements 속성** 버 튼 ☐HTML ☐PERL ☐JavaScript **폼 객체 배열에 포함된 요소들을 Elements 속성을 이용하여 출력** [0]번째 요소명 = Button1　[값 =]버 튼 [1]번째 요소명 = Html　[값 =]HTML [2]번째 요소명 = Perl　[값 =]PERL [3]번째 요소명 = Java　[값 =]JAVA

따라하기

Html
문서
	``html
	<html>
	<head><title>자바스크립트 테스트</title>
	<script>
	function checkText() {
	    if(document.myform.elements[0].value != "")
	        alert("이름은 " +document.myform.elements[0].value+"입니다.")
	    else
	        alert("이름을 입력하지 않으셨습니다.") }
	</script>
	</head>
	<body>
	<b> Form 예제 </b>
	<hr color="red">
	<form name="myform">
	 이름 : <input type="text">
	<input type="button" value="입력 확인" onClick="checkText()">
	</form>
	</body>
	</html>
	``

실행 결과	Form 예제 이름 : 홍길동 | 입력 확인	웹 페이지 메시지 ⚠ 이름은 홍길동입니다. 확인

(3) 옵션 변경

 따라하기

Html 문서

```html
<html>
<head><title>select option</title>
<script>
ss1=new Array(4); ss2=new Array(4); ss3=new Array(4)
ss1[0] = new Option("홍길동", "1-1");ss1[1] = new Option("이순신", "1-2")
ss1[2] = new Option("강민재", "1-3");ss2[0] = new Option("박상수", "2-1");
ss2[1] = new Option("마길상", "2-2");ss2[2] = new Option("차차차", "2-3")
ss3[0] = new Option("이민수", "3-1");ss3[1] = new Option("장대관", "3-2")
ss3[2] = new Option("키다리", "3-3")

function cho(r, y)
{
    sel = r.form.s;
    switch(y) {
    case 1 :
      for(var i=0; i<4; i++)
                sel.options[i]=ss1[i]
      break;
    case 2 :
      for(var i=0; i<4; i++)
                sel.options[i]=ss2[i]
      break;
    case 3 :
      for(var i=0; i<4; i++)
                sel.options[i]=ss3[i]
      break;
    }
}
</script>
</head>
<body>
<b>Select에서 옵션 변경</b>
<hr color="red">
학년을 선택하시오.<p>
<form name="f">
<input type="radio" name="id" onclick="cho(this,1)">1학년
<input type="radio" name="id" onclick="cho(this,2)">2학년
<input type="radio" name="id" onclick="cho(this,3)">3학년
<p>학생을 선택하시오
<select name="s"></select>
</form>
</body></html>
```

Html 문서	```html
	<html>
	<head><title>폼(Form) 객체의 활용</title>
	<script>
	function wrt(){
	document.Form1.elements[2].value=document.Form1.elements[0].value
	// document.Form1.name2.value=document.Form1.name1.value
	}
	function blk(){
	document.Form1.elements[2].value="" // document.Form1.name2.value=""
	document.Form1.elements[0].value="" // document.Form1.name1.value=""
	}
	</script></head>
	<body>
	<b>연습</b>
	<form name="Form1">
	<input type="text" name="name1" size=10>
	<input type="button" value="복사" onClick="wrt()">
	<input type="text" name="name2" size=10>
	<input type="button" value="지우기" onclick="blk()">
	</form>
	</body></html>
	``

실행 결과	연습 12345 복사 12345 지우기

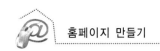

6.7 event 객체

이벤트 객체는 홈페이지에서 발생한 이벤트에 대한 세부정보를 반환해 준다. 마우스의 움직임에 따른 효과나 키보드의 누름에 따른 효과들을 설정할 때 필수적으로 사용된다. 하지만 안타깝게도 이 객체에서만큼은 넷스케이프와 익스플로러가 거의 호환되지 않는데 이벤트에 접근하는 방식뿐만 아니라 각기 전혀 다른 속성을 가지고 있다.

네비게이터에서 이벤트 객체는 모든 이벤트 핸들러에 인자로 전달된다. HTML 속성을 통해 정의된 이벤트 핸들러의 경우 이벤트 인자의 이름은 event가 된다. 하지만 익스플로러에서는 최근에 발생한 이벤트 객체가 window 객체의 이벤트 프로퍼티에 저장된다.

6.7.1 event 객체

(1) event 객체 속성

속성	설명
clientX	클라이언트 영역 내에서 이벤트가 발생한 X 좌표
clientY	클라이언트 영역 내에서 이벤트가 발생한 Y 좌표
screenX	화면 영역 내에서 이벤트가 발생한 X 좌표
screenY	화면 영역 내에서 이벤트가 발생한 Y 좌표
keyCode	눌려진 키보드의 ASCII 값
type	이벤트의 종류
altKey	ALT 키가 눌려졌는지 여부
ctrlKey	CTRL 키가 눌려졌는지 여부
button	마우스 버튼의 종류 (0=없음, 1=왼쪽, 2=오른쪽, 3=왼쪽+오른쪽, 4=중간, 5=왼쪽+중간, 6=오른쪽+중간, 7=왼쪽+중간+오른쪽)
srcElement	이벤트가 발생한 HTML 요소
fromElement	마우스 포인터가 떠나오는 요소
offsetX	컨테이너에 따른 이벤트의 상대 X-좌표
offsetY	컨테이너에 따른 이벤트의 상대 Y-좌표
reason	데이터 전송 이벤트의 상태를 나타내는 정도
returnValue	이벤트 핸들러의 반환 값을 지정하기 위해 설정
shiftKey	SHIFT 키가 눌려졌는지 여부
srcFilter	필터변경 이벤트를 나타내는 필터 객체
toElement	마우스가 향해서 이동하고 있는 요소

(2) event 객체 메서드

메서드	설명
captureEvents( )	특정 이벤트를 잡아준다.
handleEvent( )	이벤트를 지정한 객체의 이벤트 핸들러로 전달한다.
releaseEvents( )	captureEvents 메서드로 설정한 이벤트를 중지한다.
routeEvent( )	잡아낸 이벤트를 전달한다.

6.7.2 event 객체 속성

(1) type 속성

type 속성은 이벤트의 형태를 반환해 준다.

 따라하기

Html
문서
	``html
	<html>
	<head><title> event 객체 </title>
	<meta http-equiv="content-type" content="text/html; charset=euc-kr">
	</head>
	<body>
	<b> event 객체 체크 </b><hr color="red">
	<a href="#" onClick="alert('이벤트 type 은 : '+
	            event.type)">onClick</a>
	<a href="#" onMouseOver="alert('이벤트 type 은 : ' +
	                event.type)">onMouseOver</a>
	<a href="#" onmouseOut="alert('이벤트 type 은 : ' +
	                event.type)">onmouseOut</a> <p>
	<a href="#" onmouseUp="alert('이벤트 type 은 : ' +
	                event.type)">onmouseUp</a>
	<a href="#" onmouseDown="alert('이벤트 type 은 : ' +
	                event.type)">onmouseDown</a>
	</body></html>
	``

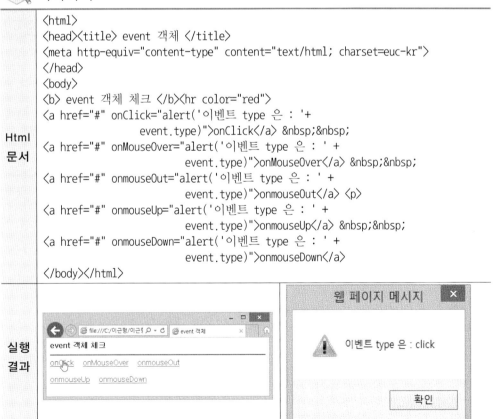

실행 결과

(2) event.screenX, event.screenY 속성

event.screenX(Y) 속성은 전체화면에서 이벤트가 발생한 곳의 X(Y) 좌표 값을 반환해 준다.

따라하기

Html
문서
	``html
	<html>
	<head> <title> event 객체 </title>
	<meta http-equiv="content-type" content="text/html; charset=euc-kr">
	</head>
	<script>
	function myEvent() {
	alert("이벤트"+"\n\n" + event.type + "\n\n"+"이 발생하였습니다.\n\n"
	        + "화면영역의 X-좌표는 " + event.screenX + "\n\n"
	        + "화면영역의 Y-좌표는 " + event.screenY + "\n\n입니다");
	}
	document.onclick = myEvent;
	</script> </head>
	<body>
	<b>아무곳이나 클릭 해 보세요 </b>
	<hr color="red" width="300" align="left">
	</body></html>
	``

실행 결과	

(3) event.offsetX(Y) 속성

이 속성은 이벤트가 발생한 곳의 좌표를 브라우저의 왼쪽 위를 기준으로 보여준다. screenX(Y) 속성과 다른 점은 브라우저 창의 크기가 달라지면 반환되는 좌표 값도 달라진다는 점이다.

레이어 안에서 이벤트가 발생하면 레이어의 현재 위치를 기준으로 보여준다. 즉, 아래 예문에서와 같이 레이어가 left:100px; top:50px의 위치에 있으면 레이어의 왼쪽 위의 위치는 브라우저를 기준하면 100,50이 되지만, offsetX(Y)의 값은 0,0을 반환한다.

따라하기

Html 문서	```html
	<html>
	<head> <title> event 객체 </title>
	<meta http-equiv="content-type" content="text/html; charset=euc-kr">
	</head>
	<script>
	function myEvent() {
	alert("이벤트"+"\n\n" + event.type + "\n\n" +"이 발생하였습니다.\n\n"
	            + "화면영역의 X-좌표는 " + event.offsetX + "\n\n"
	            + "화면영역의 Y-좌표는 " + event.offsetY + "\n\n입니다")
	}
	document.onclick = myEvent
	</script> </head>
	<body>
	<b> event.offsetX(Y) 속성 연습</b><hr color="black">
	<div style="position: absolute; left:100px; top: 10px;
	            background-color: lightgreen">
	        <table width="450" height="100">
	        <tr><td align="center"> <b>아무 곳이나 클릭 해 보세요 </td></tr>
	        </table>
	</div>
	</body></html>
	``

실행 결과	

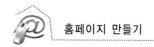
(4) event.altKey, event.shiftKey, event.ctrlKey 속성

이 속성은 사용자가 alt, ctrl, shift 키를 눌렀는지 여부를 체크해 준다.

 따라하기

Html
문서
	<pre><html>
	<head> <title> event 객체 </title></head>
	<script>
	function myEvent() {
	        if (event.altKey) { alert("ALT 키를 누르셨군요") }
	        else if (event.ctrlKey) { alert("CTRL 키를 누르셨군요")
	            }
	        else if (event.shiftKey) { alert("SHIFT 키를 누르셨군요")
	            }
	        else { alert("다른 키를 누르셨군요")
	            }
	        }
	document.onkeydown = myEvent
	</script>
	</head>
	<body>
	<b>CTRL, SHIFT, ALT 키 등을 눌러 보세요 </b>
	<hr color="red" width="400" align="left">
	</body>
	</html></pre>

실행 결과	**C:₩이근형₩이근형홈페** event 객체 CTRL, SHIFT, ALT 키 등을 눌러 보세요 ⎯⎯⎯⎯⎯⎯⎯⎯⎯⎯⎯⎯ **웹 페이지 메시지** ⚠ CTRL 키를 누르셨군요 확인

(5) event.keyCode 속성

이 속성은 사용자의 키보드 입력 값을 ASCII 코드로 반환한다. 예문에서는 ASCII 코드 값을 문자열로 변환하기 위해, String.fromCharCode() 메서드를 사용하였다. 만약 event.keyCode 속성을 그대로 사용하면 ASCII 코드 값이 나타난다.

따라하기

Html 문서	```html
	<html>
	<head> <title> event 객체 </title>
	<meta http-equiv="content-type" content="text/html; charset=euc-kr">
	<script>
	function myEvent() {
	alert(String.fromCharCode(event.keyCode) + " 키를 누르셨군요")
	// alert(event.keyCode + " 키를 누르셨군요")를 사용하면
	// ASCII값이 나타난다.
	}
	document.onkeydown = myEvent
	</script>
	</head>
	<body><b>알파벳 키를 눌러 보세요</b>
	<hr color="red" width="300" align="left">
	</body><html>
	``

실행 결과	알파벳 키를 눌러 보세요
	웹 페이지 메시지 ⚠ D 키를 누르셨군요 [확인]

(6) event.button 속성

이 속성은 사용자가 어떤 마우스 버튼을 클릭하였는지를 체크하여 숫자로 반환해 준다. 마우스 버튼의 종류 (0=왼쪽, 1=가운데 휠, 2=오른쪽)

따라하기

Html 문서	```html
	<html>
	<head> <title> event 객체 </title></head>
	<script>
	function myEvent() {
	alert(event.button + " 번 버튼을 클릭하였습니다")
	}
	document.onmousedown = myEvent
	</script> </head>
	<body> <b>마우스의 왼쪽, 오른쪽, 가운데 등 버튼을 클릭 해 보세요.</b>
	<hr color="red" width="500" align="left">
	</body></html>
	``

실행 결과	

6.7.3 event 객체 메서드

(1) captureEvents 메서드

captureEvents 메서드는 이벤트를 잡아내는 역할을 한다.

매개변수로는 event.click(마우스를 클릭했을 경우), event.mouseDown(마우스 단추를 눌렀을 경우), event.mouseMove(마우스를 움직였을 경우)와 같은 이벤트들이 삽입되어 지정된 이벤트를 잡아낸다.

```
captureEvents(이벤트)
```

 따라하기

Html
문서
	``html
	<html>
	<head><title> 이벤트 객체 메서드 연습</title>
	<script>
	function myError(e) {
	 alert("클릭 이벤트를 잡아 냈습니다.")
	 return routeEvent(e)
	}
	document.captureEvents(event.click)
	document.onclick = myError
	</script></head>
	<body onclick="myError(event)">
	<b>창에서 마우스를 클릭하면 이벤트를 잡아 낼 수 있습니다.</b>
	<hr color="red" >
	</body >
	</html>
	``

실행 결과	

연습문제

01. "복사"라는 단추를 클릭하면 그림과 같이 왼쪽 창에 입력된 내용이 오른쪽 창에 복사되도록 하시오.

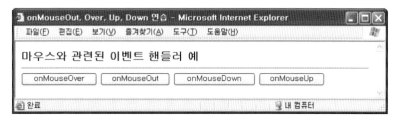

조건 : 입력되는 글자 수는 10자 이내임

02. 아래와 같은 창이 나타나게 하고 각 단추에 명시된 대로 마우스를 Over, Out, Down, Up 하면 다음사이트, 네이버 사이트, 조선일보 사이트, 동아일보 사이트가 나타나도록 하시오. 단, 다음과 네이버는 자기 창에, 조선과 동아일보는 새로운 창에 나타내시오.

03. 웹 문서를 실행시키면 창이 (0,0) 위치에서 x, y 축으로 5씩 이동시켜 날아가게 한 후 다시 (0,0)에 오도록 하시오.

04. window.open( )와 document.open( )에 대해 설명하시오.

05. 웹문서를 열면 "안녕하세요"라는 경고창이 나타나도록 웹문서를 만드시오.

06. "뒤로"라는 단추를 누르면 앞서 열린 웹문서로 가도록 하시오.

07. window.open(URL)과 location.href(URL)의 차이점을 쓰시오.

08. 텍스트 상자에 "Welcome to my homepage"라는 문구가 5초마다 한번씩 나타나도록 하시오.

09. "시계"라는 단추를 누르면 택스트 상자에 시간(월, 일, 시, 분)이 나타나도록 하시오.

10. 홈페이지를 열면 새로운 창을 띄우고 새로운 창은 제목표시줄만 나타나게 하시오.

11. 새로운 창이 3초 간격으로 커졌다 작아졌다 하게 하시오.

07

쿠키(Cookie)란?

07 쿠키(Cookie)란?

7.1 쿠키(Cookie)란?

브라우저에 존재하는 메모리 영역의 일부로 서버와 통신하는데 있어 지속적인 정보를 저장하는 곳을 지칭한다. 쿠키는 사용자 정보를 유지할 수 없다는 HTTP(Hyper Text Transfer Protocol) 고유의 한계를 극복할 수 있는 방법으로 각 서버는 쿠키를 사용하여 브라우저가 갖고 있는 정보를 참조할 수 있다.

만일 브라우저가 중단되면 쿠키의 내용은 Cookies.txt이라는 파일에 저장되고 다음에 기동될 때 다시 그 파일의 내용이 메모리로 불러와진다. 서버는 브라우저의 쿠키에 어떤 정보를 넣은 다음 필요한 경우 언제든지 참조할 수 있다. 즉, 맞춤형 서비스를 할 수 있다. 그러나 브라우저는 하나의 쿠키에 값을 입력한 서버에게만 그 쿠키의 값을 보여주므로 자신이 입력하지 않은 쿠키의 정보를 참조할 수는 없다. 역으로 자신이 입력한 쿠키의 정보 역시 다른 서버에서는 참조할 수 없다. 하지만 다른 방법으로 유출되는 사례는 많이 보고되고 있다.

쿠키는 웹사이트가 사용자의 하드디스크에 집어넣는 특별한 텍스트 파일로, 이것은 후에 그 사용자에 관하여 무엇인가를 기억할 수 있도록 하기 위한 것이다. 일반적으로, 쿠키는 특정한 사이트에 대한 그 사용자의 취향을 기록한다. 웹의 프로토콜인 HTTP를 사용하면, 웹 페이지에 대한 각각의 요구는 다른 요구들과 상관 관계없이 모두 독립적이다. 그렇기 때문에 웹 서버는 그 사용자에게 이전에 어떠한 페이지가 보내어졌는지에 관한 아무런 기록도 가지고 있지 않으며, 심지어 그 사용자가 이전에 방문했었는지조차 알기 어렵다. 쿠키는 웹 서버에게 사용자에 관한 파일을 사용자 컴퓨터에 저장하도록 허용하는 장치이다. 쿠키 파일은 대개 자신이 사용하는 브라우저 폴더의 하부에 저장된다. (예를 들어, 넷스케이프 폴더의 서브폴더 등이다.) 쿠키 폴더에는 사용자가 방문했던 각 웹사이트에 대한 쿠키 파일들이 모두 저장되어 있다.

쿠키는 일반적으로 배너광고를 회전시키기 위해 사용되기도 하지만, 사용자가 쓰고 있는 브라우저의 형식 또는 그 웹사이트에 이미 제공했던 다른 정보에 기초를 두어 서버에서 보낼 웹 페이지들을 사용자에게 맞추는 데에도 사용된다. 물론, 웹 사용자들은 쿠키가 자기 컴퓨터에 저장되는 것에 동의해야만 하는데, 대개는 이러한 것들을 통해 웹사이트가 사용자들을 좀 더 잘 지원하는데 도움을 준다.

이러한 쿠키가 유용하게 쓰일 수 있는 곳은 인터넷 쇼핑센터와 같은 곳이다.

(1) 쿠키의 특징
- 웹 사이트 방문객의 하드 디스크에 저장하는 작은 크기의 정보
- 브라우저를 통해 정보를 저장하거나 읽어오며, 삭제됨
- 웹 사이트 방문객에 대한 정보를 기억하여 방문객들의 이름과 마지막으로 방문 했던 날짜와 시간, 방문 횟수 등까지 기억

(2) 쿠키 때문에 발생되는 문제

▶ 특정 사이트에 접근할 수 없다.

쿠키가 깨졌을 경우 특정사이트는 쿠키 값을 확인하는 중에 오류가 생겨 접근할 수 없게 된다. 이 경우 그 사이트의 쿠키 값을 삭제해주면 된다. 이럴 경우 그 사이트에 다시 가입해야 하는 경우도 생길 수 있다.

▶ P2P 네트워크로 쿠키 값 유출

냅스터 같은 프로그램으로 음악이나 파일 서비스를 받고 있는 사람들 중에 개인의 정보가 누출되는 사례가 있으며 개인 정보를 해킹했다는 것은 공공연한 사실이다. 쿠키에 대하여 좀 아는 사람은 이를 악용하여 개인의 특정사이트의 암호와 비밀번호를 빼내가고 있다. 쿠키 값을 암호화하지 않는 사이트에 들어갈 때는 은행 등의 중요 암호와 반드시 다른 암호를 사용하시기를 바란다. 개인 컴퓨터에서 복사해가는 사례도 있다.

(3) 쿠키를 지우는 방법

쿠키를 지우려면 [인터넷 등록정보]-[임시 인터넷 파일]-[설정]-[파일보기]- [temporary Internet Files]의 Cookie.htm 중 관련 사이트 항목을 지우시면 된다.

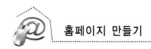 **쿠키의 특징과 구조**

쿠키의 크기는 4KB 이하로 제한되어 있고 300개까지의 데이터 정보 배열을 저장할 수 있다. 이는 서버로부터 불필요한 데이터가 클라이언트 컴퓨터에 너무 많이 저장되는 것을 방지하기 위한 것이다. 크기가 제한되어 있기 때문에 저장하는 정보는 되도록 간단한 문자열이나 기호화된 간단한 코드형태로 하는 것이 좋다.

쿠키 정보는 HTTP 헤더를 통해 서버와 클라이언트 사이를 왕복하게 되는데 이때 사용되는 쿠키의 구조에는 두 가지가 있다.

- 첫 번째는 사용자가 서버에 처음 문서를 요구했을 때 서버로부터 HTTP 헤더를 통해 전달받은 Set-Cookie라는 구조이고,

- 두 번째는 동일한 문서를 다음번에 받은 결과 클라이언트에 저장되어 있던 쿠키정보와 동일하다는 것을 알았을 때 클라이언트가 서버로 보내는 쿠키라는 구조이다.

7.2.1 쿠키의 구조

(1) Set-Cookie의 구조

```
name=VALUE; expires=DATE; path=PATH; domain=DOMAIN; secure
```

단, 이름에는 세미콜론, 쉼표, 빈칸이 들어가면 안 된다. 쿠키의 문자열의 속성과 속성 사이는 세미콜론(;)으로 구분한다.

속성	설명
name = VALUE	Set-Cookie인지를 식별하기 위해 사용, 반드시 지정
expires=DATE	cookie가 종료되는 날짜를 지정. 만약 날짜가 생략되면 현재 넷스케이프 세션동안에만 유효하다. 날짜 형식 : Wdy, DD-Mon-YY HH:MM:SS GMT
path=PATH	cookie가 유효하게 사용될 수 있는 URL의 폴더 부분 지정. 만약 지정하지 않으면 cookie를 설정한 문서위치가 사용된다.
domain=DOMAIN	cookie가 유효하게 사용될 수 있는 URL 주소의 도메인 부분 지정. 도메인 네임은 적어도 두개의 점으로 연결된 세 개의 단어로 이루어져야 한다. 지정하지 않으면, cookie를 설정한 문서 위치의 도메인이 사용된다.
secure	데이터 전송에 보안이 요구되는지 지정. True나 False로 설정

(2) SetCookie() 함수

속성 값을 넣으면 자동으로 쿠키 형식의 문자열을 만들어 주는 SetCookie() 함수는 거의 공식처럼 사용된다. SetCookie() 함수의 소스는 다음과 같다.

```
                    // 쿠키를 설정하는 함수
function SetCookie(name, value) {
                    // 파라미터 이름 name, value는 변경하면 안 됨
var argv = SetCookie.arguments
                // argv 변수는 SetCookie() 함수의 파라미터 정보의 배열을 가짐
                // argv[0]은 첫 번째 파라미터를 의미함
var argc = SetCookie.arguments.length
                // argc 변수는 파라미터 개수를 가짐
var expires = (2 < argc) ? argv[2] : null
            // 논리연산자를 이용하여 파라미터 값을 넣을지 null 값을 넣을지 결정
var path = (3 < argc) ? argv[3] : null
var domain = (4 < argc) ? argv[4] : null
var secure = (5 < argc) ? argv[5] : false

document.cookie = name + "=" + escape(value) +
                // 전달된 값을 연결하여 쿠키형식의 문자열을 만들어
  ((expires == null) ? " " : ("; expires = " + expires.GMTString())) +
                // 최종적인 문자열이
  ((path == null) ? " " : ("; path = " + path)) +
                // document.cookie에 저장되어
  ((domain == null) ? " " : ("; domain = " + domain)) +
                // 새로운 쿠키가 생성
  ((secure == true) ? " " : ("; secure " : " "))
}
```

(3) SetCookie() 함수의 설명

내용	설명
var argv=setCookie.arguments	setCookie 함수의 매개변수 배열 구하기
var argc=setCookie.arguments.length	setCookie 함수의 매개변수 개수 구하기
var expires=(argc>2) ? argv[2] : null	매개변수가 3개 이상이면 3번째 매개변수는 expires를 위한 값
var path=(argc>3) ? argv[3] : null	매개변수가 4개 이상이면 4번째 매개변수는 path를 위한 값
var domain=(argc>4) ? argv[4] : null	매개변수가 5개 이상이면 5번째 매개변수는 domain를 위한 값
var secure=(argc>5) ? argv[5] : null	매개변수가 6개 이상이면 6번째 매개변수는 secure를 위한 값

내용	설명
document.cookie=name+"="+ escape(value)+ ((expires==null) ? "" : ("; expires="+expires.toGMTString()))+ ((path==null) ? "" : ("; path="+path))+ ((domain==null) ? "" : ("; domain="+domain))+ ((secure==true) ? "": (";secure" : ""))	cookie 특성에 정보 설정

(4) getCookie() 함수

```
// 쿠키 정보를 읽어오는 함수
function getCookie(name)
{
     var Found = false
     var start, end
     var i = 0
     // cookie 문자열 전체를 검색
     while(i <= document.cookie.length){
          start = i
          end = start + name.length
          // name과 동일한 문자가 있다면
          if(document.cookie.substring(start, end) == name) {
               Found = true
               break
          }
          i++
     }

     // name 문자열을 cookie에서 찾았다면
     if(Found == true)
     {
          start = end + 1
          end = document.cookie.indexOf(";", start)

          // 마지막 부분이라는 것을 의미(마지막에는 ";"가 없다)
          if(end < start)
               end = document.cookie.length
```

```
                // name에 해당하는 value값을 추출하여 리턴한다.
                return document.cookie.substring(start, end)
        }
        // 찾지 못했다면
        return ""
}
```

(5) delCookie() 함수

```
function delCookie(name) {
        var today = new Date()
            // 과거 시간 만들기
        today.setTime(today.getTime() - 1)
        // name 정보 찾기
        var value = getCookie(name)
            if(value != "")
                document.cookie = name + "=" + value + ";
                        expires=" + today.toGMTString()
}
```

7.2.2 쿠키의 활용

(1) 쿠키 생성 날짜와 유효기간 설정

 따라하기

Html
문서
	``
	<html>
	<head><title> 쿠키 생성 날짜와 유효기간 설정 </title>
	<script>
	    function SetCookie (name, value) {
	    var argv = SetCookie.arguments;
	    var argc = SetCookie.arguments.length;
	    var expires = (2 < argc) ? argv[2] : null;
	    var path = (3 < argc) ? argv[3] : null;
	    var domain = (4 < argc) ? argv[4] : null;
	    var secure = (5 < argc) ? argv[5] : false;
	    var dsp_cookie
	    dsp_cookie= name + "=" + escape (value) +
	        ((expires == null) ? "" : ("; expires=" + expires.toGMTString())) +
	        ((path == null) ? "" : ("; path=" + path)) +
	        ((domain == null) ? "" : ("; domain=" + domain)) +
	        ((secure == true) ? "" : ("; secure" : ""));
	     document.write("<b>", dsp_cookie, "</b>
	")
	        } // 브라우저에 만들어진 문자열을 출력```

| Html 문서 | ```
</script></head>
<body>
<script>
 var today = new Date() ; var sms = "korea"
 document.write("쿠키 생성날짜: ", today.toGMTString(), "<hr>")
 /*  var myday= new Date()  // 유효기간 설정(1년)
 myday.setTime(myday.getTime() +  (365 * 24 * 60 * 60 * 1000)) */
 document.write("유효기간 설정<br>")
 var myday= new Date()    //유효기간 설정(1개월)
 myday.setTime(myday.getTime() +  (30 * 24 * 60 * 60 * 1000))
 SetCookie("sms", sms, myday, "/", null, true)
 SetCookie("sms", sms, myday, "/", null, false)
 SetCookie("sms", sms, myday)
</script>
</body></html>
``` |
|---|---|
| 실행 결과 |
쿠키 생성날짜: 2014년 12월 1일 오후 10:33:45

유효기간 설정

sms=korea; expires=2014년 12월 31일 오후 10:33:45; path=/; secure
sms=korea; expires=2014년 12월 31일 오후 10:33:45; path=/
sms=korea; expires=2014년 12월 31일 오후 10:33:45 |

(2) 사용자 방문 횟수 보여주기

 따라하기

| Html 문서 | ```
<html>
<head><title>방문자 횟수 알아보기</title>
<script>
 function getCookieVal (offset)    {
   var endstr = document.cookie.indexOf(";", offset)
   if (endstr == -1)
      endstr = document.cookie.length
   return unescape(document.cookie.substring(offset, endstr))
  }
 function SetCookie (name, value)  {
    var argv = SetCookie.arguments
    var argc = SetCookie.arguments.length
    var expires = (2 < argc) ? argv[2] : null
    var path = (3 < argc) ? argv[3] : null
    var domain = (4 < argc) ? argv[4] : null
    var secure = (5 < argc) ? argv[5] : false
``` |
|---|---|

Html 문서

```
        document.cookie = name + "=" + escape (value) +
          ((expires == null) ? "" : ("; expires=" + expires.toGMTString())) +
          ((path == null) ? "" : ("; path=" + path)) +
          ((domain == null) ? "" : ("; domain=" + domain)) +
            ((secure == true) ? "; secure" : "")
        }
    function GetCookie (name) {
      var arg = name + "="
      var alen = arg.length
      var clen = document.cookie.length
      var i = 0
       while (i < clen) {
         var j = i + alen
         if (document.cookie.substring(i, j) == arg)
            return getCookieVal (j)
         i = document.cookie.indexOf(" ", i) + 1
         if (i == 0) break
      }
       return null
      }
</script></head>
<body>
<script>
 var today = new Date();  var cnt
 today.setTime(today.getTime() +  (30 * 24 * 60 * 60 * 1000 ))
 if(!(cnt = GetCookie("cnt"))) cnt = 0
 cnt++
 SetCookie("cnt", cnt, today, "/", null, false)
 document.write("<center> <br><b>")
 document.write("이 홈페이지에 " + cnt + "번째 방문하셨습니다. <p>")
 document.write("많이 사랑해 주세요!!!!")
 document.write("</b> </center>")
</script></body></html>
```

실행 결과

이 홈페이지에 1번째 방문하셨습니다.

많이 사랑해 주세요!!!!

(3) 쿠키 정보에서 name을 찾는 함수 만들기

따라하기

| Html 문서 | ```javascript
function getCookie(name) {
      var Found=false
      var start,end
      var i=0
      //cookie 문자열 전체를 검색
      while(i<=document.cookie.length) {
        start=i
        end=start+name.length
        //name과 동일한 문자가 있다면
        if(document.cookie.substring(start,end)==name){
                Found=true
                break
        }
        i++
} //name문자열을 cookie에서 찾았다면
if(Found==true) {
start=end+1
end=document.cookie.indexOf(";",start)
                //마지막부분이라는 것을 의미(마지막에는 ';'가 없다)
if(end<start)
end=document.cookie.length
      //name에 해당하는 value값을 추출하여 리턴한다.
      return document.cookie.substring(start,end)
} //찾지 못했다면
return ""
}
``` |

(4) 쿠키 정보에서 name을 삭제하는 함수 만들기

따라하기

| Html 문서 | ```javascript
function delCookie(name){
      var today=new Date() //과거 시간 만들기
      today.setTime(today.getTime()-1)  //name 정보 찾기
      var value=getCookie(name)
      if(value!="")
      document.cookie=name+"="+value+"; expires="+today.toGMTString()
}
``` |

(5) 쿠키 값을 이용한 카운터 만들기

 따라하기

<table>
<tr>
<td>Html
문서</td>
<td>

```
<html><head>
<title>쿠키 값을 이용한 카운터 만들기</title></head>
<body bgcolor="#000000" text="yellow">
<center>
<br><br><br>
<a href="main.html"><img src="image/0587.gif" border=0></a><br><br>
<script>
today = new Date()
document.write(today.getFullYear()+
    "년 새 해에는 이루지 못했던 소망들..<br><br> 꼭 이루시길..<br><br><br>")
document.write(today.getFullYear(), "년", today.getMonth()+1,"월")
document.write(today.getDate(),"일",today.getHours(), "시")
document.write(today.getMinutes(), "분 현재<br><br>")
</script>
<script>
 function getCookieVal (offset)
 {
 var endstr = document.cookie.indexOf (";", offset);
 if (endstr == -1)
 endstr = document.cookie.length;
 return unescape(document.cookie.substring(offset, endstr));
 }
 function GetCookie (name)
 {
 var arg = name + "=";
 var alen = arg.length;
 var clen = document.cookie.length;
 var i = 0;
 while (i < clen)
 {
 var j = i + alen;
 if (document.cookie.substring(i, j) == arg)
 return getCookieVal (j);
 i = document.cookie.indexOf(" ", i) + 1;
 if (i == 0)
 break;
 }
 return null;
 }
 function SetCookie (name, value)
 {
```

</td>
</tr>
</table>

Html 문서

```
var argv = SetCookie.arguments;
var argc = SetCookie.arguments.length;
var expires = (2 < argc) ? argv[2] : null;
var path = (3 < argc) ? argv[3] : null;
var domain = (4 < argc) ? argv[4] : null;
var secure = (5 < argc) ? argv[5] : false;
document.cookie = name + "=" + escape (value) +
((expires == null) ? "" : ("; expires=" + expires.toGMTString())) +
((path == null) ? "" : ("; path=" + path)) +
((domain == null) ? "" : ("; domain=" + domain)) +
((secure == true) ? "; secure" : "");
}
function DisplayInfo()
{
var expdate = new Date();
var visit;
// Set expiration date to a year from now.
expdate.setTime(expdate.getTime() + (24 * 60 * 60 * 1000 * 365));
if(!(visit = GetCookie("visit")))
visit =0;
  visit++;
  SetCookie("visit", visit, expdate, "/", null, false);
  count1 = visit % 10
  count2 = visit - count1
  count3 = count2/10
  count4 = count3%10

  count5 = count3 - count4
  count6 = count5/10
  count7 = count6%10

  count8 = count6 - count7
  count9 = count8/10
  count10 = count9%10

  count11 = count9 - count10
  count12 = count11/10
  count13 = count12%10
  count14 = count12 - count13
  count15 = count14/10
  count16 = count15%10

  count17 = count15 - count16
  count18 = count17/10
  count19 = count18%10
```

| **Html 문서** | ```
document.write("<table><tr>")
document.write("<th><font color='red' size=4>" + count19 + "</font></th>")
document.write("<th><font color='red' size=4>" + count16 + "</font></th>")
document.write("<th><font color='red' size=4>" + count13 + "</font></th>")
document.write("<th><font color='red' size=4>" + count10 + "</font></th>")
document.write("<th><font color='red' size=4>" + count7  + "</font></th>")
document.write("<th><font color='red' size=4>" + count4  + "</font></th>")
document.write("<th><font color='red' size=4>" + count1  + "</font></th>")
document.write("</tr></table>")
}

DisplayInfo()
document.write("<br>번째 손님입니다")
</script>
</center></body></html>
``` |
| **실행 결과** | |
```

연습문제

01. 쿠키가 등장하게 된 배경은 무엇인가?

02. 쿠키란 무엇인가?

03. 다음 결과가 나타나도록 쿠키값을 이용한 카운터 프로그램을 수정하시오.

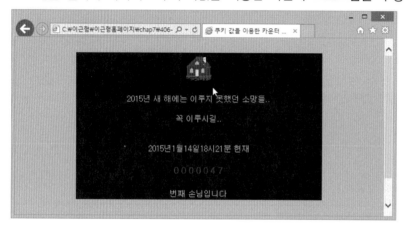

04. 다음 결과가 나타나도록 쿠키값을 이용한 카운터 프로그램을 수정하시오.

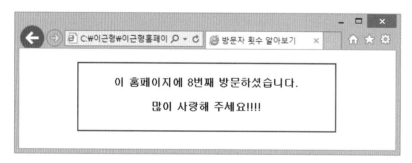

08

좋은 홈페이지 만드는 방법

08 좋은 홈페이지 만드는 방법

 8.1 좋은 홈페이지 만드는 방법

8.1.1 좋은 홈페이지의 조건

홈페이지는 정해진 형식이나 규칙이 없다. 단지 사용자 스스로 구성하고 아이디어를 내어 만들면 되는 것이다. 그러나 자신이 만든다고 해서 무분별하게 만든다면 좋은 홈페이지가 될 수 없다.

좋은 홈페이지가 되기 위해서는 다음과 같이 몇 가지 지켜야 할 규칙이 있다. 반드시 규칙을 따라야 하는 것은 아니지만 이를 따르면 더욱 좋은 홈페이지가 될 수 있을 것이다.

- 주제가 간단명료하고 간결해야 한다.
- 전체적인 구성 요소의 통일성이 필요하다.
- 순환 구조를 갖지 않도록 해야 한다.
- 단어의 강조를 너무 많이 사용하지 않아야 한다.
- 그래픽 이미지를 너무 많이 사용하지 말아야 한다.
- 계속적으로 유지 보수(Update)를 해야 한다.

8.1.2 좋은 홈페이지 만드는 방법

(1) 용도에 적합한 주제와 자료를 수집한다

홈페이지의 용도가 정해졌다면 그에 따른 홈페이지의 주제를 결정하도록 한다. 홈페이지는 자신 혼자서만 보기 위해 만드는 것이 아니라는 것을 염두에 두어야 한다.

홈페이지의 외형도 중요하지만 가장 중요한 것은 홈페이지의 내용이다. 홈페이지의 주제에 맞는 다양한 자료를 수집하는 작업은 빼놓을 수 없는 중요한 과정 중의 하나이다.

(2) 전체적인 홈페이지 흐름을 계획한다

홈페이지의 전체 구성을 종이에 스케치한다. 홈페이지를 구성할 때는 각 문서의 연결 관계에 대해 각별히 신경 써야 하는데, 미리 만들어 놓은 홈페이지 구조도를 참조하면 실수를 막을 수 있다. 물론 이후에 계속적인 업그레이드와 수정 작업을 거쳐 보완할 수 있다.

(3) 인터페이스(이동의 편의성)를 고려한다

홈페이지 내에서 각 문서 사이의 이동 방법을 신중하게 고려해야 한다. 하이퍼링크가 복잡하게 얽혀 있지 않고, 현재 보고 있는 문서에서 다른 문서로 이동하는 방법이 편리하도록 구성한다.

(4) 다시 찾도록 만든다

홈페이지를 웹 서버에 등록해 다른 사람들이 방문할 수 있도록 만들었다고 해서 홈페이지 작업이 끝난 것이 아니다. 한번 방문했던 방문객이 다시 찾을 수 있도록 지속적으로 좋은 정보를 계속해서 제공하고, 게시판과 방명록 등을 통해 방문객과 끊임없이 교류하는 것이 좋다.

(5) 기획력이 있어야 한다

전 세계적으로 하루에도 홈페이지가 수 천 개씩 등록된다. 이 많은 홈페이지 중에서 좋은 홈페이지를 만들 때에는 기획력이 있어야 한다. 좋은 홈페이지로 인정받기 위해서는 첫째가 뛰어난 기획력이다. 기존의 홈페이지보다 개성과 독창성이 뛰어나고 탄탄한 정보로 튀는 홈페이지를 만들기 위해서는 남다른 아이템을 개발하는 것이 좋다. 홈페이지를 기획할 때는 미리 줄거리를 짜고 제작에 들어가는 습관이 필요하다. 홈페이지를 만드는 전체적인 구성이 없다면 시간이 흐를수록 뒤죽박죽되기 쉽다.

(6) 문자 및 글꼴 그리고 배경색을 잘 처리해야 한다

그림 없는 홈페이지를 상상할 수 없듯이 글자 없는 홈페이지는 존재할 수 없다. 글은 최대한 간결하고 짧게 입력해야 한다. 문자를 입력할 때 한 문단이 3~4줄 넘지 않도록 하며, 중요한 단어는 색깔을 넣어 강조한다. 특히 중간 제목으로 들어가는 것은 색깔을 넣거나 글자를 크게 만든다. 홈페이지에 들어가는 문자가 많다면 표를 이용하는 것도 문단이 깨지지 않도록 구성할 수 있는 좋은 방법이다.

(7) 홈페이지의 전송 속도를 고려해야 한다

방문자의 발길이 많을수록 좋은 홈페이지로 꼽는다. 아무리 좋은 내용을 가진 홈페이지라도 방문자가 없다면 소용이 없다. 그래서 홈페이지 방문객의 시스템 상황도 고려해야 한다. 표는 전송속도를 늦추는 원인이 되기도 한다. 세로 테이블보다 가로 테이블이 전송속도가 빠르다. 그림을 넣을 때도 전송속도를 고려해야 한다. 그림은 꼭 필요한 구성요소일 때만 넣는 것이 좋으며 그림의 크기가 크거나 사진 자료실을 만들려면 조각 그림을 이용하는 것이 좋다.

(8) 일관성과 통일성 있는 디자인을 한다

홈페이지가 일관성 있고 통일성 있게 디자인되어 있으면 사용자가 홈페이지 이용 중에 느낄 수 있는 혼란과 불편이 줄여준다.

(9) 홈페이지 관리를 게을리 하지 말자

홈페이지를 만들어서 서버에 올리는 것으로 모든 것이 끝나는 게 아니고 오히려 여러분의 홈페이지가 다른 인터넷 이용자들에게 공개되는 그 순간부터 더욱 중요한 일을 시작해야 한다. 바로 홈페이지의 유지와 관리이다.

위의 내용을 토대로 하되, 디자인을 보기 위해 사이트를 찾는 것이 아니고 정보를 보기 위한 것이므로 커다란 이미지의 JPG 사진파일이나 고해상도로 속도를 느리게 만들 바에는 그 자리에 유용한 정보를 하나 더 넣는 것이 사랑받는 홈페이지를 만드는 비결이다. 또한 깔끔하면 되며 더 이상 애써 욕심 부릴 필요가 없다.

색깔은 가급적 비슷한 톤으로 구성하고 강조할 필요가 있는 부분에서만 눈에 띠는 다른 색으로 처리해 주는 것이 좋다. 알록달록 하면 눈만 피곤하고 정작 강조하고 싶은 내용이 있을 때도 효과를 반감시킨다.

디자인을 주제로 하는 홈페이지가 아닌 이상 텍스트만으로 화면을 구성해도 좋은 홈페이지가 될 수 있다. 아무리 기술이 발달하고 디자인 기법이 발달해도 정보를 전달하는 수단은 결국 텍스트이다.

8.2 간단한 애니메이션 만들기(GIF construction Set 이용)

GIF 애니메이션은 디자이너의 연출에 따라 아주 작은 용량의 이미지로도 다이내믹한 웹 페이지를 만들 수 있는 좋은 방법이다. 애니메이션을 제작하는 툴로서 Flash나 Director 그리고 최근에 업그레이드된 Live motion 등도 적은 용량의 애니메이션을 제작하는데 효과적이지만 디자이너가 아닌 사람들이 시도하기에는 제작과정이 복잡해 쉽지 않다.

GIF Construction Set은 Alchemy Mindworks Inc에서 개발한 소프트웨어로서, 대부분 인터넷의 웹에 쓰이는 애니메이션 파일, 예를 들어 배너광고, 움직이는 아이콘 등을 만들 때 가장 쉽고, 가장 빠르게 제작해주는 애니메이션 파일 제작 툴이다. 즉 '현재 발표된 애니메이션을 만드는 소프트웨어 중 가장 간단하고 쉽게 애니메이션 파일을 만들어 주는 도구'라고 할 수 있다.

GIF Construction Set의 주된 기능은 다음과 같다.

- 주제가 간단명료하고 간결해야 한다.
- 전체적인 구성 요소의 통일성이 필요하다.
- 순환 구조를 갖지 않도록 해야 한다.
- 단어의 강조를 너무 많이 사용하지 않아야 한다.
- 그래픽 이미지를 너무 많이 사용하지 말아야 한다.
- 계속적으로 유지 보수(Update)를 해야 한다.

8.2.1 GIF Construction Set 기본 지식

GIF Construction Set으로 애니메이션 파일을 만들기 전에 몇 가지 기본 지식이 필요하다.

첫째, GIF Construction Set에서는 GIF 파일만 그 작업 대상으로 하고 있기에 GIF 파일의 기본적인 내용에 대한 것이다.

둘째, 웹에 애니메이션 파일을 올려두려면 파일사이즈를 줄여야만 하는데 이를 줄이기 위해서는 팔레트(색상판 정도로 이해하시면 무난함)에 대한 기초적인 이해가 필요하다.

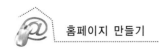
(1) GIF 애니메이션 파일의 구성에 대한 이해

사실 GIF 파일은 그냥 보기에는 단순한 이미지처럼 보인다. 하지만 이 GIF 파일은 몇 가지로 구성이 되어 있다. 그 구성을 보면 헤드블록, 루프블록, 컨트롤블록, 이미지블록, 텍스트블록, 코멘트블록 등이 있다.

GIF 애니메이션 파일을 구성하고 있는 이 각각의 블록에 대해 자세히 알아보면

- **헤드블록** : 이미지의 가로×세로, 즉 이미지의 크기가 정의되어 있다.
- **루프블록** : 해당이미지의 반복횟수가 정의되어 있다.
- **컨트롤블록** : 하나의 이미지마다 하나씩 존재하며 해당 이미지에서 다음이미지로 넘어갈 때의 지연시간이 1/100초 단위로 정의되어 있다. 여기서 100으로 정의되어 있다면 해당이미지에서 다음이미지로 넘어갈 때의 지연시간은 1초가 걸리게 되는 것이다.
- **이미지블록** : 해당이미지의 이름과 이미지크기, 컬러수가 정의되어 있다.

현재는 GIF 이미지의 구성과 블록의 의미 등이 잘 이해되지 않겠지만, 실제 애니메이션 파일을 만들어 보면 정말 친근하게 다가올 것이라 생각한다.

(2) 팔레트에 대한 이해

GIF 애니메이션 파일은 색을 정의해 놓은 팔레트라는 것을 갖고 있다. 하나의 이미지에 하나의 팔레트를 갖고 있는 것이 정상이다. 그런데 우리가 여기서 만들고자 하는 애니메이션 GIF 이미지는 사실 여러 개의 파일이 하나의 파일로 구성이 되어있는 것이다. 이 여러 개의 파일에는 공통된 이미지들도 많고 똑같은 색상을 가진 것들도 많이 있다. 여러 개의 파일을 하나의 이미지파일로 만들어진 애니메이션 GIF 파일에서는 공통된 색상과 똑같은 색상들을 추려내어 하나의 팔레트를 가지게 된다.

하나의 GIF 이미지에 하나의 팔레트를 가진 것을 '로컬 팔레트'라고 하며, 여러 개의 이미지가 하나의 공통된 팔레트를 가진 것을 '글로벌 팔레트'라고 한다. 이 글로벌 팔레트를 갖는 이유는 파일사이즈를 줄이고 전송속도를 높이기 위함이다.

8.2.2 GIF Construction Set 다운 및 설치

(1) GIF Construction Set 다운받기

GIF Construction Set은 국내 온라인 상에서 쉽게 구할 수가 있다. 이 책에서 설명하는 버전은 4로 그 파일의 이름은 GIF Construction Set.msi이다. 윈도우용 설치 파일이기 때문에 실행만 시킨다면 쉽게 설치할 수 있을 것이다.

여기서는 이 제품의 제작사인 Alchemy의 홈페이지에 방문하여 GIF Construction Set을 다운받아 보도록 하겠다.

1. http://www.mindworkshop.com/alchemy/gifcon.html에 접속한다.

2. 홈페이지에 접속하여 'Download'를 클릭한다.

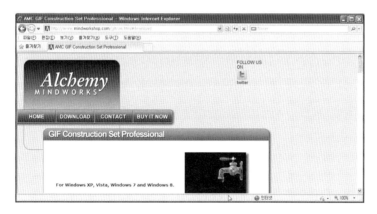

3. 저장 단추를 눌러 다운받은 파일(GIFConstructionSet.msi)을 적당한 폴더에 저장한다.

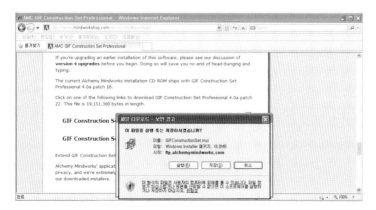

(2) GIF Construction Set 설치하기

1. 다운받은 파일(GIFConstructionSet.msi)을 더블클릭하여 설치를 실행한다.

2. [Next] 단추를 누르고 동의에 체크한 후 [Next] 단추를 누른다.

3. 설치될 폴더를 지정해서 창이 나타난다. 원하는 폴더를 지정할 수 있으나 수정 없이 그냥 지정된 폴더를 그대로 사용하는 것이 좋다. 역시 [Next] 버튼을 클릭한다.

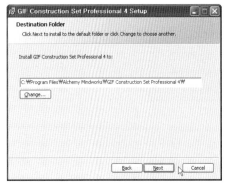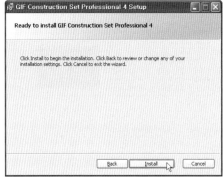

4. 설치한 후 바탕화면에 있는 아이콘을 더블클릭한다.

5. 사용자 등록을 하는 단계인데 등록을 하지 않더라도 사용이 가능하며 등록 없이 그냥 사용하려면 아래의 'Evaluate this program' 버튼을 클릭하면 된다. 만약 정식 사용자로 등록하려면 '등록자 이름'과 '등록코드'를 입력한다.

(3) GIF Construction Set 실행하기

설치가 되고 나면 바탕화면에 실행아이콘이 등록되어 있다.

1. [시작] → [모든프로그램] → [Alchemy mindworks]에서 [GIF Construction Set Professional 4]를 클릭한다.

2. GIF Construction Set 로고와 아래 그림과 같은 창이 나타난다. 모든 작업은 이 창을 통해서 이루어지며 이 창에 매우 익숙하게 될 것이다.

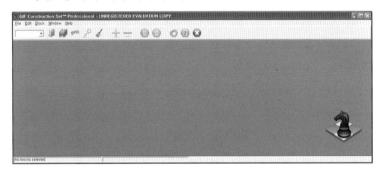

8.2.3 GIF 애니메이션 만들기

(1) 애니메이션 위저드를 이용한 애니메이션 만들기

먼저 애니메이션 마법사(Animation Wizard)를 이용하여 간단한 애니메이션 파일을 만들어 보도록 하자.

이 애니메이션 마법사라는 기능은 원하는 GIF 파일만 있다면 아래의 예처럼 몇 번의 클릭으로 정말 간단히 애니메이션 파일을 만들어 낼 수가 있다.

먼저 Animation Wizard를 실행시켜가면서 다음의 작업을 따라해 보기 바란다.

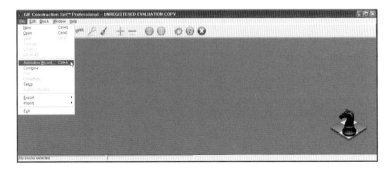

1. [File]-[Animation Wizard]를 선택하시거나, 단축키 [Ctrl]+[A]를 누른다.

2. 그러면 다음과 같은 창이 나타나면 애니메이션을 하고 싶은 GIF 파일이 있는 폴더를 선택한다.

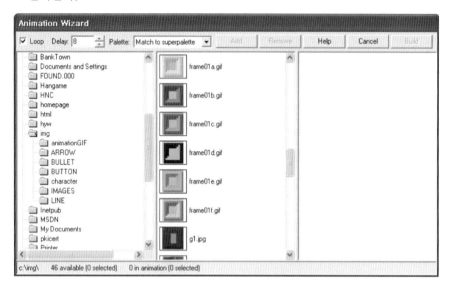

3. 그리고 원하는 파일을 선택하면 창 메뉴 줄에 Add 단추가 누를 수 있는 상태로 바뀐다. 이때 단추를 누르면 오른 쪽으로 복사되어 등록된다. 같은 방법으로 원하는 파일을 선택한다. 2개 이상 여러 개의 파일을 선택하려면 윈도우의 탐색기에서 파일을 선택할 때와 같이 [Shift]키나 [Ctrl]키를 함께 사용하면 된다.

만약에 선택된 파일 중에 불필요한 파일이 있다면 오른쪽 영역에서 선택한 후 [Delete] 키로 제거할 수도 있다. (여기서 Delete는 선택하지 않는다는 의미일 뿐, 디스크 상에서 삭제된다는 의미는 아니다.)

4. 선택한 후 오른쪽에 있는 Build 단추를 누르면 애니메이션 파일이 구축된다.

Build 단추를 누르기 전에 생성할 애니메이션 파일에 대한 조건을 선택해 주어야 한다. 예를 들어 애니메이션 파일이 간단히 그려진 이미지인지, 사진 등을 스캔한 이미지인지 또는 반복을 할 것인지 등에 따라서 알맞게 선택해 줘야한다.

- Matched to super palette : 가장 많이 사용하는 색으로 팔레트를 만들어 적용
- Dither to super palette : 편광 이미지로 팔레트를 적용
- Matched to first palette : 삽입되는 첫 이미지의 팔레트를 적용
- Fixed Photorealistic : 스캔한 이미지나, 사진 같은 이미지일 때 선택
- Fixed Drawn : 선이나 텍스트로 구성된 단순한 이미지일 때 선택
- sixteen colours : 16색이하의 이미지일 경우에 선택

또한 반복을 할 것인가, 시간은 어떻게 할 것인가를 결정해 준다.

각 프레임(전체의 GIF이미지를 구성하고 있는 하나하나의 이미지) 사이에서 전환될 때의 지연시간을 지정한다. 1/100초이므로, 100을 지정하게 되면 지연시간은 1초가 된다.

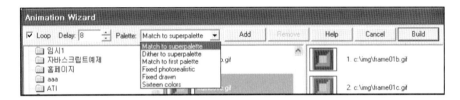

5. Build 단추를 누르면 메인 작업창에 애니메이션 객체가 나타난다. 이후 애니메이션 파일로 저장하면 된다.

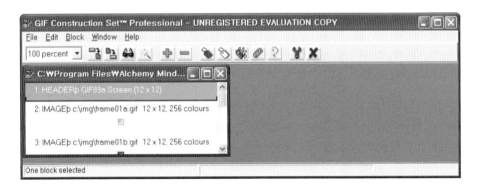

6. 만약 생성된 애니메이션 파일을 즉시 보고 싶으면 [Block] 메뉴에서 [View] 단추를 누르거나 [Ctrl]+[W]를 누르면 애니메이션이 실행된다.

(2) 배너 이미지 애니메이션 만들기

Banner 이미지는 주로 Web page상의 광고이미지로 많이 쓰인다. 배너 이미지에서 나타낼 텍스트의 입력과 몇 가지 설정사항들만 지정해 주면 자동적으로 배너 이미지가 생성된다.

1. [Edit]-[Banner] 메뉴를 선택하면 그러면 아래와 같은 Banner 대화상자가 열리면서 몇 가지 설정사항을 입력할 수 있는 대화창이 나타난다.

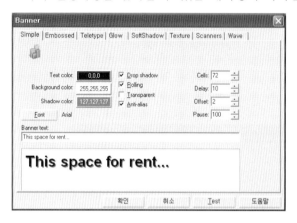

위 줄에 배너 모양을 지정할 수 있는 메뉴 탭이 있다.

> - Simple : 보통문자(별 효과 없음)
> - Embossed : 볼록 문자 효과
> - Teletype : 문자가 하나씩 나타나는 효과
> - Glow : Neon 효과
> - Soft Shadow : 부드러운 그림자 효과
> - Texture : 문자가 약간 두꺼워지면서 무늬가 생기는 효과
> - Scanners : 배너를 스캔하는 효과
> - Wave : 글자가 파형을 갖는 효과

각 탭들의 설정사항은 각자가 입력한 후 test 해보기 바란다. 그리고

- Palette : 색상수를 지정
- Banner text 입력창 : 여기에 애니메이션 시킬 문자열을 입력한다.
- Test 단추 : 위의 설정사항들로 실제 어떻게 생성이 될 것인지를 미리 볼 수 있다. 설정사항이 변경되었을 때마다 Test 단추를 클릭하여 설정된 사항과 비교하여 이미지가 실제로 어떻게 생성될 것인가를 확인하면서 작업하면 된다.

2. 원하는 애니메이션을 생성한 후 OK 단추를 클릭하면 메인 작업창에 애니메이션 객체가 나타난다. 이후 애니메이션 파일로 저장하면 된다.

애니메이션이 완료 되었다면 저장을 하고 홈페이지에 링크를 시키면 된다.

(2) 버튼 이미지 만들기

1. [Edit - Button] 메뉴를 선택하면 그러면 아래와 같은 Button 대화상자가 열리면서 몇 가지 설정사항을 입력할 수 있는 대화창이 나타난다.

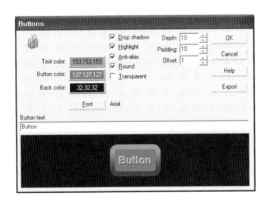

- Text color : 버튼에 쓰인 글자색을 결정한다.
- Button color : 버튼의 색을 결정한다.
- Back color : 배경색을 결정한다.
- Font : 클릭을 하면 Font창이 뜨면서 글자체, 글자스타일, 글자크기 등을 결정한다.
- Button text : 버튼 위에 쓸 글자를 입력한다.
- Drop shadow : 버튼에 그림자효과를 준다.
- Highlight : 버튼을 밝게 해 준다.
- Anti-alias : Anti-alias 기능을 사용한다.
- Round : 모서리를 둥그렇게 한다.
- Transparent : 투명한 효과를 준다.
- Depth : 외각의 오목한 효과를 주는 두께를 결정한다.
- Padding : 글자와 여백주기(전체적인 크기를 바꾸어 줄 수 있다.)
- Offset : Offset 값을 바꾸어 줄 수 있다.
- Export : 다른 이름으로 저장할 수 있다.

2. 원하는 애니메이션을 생성한 후 OK 단추를 클릭하면 메인 작업창에 애니메이션 객체가 나타난다. 이후 애니메이션 파일로 저장하면 된다.

(3) LED Signs를 이용한 네온사인 애니메이션 만들기

지하철이나 각종 간판, 증권거래소 시황판 등에서 볼 수 있는 글자가 좌우로 스크롤되는 전광판 형태의 애니메이션 이미지를 만들 수 있게 해주는 기능이 LED signs이다.

1. [Edit - LED signs] 메뉴를 선택하면 그러면 아래와 같은 LED sign 대화상자가 열리면 서 몇 가지 설정사항을 입력할 수 있는 대화창이 나타난다.

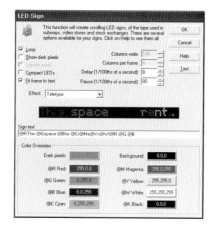

- Loop : 애니메이션이 계속 반복되게 하려면 체크
- Show dark pixels : 바탕색을 회색으로 바꿔줌
- Smooth scroll : 애니메이션의 움직임을 부드럽게 함.
- Compact sign : 글자의 크기를 작게 만들어줌.
- Compress palette : 최소색상을 적용하여 애니메이션 생성(파일크기를 줄임)
- Columns wide : 애니메이션이미지의 가로(좌우)크기를 지정
- Columns per frame : 프레임 당 칼럼수로 1로 지정했을 때 가장 부드럽게 움직이지만, 파일의 용량이 커지는 단점이 있다.
- Delay(1/100ths of a second) : 각 프레임간의 지연시간을 지정
- Sign text : 문자를 입력하는 곳으로, 문자의 기본색은 흰색이다. 색깔을 바꿔주고자 한다면 다음과 같은 색 코드를 참조하여 입력한다.

@R : 빨강색(RED), @G : 녹색(GREEN),   @B : 파랑색(BLUE),

@C : 푸른색(CYAN), @M : 심홍색(MAGENTA), @Y : 노란색(YELLOW),

@W : 흰색(WHITE)

'Welcome to my homepage'라는 문자의 색을 파랑색, 노란색, 빨강색 순으로 애니메이션 되게 만들고 싶다면 다음과 같이 입력하면 된다.
@BWelcome@Y to@R my@C homepage

- Test 단추 : 위의 설정사항들이 실제 어떻게 생성이 될 것인지를 미리 볼 수 있다. 설정사항이 변경되었을 때마다 Test 단추를 클릭하여 설정된 사항과 비교하여 이미지가 실제로 어떻게 생성될 것인가를 확인하면서 작업하면 된다.

2. 원하는 애니메이션을 생성한 후 OK 단추를 클릭하면 메인 작업창에 애니메이션 객체가 나타난다. 이후 애니메이션 파일로 저장하면 된다.

(4) 회전하는 애니메이션 만들기

웹 페이지에서 회전하는 애니메이션을 본적이 있을 것이다. 또한 이미지가 회전하는 애니메이션도 본 적이 있을 것이다. 이런 애니메이션들을 여기서 만들 수가 있다.

단, 여기서 회전시킬 이미지나 텍스트이미지는 미리 만들어져 있어야 한다.
페인트샵이나 포토샵 등으로 얼마든지 훌륭한 이미지를 만들 수가 있다.

1. [Edit - Spin] 메뉴를 선택하면 대화창이 나타난다. 이때 Go 단추를 누르면 Spin 대화상
   자가 나타난다.

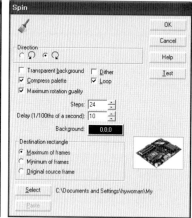

- Direction : 회전 방향 선택(왼쪽: 반시계 방향, 오른쪽: 시계 방향)
- Loop : 애니메이션이 계속 반복되게 하려면 체크
- Transparent background : 배경색이 투명한 이미지로 만들 것인지의 여부
- Remap to current default palette : Setup에서 지정한 팔레트로 이미지를 바꿈
- Compress palette : 최소 색상을 적용하여 애니메이션 생성
- Steps : 애니메이션의 전체 프레임 수 지정
- Delay(1/100ths of a second) : 각 프레임 간의 지연시간을 지정
- Select : 회전시킬 문자 이미지나, 이미지 파일을 선택한다.

2. Select 단추를 눌러 나타난 파일 검색 창에서 회전시킬 문자이미지나, 이미지파일을 선
   택한다.

- Test 단추 : 위의 설정 사항들이 실제 어떻게 생성이 될 것인지를 미리 볼 수
  있다. 설정 사항이 변경되었을 때마다 Test 단추를 클릭하여 설정
  된 사항과 비교하여 이미지가 실제로 어떻게 생성될 것인가를 확인
  하면서 작업하면 된다.

3. 원하는 애니메이션을 생성한 후 OK 단추를 클릭하면 메인 작업창에 애니메이션 객체가
   나타난다. 이후 애니메이션 파일로 저장하면 된다.

(5) transition 효과를 적용한 애니메이션 만들기

다음부터는 GIF Construction Set의 파워풀한 기능에 대한 것이다. 선택한 이미지에
수십 가지의 변이 효과를 적용할 수 있다.

1. [Edit – Transition] 메뉴를 선택하면 대화창이 나타난다. 이때 Go 단추를 누르면
   Transition 대화상자가 나타난다.

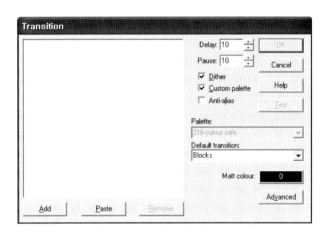

2. Transition 효과를 적용할 이미지 파일을 불러오기 위해 Add 단추를 누르고 이미지 파일
   을 선택한다.

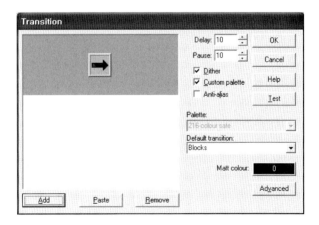

3. 그런 다음

> - Delay (1/100ths of a second) : 각 프레임간의 지연시간을 지정
> - Pause : 한 번 애니메이션 되고 난 뒤 다시 시작하기 전까지의 정지시간 지정
> - Transition에 의한 애니메이션의 변이효과를 선택한다.

그 방법들로 몇 가지 예를 들어보면 다음과 같다.

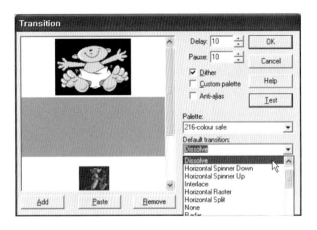

> - Adam 7 interlace : 픽셀단위의 점 형태
> - Dissolve : 서서히 나타났다가 서서히 사라지게 함
> - Horizontal Split : 수평으로 갈라지는 애니메이션
> - Raster : 왼쪽과 오른쪽에서 동시에 맞물려 어울리는 애니메이션
> - Roll left : 왼쪽부터 나타나는 애니메이션
> - Roll up : 아래에서 위로 나타나는 애니메이션
> - Sandstorm : 모래형태로 흩뿌려지는 애니메이션
> - Tile : 타일의 조작이 맞춰지는 효과의 애니메이션
> - Vertical Split : 수직으로 갈라지는 애니메이션
> - Wipe in From Bottom : 아래에서 위로 움직이는 애니메이션
> - Wipe in From Left : 왼쪽에서 오른쪽으로 움직이는 애니메이션
> - Wipe in From Right : 오른쪽에서 왼쪽으로 움직이는 애니메이션
> - Wipe in From Top : 위에서 아래로 움직이는 애니메이션

위의 방법들을 선택한 후 Test 단추를 눌러 미리 본 후 원하는 방법을 선택하기 바란다.

4. 원하는 애니메이션을 생성한 후 OK 단추를 클릭하면 메인 작업창에 애니메이션 객체가
나타난다. 이후 애니메이션 파일로 저장하면 된다.

 8.3 **파일 최소화와 편집**

애니메이션 파일은 여러 개의 파일이 하나, 하나씩 차례로 디스플레이 되므로 파일의 용량
이 다른 이미지 파일에 비해 더 클 수밖에 없다. 그런데 Web page에서 사용하기 위한 애니
메이션 파일은 그 크기를 줄여야만 한다. 애니메이션 파일의 크기가 크면 홈페이지를 로딩
하는데 많은 시간이 소요되게 된다.

아무리 훌륭한 서비스에 멋진 디자인으로 무장한 홈페이지라도 홈페이지가 뜨는 시간, 즉
로딩 하는 시간(전송시간)이 길어지면 네티즌들은 발길을 돌리게 되므로 홈페이지 로딩시
간을 최소화하여야 한다.

이 전송시간을 줄이기 위해서 애니메이션 파일의 사이즈를 최대한 줄여야 하는데 이 역할을
자동적으로 해 주는 것이 여기서 설명할 Supercompress 기능이다.

Supercompress는 필요한 색상을 최소화하는 팔레트로 애니메이션 파일을 만들게 된다.

(1) Supercompress

1. 최적화 시킬 애니메이션 파일을 [File – Open] 메뉴에서 불러오도록 한다.

2. 그리고 [File – Supercompress] 메뉴를 선택하면 다음과 같은 최적화 대화상자가 나타
난다.

> - Palette compression : 글로벌 팔레트에서 사용되지 않는 색은 제거
> - Strip all plain text blocks : 웹브라우저에 의미 없는 텍스트 블록을 제거
> - Prune overlapping frames : 각 프레임 간 변함없는 부분을 제거
> - Strip all comment blocks : 웹브라우저에 의미 없는 코멘트 블록을 제거 가급적이면 선택할 수 있는 항목은 모두 선택하는 것이 좋다.

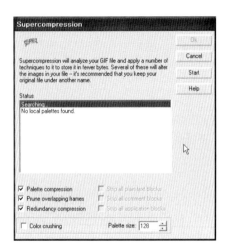 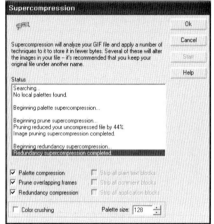

3. Start 단추를 클릭한다.

4. 원하는 애니메이션을 생성한 후 OK 단추를 클릭하면 메인 작업창에 애니메이션 객체가 나타난다. 이후 애니메이션 파일로 저장하면 된다.

(2) 편집

① 헤더 편집

1. [File - Open]을 선택한 후 편집하고자 하는 애니메이션 파일을 불러온다.

2. 애니메이션 파일에서 헤더부분을 더블 클릭한다. 그러면 다음과 같은 창이 나타난다.

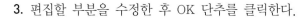

3. 편집할 부분을 수정한 후 OK 단추를 클릭한다.

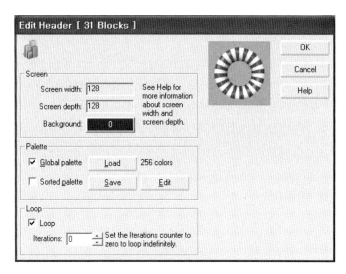

② 이미지 편집

1. [File – Open]을 선택한 후 편집하고자 하는 애니메이션 파일을 불러온다.

2. 애니메이션 파일에서 이미지부분을 더블 클릭한다. 그러면 다음과 같은 창이 나타난다.

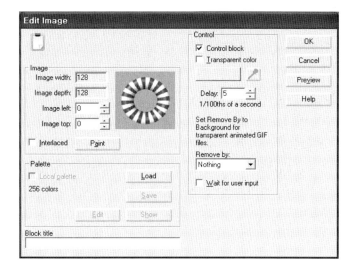

- Image width : 이미지의 넓이를 지정
- Image depth : 이미지의 높이를 지정
- Interlaced : Interlaced 이미지로 만들어 준다. 이 이미지의 특징은 웹브라우저로 불러올 때 모자이크식의 이미지로 처음에는 알아볼 수 없을 정도로 흐릿한 모양이나 점진적으로 뚜렷해지는 이미지를 말한다. 이런 이미지로 만들고자 한다면 체크를 하면 된다.
- Paint : Setup에서 지정해둔 프로그램을 실행시켜 현재의 이미지를 변경할 수 있도록 한다. 기본프로그램으로 윈도우의 그림판(PintBrush)이 설정되어 있다. Setup에서 이 프로그램을 바꾸어 줄 수 있다.
- Local palette : 로컬팔레트를 적용시킨다.
- Block title : 해당 블록의 이름을 지정한다.
- Preview : 현재 설정된 사항으로 현재의 이미지를 미리보기 한다.

3. 편집할 부분을 수정한 후 OK 단추를 클릭한다.

 ## 8.4 웹서버에 홈페이지 올리기

웹상에서 홈페이지를 볼 수 있도록 만드는 과정은 기본적으로 다음과 같은 세 가지 과정을 거치게 된다.

- 홈페이지를 만든다.
  - 홈페이지는 HTML 문서이며, 일반 텍스트 에디터(메모장), 나모 또는 드림위버 웹에디터 등과 같은 전문 홈페이지 제작 프로그램을 이용하여 작성하게 된다.
  - 홈페이지를 처음 열어주는 HTML 문서의 파일명은 대부분 index.html(또는 index.htm)으로 해야 정상적으로 서비스가 된다. 일부 무료계정사이트에서는 default.html(또는 default.htm)으로 하는 경우도 있으니 해당 사이트에서 확인해야 한다.
  - 파일명은 한글은 사용하지 말아야 하며 영문자는 대 소문자를 구분하니 유의하기 바란다.

- 작성된 홈페이지를 웹서버에 올린다.(Upload)
  - 홈페이지를 작성하였다면 이를 항상 인터넷에 연결되어 있는 컴퓨터(웹서버)에 복사해주어야 하는데, 이렇게 자신의 PC에 있는 파일을 웹서버에 복사하는 과정을 Upload라 하고, 이러한 작업을 하기위한 도구가 ftp이다.
- 웹브라우저(익스플로러, 크롬, 파이어폭스 등)를 이용해 홈페이지를 본다.

위의 세 가지 과정 중 두 번째 과정인 작성된 홈페이지 파일을 웹서버에 올리는 과정을 설명하고자 한다.

8.4.1 웹서버에 출판하기

(1) 홈페이지 업로드를 위한 준비 작업

홈페이지 편집이 완료되었다면 이를 출판할 공간인 서버가 있어야 된다. 홈페이지의 성격에 맞게, 서비스를 제공하는 서버를 찾아서, 웹호스팅을 받거나, 무료 계정을 얻어 출판한다. 여기서는 무료 계정 서비스를 제공하는 포털 사이트를 이용 출판하는 것을 소개하기로 한다.

○ 서버 준비

홈페이지 출판이라 함은 홈페이지를 구성하고 있는 모든 파일들을 전송하여 사람들이 볼 수 있게 하는 작업을 말한다. 서버란 전용선으로 24시간 인터넷에 접속되어 있으며, 24시간 지속적으로 가동할 수 있고 웹에서 불특정 다수가 홈페이지를 볼 수 있도록 여러 가지 프로그램이 설치되어 있는 컴퓨터를 말한다.

그러면 지금부터 서버 공간을 확보하기 방법에는 어떤 것이 있는가 알아보자.

① **자체서버 구축** : 자체적으로 서버를 구입한 후 프로그램 등을 설치하고 전용선을 설치하여 직접 서버를 관리 운영하는 방법이다. 이 경우 용량사용이 자유롭고 서버를 직접 관리하기 때문에 안정적이기는 하지만, 서버 구축과 관리비용, 인력이 반드시 필요하므로 개인이나 소규모 쇼핑몰 업체에는 적당치 않다.

② **서버 임대** : 서버를 직접 구입하지 않고 임대하여 사용하는 것으로 임대료를 지불하고 단독으로 서버를 사용하는 경우다.

③ **유료 웹 호스팅** : 일정액의 사용료를 지불하고 서버의 일정 공간을 빌려 쓰는 방식으로 무료 계정에 비해 안정적이며, 독립 도메인(co.kr, com, net 등)과 여러 가지 서비스를 이용할 수 있다는 것이 장점이다.

④ **무료 홈페이지 계정** : 웹 호스팅과 동일한 방식이지만 사용료가 없고 독립 도메인을 사용할 수가 없으며 홈페이지 주소는 보통 계정 제공 서비스업체 도메인이름 뒤에 아이디(예: www.dollpin.com/~아이디 또는 www.naver.com/아이디)를 사용한다. 유료 웹 호스팅에 비해 사후 책임에 대한 안정성이 다소 낮으며 보편적으로 서버에 무리를 주는 CGI 프로그램은 사용할 수 없는 제약이 따를 수도 있다. 해당 서비스 업체에 회원으로 가입하면 별도의 절차 없이 바로 서버 공간을 사용 할 수 있다.

○ 무료 계정 선택 요령

무료 계정 이용 시에는 용량을 기준으로 선정하기보다는 홈페이지를 운영하는데 필요한 서비스를 얼마나 제공하는가를 기준으로 선정하도록 한다.

① **용량** : 일반 개인 홈페이지는 10MB 내외면 충분하다.

② **FTP 사용 유무 확인** : 자체적으로 제공하는 FTP를 사용하도록 하는 곳 보다는 자체 FTP와 별도의 FTP 모두를 사용할 수 있도록 하는 곳을 선택하도록 한다. 별도 FTP를 사용할 수 없는 곳은 나모나 드림위버 등 웹 편집 프로그램의 FTP 기능을 사용할 수 없다.

③ **cgi 등 프로그램의 설치** : 현재 국내 업체 중 CGI를 직접 설치할 수 있도록 하는 무료 계정은 극소수에 불과하다. 꼭 CGI를 설치하려면 반드시 확인하고 서비스가 가능한 서버를 선택하여야 한다.

④ **무료게시판의 제공** : CGI를 직접 설치할 수 없는 서버에서는 대부분 무료 게시판, 방명록, 카운터 등을 제공하고 있다. 그러므로 자신이 만들고자 하는 홈페이지와 디자인이 어울리는지를, 디자인 변경이 가능한지를 체크한 후 선택 결정하도록 한다.

⑤ **속도** : 가장 중요한 사항으로 기존 가입자들의 홈을 방문 속도를 체크해 보시고, 회원들의 게시판 등에서 속도에 관련된 사항을 사전에 체크해 본다.

8.4.2 웹서버에 계정 갖기

(1) 무료로 홈페이지 계정을 제공하는 사이트 이용

홈페이지 계정을 이용하는 목적은 자신이 만든 홈페이지 문서를 인터넷 상에 올려놓을 저장 공간을 확보하기 위해서이다.

무료계정을 제공하는 사이트에 가입만 하면 일정 용량의 웹 서버공간을 무료로 활용할 수 있는데 사이트를 선정하실 때는 신뢰성, 접속 속도, 저장용량, 파일업로드의 편의성 등을 등 고려하여야 한다.

(2) 전용 웹서버 이용

홈페이지에 관련된 파일을 웹서버에 올리려면 먼저 웹서버를 이용할 수 있어야 한다. 즉 사용할 수 있는 계정을 가져야 한다는 것이다.

웹서버에 계정을 가지려면 웹서버 관리자로부터 사용자 계정을 신청(사용자 ID와 패스워드 (password))허락을 득해야 한다. 여기서는 사용자 ID를 wildox라는 계정으로 등록된 것으로 한다.

8.4.3 웹서버에 파일 올리기

(1) 자체 파일 전송 프로그램을 이용

업로드 할 때 원래 별도의 ftp 프로그램을 사용하게 되는데, 요즘 보안상의 이유로 별도의 ftp 접속은 금지시켜 놓고 자체 파일 관리 서비스를 제공하고 있는 곳이 많이 있다. 즉 사이트 자체에서 제공하는 파일 전송 프로그램을 이용하는 방식이다.

대부분 여러 개 파일을 동시에 전송하는 기능이 지원되지 않아서, 한 개 파일씩 전송해야 한다는 불편이 있다.

그러나 이용방법이 간단해서 ftp 프로그램을 이용하는 것보다 초보자가 더 쉽게 접근할 수가 있다. 사용법은 무료계정 사이트마다 조금씩 차이가 있어, 설명하기 곤란하지만 해당 사이트 안내를 참고하면 충분히 사용할 수 있다.

(2) FTP 프로그램 이용

ftp란 인터넷을 통하여 어떤 한 컴퓨터에서 다른 컴퓨터로 파일을 송수신할 수 있도록 지원하는 방법(표준 프로토콜)과 그런 프로그램을 통칭하기도 한다. ftp를 이용하면 자신이 원하는 프로그램이나 각종 데이터를 빠르게 송수신할 수 있다.

ftp는 웹 페이지 파일들을 인터넷상에서 모든 사람이 볼 수 있도록 하기 위해 작성자의 컴퓨터로부터 서버로 업로드 과정에서 사용된다. 또한, 다른 서버들로부터 자신의 컴퓨터로 프로그램이나 파일들을 다운로드 하는 데에도 많이 사용된다.

사용자 입장에서는 간단한 명령(ftp 관련 명령)을 이용하여 ftp를 쓰거나, 또는 그래픽 사용자 인터페이스를 제공하는 상용 프로그램을 쓸 수도 있다. 보통은 웹 브라우저도 웹 페이지로부터 선택한 프로그램을 다운로드 하는데 ftp를 사용한다. ftp를 사용하여 서버에 있는 파일을 지우거나 이름을 바꾸거나 옮기거나 복사하는 등 갱신작업을 할 수도 있다.

파일을 송수신할 때에는 정당한 자격, 즉 원격 호스트 컴퓨터(여기서는 웹서버)를 이용할 수 있는 사용자 ID와 패스워드(password)가 있어야 원하는 원격 호스트 컴퓨터에 접속할 수 있다.

GUI를 지원하는 ftp 프로그램 중에 웹 사이트로부터 다운로드 받을 수 있는 것들에는 WS_FTP, CuteFTP, 알FTP 등이 있다.

(3) 파일 업로드하기

여기서는 사용자 ID를 wildox라는 계정으로 등록된 경우를 예로 한다.

파일을 업로드하기 위해 알FTP 프로그램을 사용하기로 하며 알FTP 프로그램은 여러 인터넷 사이트에서 구할 수 있다. 알FTP도 처음 사용한 경우이다.

1. 알FTP 프로그램을 실행 시킨다.

2. 알FTP 실행 창과 더불어 접속할 사이트를 선택할 수 있는 대화상자가 나타난다. 만약 해당 사이트가 있으면 선택하고 없으면 사이트 추가단추를 누른다. 그러면 사이트 이름을 입력할 상자가 나타난다.

3. 입력 후 확인단추를 누른다. 그러면 FTP 주소, 사용자 ID, 비밀번호 등을 입력할 수 있는
   대화상자가 나타난다.

4. 그러면 FTP 주소, 사용자 ID, 비밀번호를 입력 확인 단추를 누른 후 접속이 완료되었다
   는 창이 나타나면 닫기 단추를 누른다.

   • 이때 나타난 창에서 위 부분의 영역은 서버를 나타내고 아래 부분의 영역은 사용
     자 컴퓨터이다. 서버영역에는 웹서버 설정 시 정한 폴더가 있게 된다. 처음이니까
     지금은 파일이 하나도 없다. 이곳으로 아래에서 업로드를 시킬 것이다.

   • 사용자 컴퓨터에서 작성된 홈페이지 파일이 있는 폴더를 열고 업로드 시킬 파일을
     선택한다. 그런 다음 창의 표준단추에서 업로드 단추를 클릭하면 파일의 전송이
     일어나고 잠시 후 파일이 서버로 업로드 되었음을 볼 수 있다.

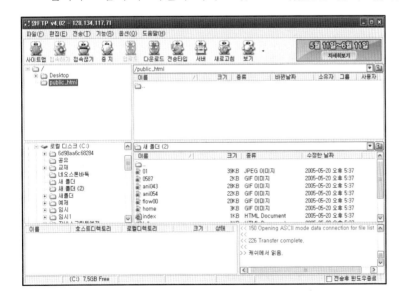

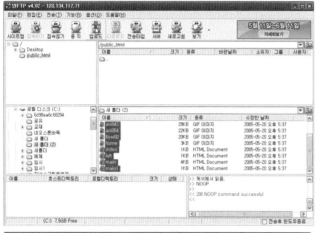

(4) 홈페이지 확인하기

http://ip address 입력/사용자 id 입력/

여기서 사용자 ID를 입력 시 앞에 ~을 꼭 써야 한다.

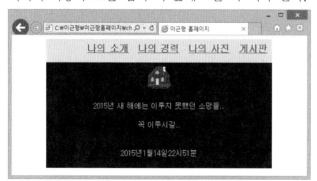

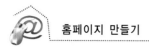

■ 저자약력

이근형

한양대학교 물리학과 학사
연세대학교 산업대학원 전자계산학 공학석사
한양대학교 물리학과 석사
한양대학교 물리학과 박사
현재) 한양여자대학 컴퓨터정보과 교수

HTML과 자바 스크립트 중심으로
홈페이지 만들기

이근형 지음

초판발행 : 2009. 8. 25
제3판2쇄 : 2016. 7. 29
발 행 인 : 김 승 기
발 행 처 : (주)생능출판사
신고번호 : 제406-2005-000002호
신고일자 : 2005. 1. 21
I S B N : 978-89-7050-844-3(93000)

4 1 3 - 1 2 0
경기도 파주시 광인사길 143
대표전화 : (031) 955-0761 FAX : (031) 955-0768
홈페이지 : http://www.booksr.co.kr

파본 및 잘못된 책은 바꾸어 드립니다.   정가 22,000원